济南社会科学院·济南系列蓝皮书

总 主 编　付道磊
副总主编　张　伟　齐　峰

济南现代化产业蓝皮书
Blue Book of Jinan Modern Industries
（2024）

主　编　齐　峰
副主编　王新军　王　琦

济南出版社

图书在版编目（CIP）数据

济南现代化产业蓝皮书 . 2024 / 齐峰主编；王新军，王琦副主编 . —— 济南：济南出版社，2024.10.
（济南社会科学院济南系列蓝皮书 / 付道磊总主编）.
ISBN 978-7-5488-6774-6

Ⅰ. F269.275.21

中国国家版本馆 CIP 数据核字第 2024ZC6249 号

济南现代化产业蓝皮书（2024）

JINAN XIANDAIHUA CHANYE LANPISHU 2024

齐 峰 主编

出 版 人 谢金岭
责任编辑 陈玉凤 侯建辉
装帧设计 焦萍萍

出版发行 济南出版社
地　　址 山东省济南市二环南路1号（250002）
总 编 室 0531-86131715
印　　刷 济南鲁艺彩印有限公司
版　　次 2024年11月第1版
印　　次 2024年11月第1次印刷
成品尺寸 165mm×237mm　16开
印　　张 15.5
字　　数 242千字
书　　号 ISBN 978-7-5488-6774-6
定　　价 68.00元

如有印装质量问题 请与出版社出版部联系调换
电话：0531-86131736

版权所有　盗版必究

《济南现代化产业蓝皮书（2024）》
编委会

学术顾问　谢　堃

主　　任　付道磊

副 主 任　贾洪斐　张延勇　杨兴才　耿汝年　李新军
　　　　　施冬泉　张　伟　齐　峰　张　磊

委　　员　(以姓氏笔画为序)
　　　　　刁文博　王　琦　王军龙　王新军　孔　丽
　　　　　朱仕祥　刘成敏　闫　平　孙　鑫　李亚楠
　　　　　杨志媛　张　琦　张　霖　张国梁　陈　希
　　　　　陈　磊　郑　博　贾思军　高丽娟　黄宝兰
　　　　　谢　燕

前　言

在这个日新月异的时代，全球经济格局正经历前所未有的深刻变革，科技创新与产业结构优化升级成为推动社会进步的关键力量。作为山东省会，济南深知自身在国家发展战略中的重要地位，积极应对挑战，把握机遇，致力于构建一套既符合现代化发展方向又富有地方特色的现代化产业体系。这一体系的建设，不仅是对经济结构的优化升级，更是对城市社会文化、生态环境、治理能力的全方位提升，旨在通过产业高质量发展，带动整个城市综合竞争力跃升。《济南现代化产业蓝皮书（2024）》的编纂，正是在这样的背景下应运而生，旨在对济南市产业发展现状进行全面审视，对未来发展方向进行深度思考与前瞻布局。

现代化产业体系构建逻辑。首先从理论层面出发，深入剖析现代化产业体系的时代特征。在全球化背景下，开放合作、创新驱动、绿色发展、数字化转型成为关键词，构建现代化产业体系，不仅要着眼于产业链优化升级，更要注重创新生态培育、绿色转型推进、数字技术深度融合。本书详细阐述了构建现代化产业体系的关键要素，包括政策环境优化、人才资源集聚、资本市场支持等，提出了一套系统性的构建路径，旨在为济南市产业转型升级提供可操作的框架。

主导产业深度探索。在主导产业研究部分，选取了大数据与新一代信息技术、智能制造与高端装备、精品钢与先进材料、生物医药与大健康四大领域进行专题研究。这些产业不仅代表了当今世界科技发展的最前沿，也是济南市经济转型升级的主战场。研究报告概述了大数据与新一代信息技术、智能制造与高端装备、精品钢与先进材料、生物医药与大健康四大领域的国际国内动态，通过深入的案例分析，揭示了济南市在这些领域的具体实践与成效。这些案例分析为济南市提供了可借鉴的成功经验，也指出了未来发展的潜力空间。

重点产业前瞻布局。对于新能源、现代种业、现代服务业、文旅产业、科技金融及激光产业等重点产业进行细致研究，力求全方位展现济南市产业发展的多元化图景。本书采取细致入微的研究视角，分析了各自的发展趋势和市场前景，针对济南市的实际情况，提出了具有前瞻性和针对性的策略建议。以新能源为例，不仅分析了新能源产业的总体概况、发展趋势和前景，还深入挖掘了济南市在新能源发电、新能源汽车、新型储能技术等方面的潜力，提出了加强产业链协同发展、加大政策支持力度、推动技术创新与人才培养等一系列对策建议，旨在助力济南市抢占绿色低碳发展的先机。文旅产业是提升城市软实力的关键，本书强调了新质生产力的培育，通过分析文化和旅游产业的新模式、新业态，倡导利用济南丰富的历史文化资源，结合现代科技手段，打造沉浸式体验项目，提升旅游品质，吸引更多国内外游客，为济南市打造特色文旅品牌、激发消费潜力提供了新思路。

未来产业趋势与展望。在产业发展趋势及展望部分，前瞻性地展望了空天信息产业等未来产业的发展趋势，为济南市提前布局、抢占未来发展制高点提供了科学依据和战略方向，探讨了济南市如何在量子信息、生物工程、新材料等未来产业中占据一席之地。通过对比国内外先进城市的成功经验，结合济南市区位优势、科研基础和人才储备，提出建立空天信息产业基地，吸引国内外顶尖企业和科研机构入驻；推动成立跨学科创新平台，促进交叉学科研究与成果转化等前瞻性策略建议，旨在引导济南市在新一轮科技革命和产业变革中把握机遇，实现弯道超车。

本书研究成果可以为政府决策者、行业从业者以及社会各界提供参考，共同推动济南市现代化产业体系的构建与完善，为实现经济高质量发展贡献力量。我们相信，通过各界共同努力，济南市定能在现代化产业体系建设的道路上行稳致远，书写出属于自己的辉煌篇章。期待《济南现代化产业蓝皮书（2024）》能够成为连接过去与未来的桥梁，促进济南市在新的历史起点上，开启现代化产业发展的新篇章。

编　者

2024 年 6 月

目 录
CONTENTS

Ⅰ 总论

第一章　构建现代化产业体系助力强省会建设 / 1

Ⅱ 主导产业研究

第二章　济南新一代信息技术产业研究报告 / 19

第三章　济南智能制造与高端装备产业研究报告 / 34

第四章　济南精品钢与先进材料产业研究报告 / 50

第五章　济南生物医药与大健康产业研究报告 / 65

Ⅲ 重点产业研究

第六章　济南推进数字经济高质量发展研究报告 / 78

第七章　济南现代种业高质量发展研究报告 / 101

第八章　济南现代服务业发展研究报告 / 111

第九章　济南新能源产业发展研究报告 / 121

第十章　济南文旅产业高质量发展研究报告 / 142

第十一章　济南科技金融发展研究报告 / 161

第十二章　济南激光产业发展研究报告 / 177

Ⅳ 产业发展趋势及展望

第十三章　济南空天信息产业发展研究报告 / 190

第十四章　加快推进济南低空经济发展的对策建议 / 203

第十五章　济南未来产业发展展望及建议 / 209

后记 / 237

Ⅰ 总论

第一章 构建现代化产业体系助力强省会建设

在新一轮科学技术进步以及工业革命的背景下,全球产业分工体系正在经历新一轮的变化与整合。现代化产业体系是代表生产、流通、组织与技术等未来发展方向的有国际竞争力的新型产业体系,是中国未来在国际分工中拥有竞争优势的基础,重构产业体系已然成为事关经济可持续发展的重大问题。党的二十大报告提出"建设现代化产业体系",这是党中央着眼于全面建设社会主义现代化强国、以中国式现代化全面推进中华民族伟大复兴做出的重大战略部署。近年来,济南坚定不移实施工业强市战略,现代化产业体系建设成效显著,但仍存在明显的短板和弱项。深入贯彻落实党对建设现代化产业体系的战略部署,准确把握现代化产业体系的时代特征、关键要素和重点难点,构建以实体经济为支撑的现代化产业体系,是加快推进"强新优富美高"新时代社会主义现代化强省会建设的关键所在。

一、现代化产业体系理论基础和政策框架

(一) 现代化产业体系的内涵

产业体系是应社会经济活动特定需求而产生的各个产业因其内在相关性共同构成的经济体系，是产业技术和特定空间共同作用下形成的互为因果、互相促进的产业生态大系统。从本质上看，产业体系是国民经济构成在产业上的体现，是经济体系的重要组成部分。作为由多元结构组成的系统，产业体系可以从不同维度进行阐释。按生产对象划分，可分为一、二、三次产业（农业、工业、服务业）；按要素密集度划分，可分为劳动密集型产业、资本密集型产业、技术密集型产业、知识密集型产业等；按技术含量划分，可分为低技术产业、中技术产业、高技术产业等；按生命周期划分，可分为传统产业、新兴产业、未来产业等。

现代化产业体系是在中国语境下提出的概念，习近平总书记在党的二十大报告中首次提出"建设现代化产业体系"，这是中国产业现代化发展经验过程的概念化表述，也是中国式现代化在产业层面的具体体现。现代化产业体系是与传统产业体系相对应的概念，是指国民经济中整体产业之间以及各个细分产业内部的构成结构趋于合理、产业发展质量处于高水平的动态过程。在全面推进社会主义现代化强国的新时代提出建设现代化产业体系，不仅意味着产业体系的发展质量要提高，而且要实现产业体系的现代化。现代化产业体系是社会主义现代化强国的重要组成部分，为社会主义现代化强国建设提供了坚实的生产力支撑。

(二) 现代化产业体系政策框架不断丰富完善

现代化产业体系概念形成和内涵变迁经历了较长时期的实践探索，国家重要政策文件从不同角度对建设现代化产业体系的政策框架、重点内容和任务目标进行了深入阐述（表1-1）。2007年，党的十七大报告首次明确提出"发展现代产业体系"的概念，大力推进信息化与工业化融合。2012年，党的十八大报告提出"构建现代产业发展新体系"。2017年，党的十九大报告提出"加快建设实体经济、科技创新、现代金融、人力资源协同发展的产业

体系"。2022年，党的二十大报告明确提出"建设现代化产业体系"，赋予了产业现代化新的时代内涵。可见，在党的二十大之前，产业体系的表述基本上是"现代产业体系"，党的二十大正式明确了"现代化产业体系"的表述。

表1-1 主要政策文件关于现代化产业体系的描述

文件	政策要点
党的十七大报告（2007年10月）	首次提出"现代产业体系"概念，大力推进信息化和工业化融合，促进工业由大变强，振兴装备制造业，淘汰落后生产能力。
中华人民共和国国民经济和社会发展第十二个五年规划纲要（2011年3月）	发展结构优化、技术先进、清洁安全、附加值高、吸纳就业能力强的现代产业体系。
党的十八大报告（2012年11月）	着力激发各类市场主体发展新活力，着力增强创新驱动发展新动力，依靠内需尤其是消费需求拉动经济发展，实行有利于实体经济发展的政策，促进四化同步发展，着力构建现代产业发展新体系。
中华人民共和国国民经济和社会发展第十三个五年规划纲要（2016年3月）	加快构建创新能力强、品质服务优、协作紧密、环境友好的现代产业新体系。
党的十九大报告（2017年10月）	建设实体经济、科技创新、现代金融、人力资源协同发展的产业体系。
中共中央政治局第三次集体学习（2018年1月）	建设创新引领、协同发展的产业体系。
中华人民共和国国民经济和社会发展第十四个五年规划和2035年远景目标纲要（2021年3月）	继续沿用"现代产业体系"这一概念，提出"加快发展现代产业体系，巩固壮大实体经济根基"。
党的二十大报告（2022年10月）	首次提出"建设现代化产业体系"，坚持把发展经济的着力点放在实体经济上，推进新型工业化，加快建设制造强国、质量强国、航天强国、交通强国、网络强国、数字中国。
中共中央政治局第二次集体学习（2023年1月）	打造自主可控、安全可靠、竞争力强的现代化产业体系。
二十届中央财经委员会第一次会议（2023年5月）	推进产业智能化、绿色化、融合化，建设具有完整性、先进性、安全性的现代化产业体系。

(续表)

文件	政策要点
2023年中央经济工作会议（2023年12月）	以科技创新引领现代化产业体系建设，要以科技创新推动产业创新，特别是以颠覆性技术和前沿技术催生新产业、新模式、新动能，发展新质生产力。
山东省国民经济和社会发展第十四个五年规划和2035年远景目标纲要（2021年）	坚定不移推动新旧动能转换，塑强现代产业新优势。做强做优做大"十强"现代优势产业，大力发展现代服务业，提升产业链供应链稳定性和竞争力，培育优良产业生态。
2024年山东省政府工作报告（2024年1月）	以科技创新引领现代化产业体系建设，推动高水平科技自立自强，培育更多新质生产力，以科技创新推动产业创新。
济南市国民经济和社会发展第十四个五年规划和2035年远景目标纲要（2021年）	坚持把发展经济着力点放在实体经济上，聚焦新技术、紧随新消费、支持大融合、催生新模式，推进产业基础高级化、产业链现代化，加快构建结构优化、技术先进、绿色低碳、竞争力强的现代产业体系。
2024年济南市政府工作报告（2024年1月）	大力构建现代化产业体系，全面培育新质生产力。

资料来源：根据有关会议文件整理。

从"现代产业体系"到"现代化产业体系"，折射出国家在不同时期对产业体系建设重点做出的深刻调整。从推动两化融合、产业结构优化升级等早期战略规划，逐步拓展为重点强调发展实体经济、解决"脱实向虚"的中期战略调整，再到以强调"三化""三性"、培育发展新质生产力的重大战略部署，国家更加重视产业体系的完整性、先进性与安全性，也更强调打造自主可控、安全可靠、竞争力强的现代化产业体系。这既是应对全球资源价格上涨、贸易保护主义抬头、全球产业链分工重构等国际因素影响下经济运行结构的重大战略调整，也是改变现行产业体系运行过程中出现的实体经济逐步弱化、科技支撑力度不够、关键要素配置率不高、产业结构失衡、全球产业链占位偏低、体制机制活力不足等现实问题的重要契机，深刻反映出中国经济发展对产业结构转型升级的现实需求和客观要求。

二、现代化产业体系时代特征和关键要素

现代化是一个不断发展变化的过程，现代化产业体系在不同阶段有不同

含义并呈现不同的时代特征。二十届中央财经委员会第一次会议强调"推进产业智能化、绿色化、融合化，建设具有完整性、先进性、安全性的现代化产业体系"，对新发展格局下现代化产业体系的时代特征和关键要素做出了深刻概括。

（一）从时代特征看，现代化产业体系应体现智能化、绿色化、融合化的时代要求

1. 智能化是全球技术变革和产业重构的逻辑主线。从工业革命开始，机械化、电气化、信息化、数字化、智能化革命的浪潮，催生了众多水平更高、生产效率更高的战略性新兴部门，极大地改变了人类生产生活方式和产业组织运行模式，尤其是"互联网+"、人工智能、区块链等新一代数字技术的突破，使国民经济各部门深度融合，在产品形态、商业模式、治理结构等方面发生深刻变革，成为推动产业体系现代化进程的重要动力来源。因此，构建现代化产业体系必须抢抓新一轮科技革命和产业链重构机遇，持续推动智能技术应用及与经济社会融合发展，努力抢占全球产业体系智能化战略制高点。

2. 绿色化是实现人与自然和谐共生的必然要求。随着全球工业化水平的提高，人类对自然资源的索取越来越多，污染排放也日益严重，使得人类与大自然的关系变得紧张，选择人与自然和谐共生的发展理念至关重要。近年来，"绿水青山就是金山银山"的发展理念已经深入人心。2024年2月，习近平总书记在主持二十届中央政治局第十二次集体学习时强调，"要瞄准世界能源科技前沿，聚焦能源关键领域和重大需求，合理选择技术路线，发挥新型举国体制优势，加强关键核心技术联合攻关，强化科研成果转化运用，把能源技术及其关联产业培育成带动我国产业升级的新增长点，促进新质生产力发展"。绿色技术变革正在成为全球新一轮工业革命和产业竞争的关键领域，我们必须坚定走能源绿色、低碳、可持续发展道路，使能源结构和产业结构向着有利于可持续发展的方向调整和演进。

3. 融合化是产业分工深化和体系重塑的重要途径。经济发展的本质是科技不断创新、部门分工不断深化、产业体系交叉融合的过程。随着技术进步、市场开放和制度创新，产业边界逐渐模糊化，交叉融合的新业态新模式不断涌现。近几年，实体产业内部融合、虚拟产业内部融合、数字经济与实体经济融合、数智技术与实体经济深度融合的趋势越来越明显，全球产业发展呈现跨界融合新趋势。融合化既是现代产业的普遍形态，也是提升产业体系整体效能的必然要求，促进相关领域前沿技术交叉融合，是催生新技术、新产品、新业态和新模式的重要途径。

（二）从关键要素看，现代化产业体系构建要实现产业部门、关键要素、市场主体的高效协同

1. 实现现代化农业、工业、服务业协同推进。现代化农业是现代化产业体系的重要根基，要重视藏粮于地、藏粮于技，提升农业质量效益和竞争力。现代化工业是现代化产业体系最重要的基础和核心，要坚持把发展经济的着力点放在实体经济上，巩固独立完整工业体系和完备产业链的优势，推动制造业高质量发展。现代化服务业是现代化产业体系的主体和重要支撑。聚焦产业转型升级和居民消费升级需要，引导生产性服务业向专业化和价值链高端延伸，构建优质高效的服务业新体系。三次产业融合发展已经成为增强产业体系综合竞争力的重要途径，对于构建具有中国特色的现代化产业体系、以产业链安全保障产业关联畅通、赢得国际竞争战略主动性具有重大意义。

2. 实现实体经济、科技创新、现代金融、人力资源、数据要素等协同发展。实体经济是国民经济的根基，科技创新是引领经济发展的强劲动力，现代金融是经济的血脉，人力资源是第一资源，数据要素是形成新质生产力的核心要素。加快建设关键要素协同发展的产业体系，是积极应对近年来经济出现"脱实向虚"、实体经济与金融发展失衡、科技与经济两张皮等突出问题的重要措施。建设现代化产业体系，更加强调把发展经济的着力点放在实体经济上，更加注重生产要素之间的匹配与互动，促进更多资本、劳动力、技术、数据等生产要素融入实体经济，从而不断提高科技创新对实体经济发展的贡献率，不断增强现代金融服务实体经济的能力，不断优化人力资源支撑实体经济发展的作用，不断提升数据要素赋能实体经济的水平。

3. 实现各类经营主体协同发力。习近平总书记明确要求，"为各类经营主体投资创业营造良好环境，激发各类经营主体活力""进一步引导经营主体强信心、稳定社会预期"。企业是最基本、最重要的市场活动主体，也是市场机制运行的微观基础。目前，我国已形成多种所有制经济在产业上互补、在市场上协同的良好局面，以及大中小企业相互依存、相互促进、融通发展的良好生态。建设现代化产业体系，要为各类所有制企业、不同规模企业营造公平、透明、法治的发展环境，激发各类企业的内生动力和创新活力。

三、构建现代化产业体系对强省会建设的重要意义

2021年2月，济南发布实施《关于贯彻落实强省会战略的实施意见》，正式开启"强省会建设时代"，打造具有省会特色和国际竞争力的现代化产业体系，坚定不移实施工业强市战略，全面培育新质生产力，对加快推进"强新优富美高"新时代社会主义现代化强省会建设意义重大。

（一）建设现代化产业体系是实现强省会战略的必由之路

近几年，国际国内经济形势发生深刻变化，单边主义、保护主义明显上升，西方国家加快重构产业供应链带来的风险和挑战不断扩大，现代产业发展面临着"小院高墙""技术脱钩""友岸外包"等新问题。伴随着经济发展进入"新常态"，人口红利消失、资本边际报酬下降和对外开放带来的技术赶超空间收窄，济南潜在产出增速放缓，传统的投资驱动型经济增长方式面临严峻挑战，依靠劳动、土地、资源等要素带动的传统动能模式已经难以为继。因此，要加快建设以实体经济为支撑的现代化产业体系，以新产业新业态新模式打造新的增长引擎，着力培育新动能、塑造新优势，抢占全球产业竞争制高点，不断开创新时代现代化强省会建设新局面。

（二）建设现代化产业体系为强省会战略提供物质保障

习近平总书记在二十届中央财经委员会第一次会议上强调，现代化产业体系是现代化国家的物质技术基础，必须把发展经济的着力点放在实体经济上，为实现第二个百年奋斗目标提供坚强物质支撑。改革开放以来，济南市抓住经济发展的机遇期，全力发展实体经济，告别了"短缺经济"，解决了"有没有"问题。随着社会主要矛盾发生变化，要着力解决"好不好"的问题，以构建现代化产业体系为基础，加快推进工业、农业、服务业和基础设施等方面的现代化，提高人民整体收入水平，提升中高端消费品供给能力，推动文化产业繁荣发展，促进社会公平正义，在强省会建设中勾勒济南美好

生活蓝图。

（三）建设现代化产业体系为省会融入新发展格局提供战略机遇

习近平总书记指出，加快构建以国内大循环为主体、国内国际双循环相互促进的新发展格局，是把握未来发展主动权的战略性布局和先手棋。新发展格局以现代化产业体系为基础，经济循环畅通需要各产业有序链接、高效畅通。当前，受多种因素的制约，济南实体经济与科技创新、现代金融、人力资源之间不协调的问题突显。构建现代化产业体系，不断提高全要素生产率，补齐产业链的短板、断点和薄弱环节，在一些重要产业和产业链关键环节形成全国乃至全球领先优势，是融入国际国内双循环、增强内生动力和提高可靠性的有效途径，也是提升国际循环质量和水平的重要契机。

四、新发展格局下济南加快建设现代化产业体系成效显著

近年来，济南经济形势整体向好，现代化产业体系建设取得较快进展，产业结构和就业结构趋于合理，自主创新能力显著提升，产业政策体系日益完善，"强新优富美高"新时代社会主义强省会战略迈出新步伐。

（一）产业结构从"一业独大"到"多元支撑"，在调整优化中夯实产业发展根基

济南坚持把发展重点放在实体经济上，以实施新旧动能转换战略为重要契机，培育发展新动能、改造传统产业动能、淘汰落后动能，产业结构进一步优化，新动能逐步发展壮大。2023年，全市实现地区生产总值（GDP）12757.4亿元，按不变价格计算，比上年增长6.1%，其中，第一产业增加值429.5亿元，增长4.1%；第二产业增加值4312.0亿元，增长7.8%；第三产业增加值8015.9亿元，增长5.2%。[①]三次产业构成比从2015年的5.0∶37.8∶57.2调整为3.4∶33.8∶62.8，产业结构比重发生了深刻变化，经济增长动力由过去主要依靠传统制造业向先进制造业和现代服务业协同带动转变。第三产业与制造业深度融合，尤其是与"互联网+"密切相关的工业服务业、信息咨询服务业、代理服务业萌芽并迅速崛起，有望成为省会经济新的增长点。

---

① 资料来源：《2023年济南市国民经济和社会发展统计公报》。

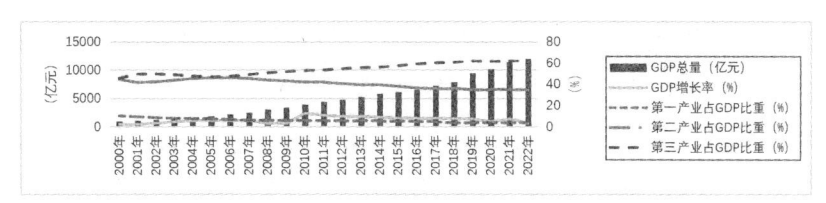

图 1-1 济南市 GDP 增长率与产业结构变动趋势

资料来源：根据历年《济南统计年鉴》数据整理。

(二) 农业从"增量"到"提质"，在产业链重塑中做大做强特色产业

济南全面落实藏粮于地、藏粮于技战略，粮食播种面积、总产、单产均保持连续五年增长。2023年，全市农业总产值543.9亿元，比上年增长4.4%，畜牧业总产值164.0亿元，增长5.6%，现代高效农业增加值79.7亿元，增长5.5%[①]。坚持打好农业特色牌，走好乡村振兴路，推进农业全产业链融合发展，围绕粮食、果蔬、畜禽、都市休闲农业等方面"扩增量、优存量、提质量"，聚力打造十大特色农业产业链。按照"两带五区"农业产业布局，全面提升产业链要素供给和产业链重塑，自2019年起市政府每年拿出1亿元，专项扶持十大产业发展，形成了首席专家+岗位专家+科创中心的运作体系。打造"1+10+N"品牌农业建设推进体系，全面提升特色农业影响力和品牌知名度，培育了平阴玫瑰、商河花卉、曲堤黄瓜、历城草莓、龙山小米、长清寿茶等享誉全国的农业品牌。

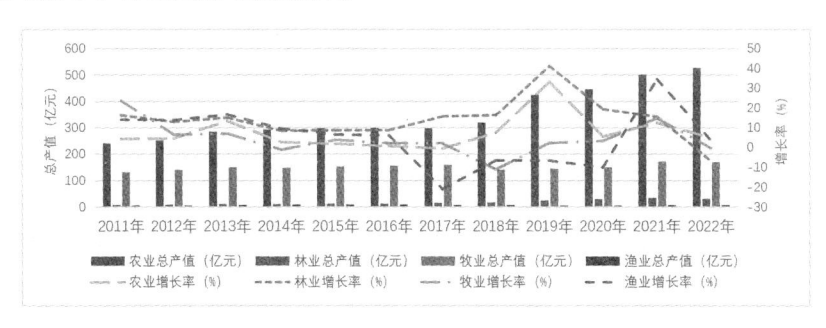

图 1-2 济南市农林牧渔业总产值及增长率变动趋势

资料来源：根据历年《济南统计年鉴》数据整理。

---

① 资料来源：《2023年济南市国民经济和社会发展统计公报》。

（三）工业从"制造"到"智造"，在科技创新中推进新旧动能转换

坚定不移实施"工业强市"战略，加速"济南制造"向"济南智造"转变。2023年，全市规模以上工业增加值增长12.4%，利润总额增长26.8%[1]，全年始终保持两位数增长水平。装备制造业增势显著，实现增加值增长30.6%，拉动全市增长10.1个百分点。其中，汽车制造业、计算机通信和其他电子设备制造业、通用设备制造业等行业增长较快，同比分别增长133.3%、21.2%、19.1%。新旧动能转换加速推进，2023年全市"四新"经济增加值达到5160.5亿元，占GDP比重40.5%，比上年提高1.6个百分点。规模以上高技术制造业实现增加值增长6.1%，拉动规模以上工业增长1.3个百分点[2]，集成电路、空天信息等六大产业共同体加速壮大，形成了一批具有全国影响力的先进制造业和战略性新兴产业集群。

（四）服务业从"单轮驱动"到"双轮驱动"，在数智化转型中加速发展

伴随人工智能、5G、工业互联网发展，积极促进现代服务业与"数字化+智能化"深度融合，推动传统服务业加快向现代服务业、新兴服务业转变。2023年，全市服务业增加值8015.9亿元，比上年增长5.2%。规模以上服务业企业实现营业收入4264.0亿元，增长14.4%[3]。生产性服务业持续提质升级，先进制造业与现代服务业加速融合，2023年全市新认定总部企业19家，获批省级现代服务业集聚区2个、服务业创新中心4个，规模以上服务业营业收入突破4000亿元[4]。生活性服务业规模和质量快速提升。2023年，全市规模以上交通运输、仓储和邮政业，租赁和商务服务业，分别增长25.3%、12.1%，进一步提高了人们的生活品质，更好地满足了人民群众日益增长的美好生活需要。

（五）产业创新能力从"跟随"到"引领"，在科技赋能中实现新突破

随着"科创济南"建设全面推进，科技创新能力逐渐成为推动强省会建设的重要动力来源。研发经费投入规模和强度快速提升，2023年全市研发经费投入346.8亿元，比上年增长13.1%。全年万人有效发明专利拥有量61.9

---

[1] 资料来源：《2023年济南市国民经济和社会发展统计公报》。
[2] 资料来源：《2023年济南市国民经济和社会发展统计公报》。
[3] 资料来源：《2023年济南市国民经济和社会发展统计公报》。
[4] 资料来源：《2024年济南市政府工作报告》。

件，比上年增长26.5%，计算机通信和其他电子设备制造、汽车制造、医药制造等行业科技研发增速较快（图1-3、图1-4）。基础研究和关键核心技术攻关取得新进展。发挥中科院济南科创城、超算中心、济南国际医学中心等重大创新平台集聚效用，在量子科技、智能制造、生物医药、大数据、氢能源等领域关键核心技术攻关取得新突破，创新成果不断涌现。

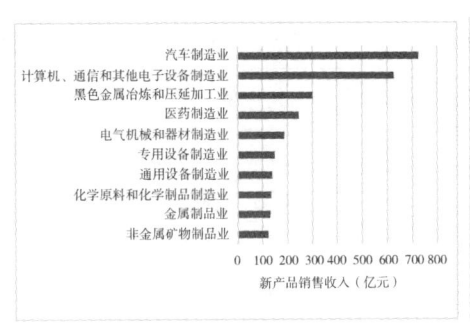

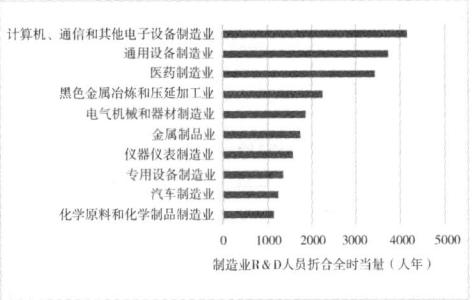

图1-3 制造业新产品销售收入前十排名　　图1-4 制造业R&D人员折合全时当量前十排名

数据来源：根据2022年《济南统计年鉴》数据整理。

（六）产业政策体系从"被动应对"到"主动布局"，在实践探索中完善政策支撑框架

产业政策是产业发展的先决条件之一，发挥着激励和约束的双重作用。在推进现代化产业体系进程中，科技创新是核心动力，人力资源供给是要素支撑，现代金融是重要保障，构建完善的政策支撑体系对产业发展至关重要。近年来，政府十分重视产业发展政策供给，不断完善引导产业发展的政策措施（表1-2）。例如，2020年《济南市高新技术企业培育三年行动计划（2020—2022年）》发布，对新认定为国家级孵化器且属于《济南市十大千亿产业振兴计划》中所列济南市十大产业领域的，给予最高500万元建设经费资助。2023年，《济南市人才服务支持政策30条》《济南市人才发展环境政策30条》（2024版）发布，对28条政策进行了优化调整，加快构筑黄河流域人才集聚高地。2023年，《济南市人民政府关于加快推进金融科技发展的实施意见》出台，不断加强现代金融服务实体经济的能力，有力支撑扶持了一批科技成果转化和高端高质产业项目。

表 1-2 济南市加快推进现代化产业体系建设的相关政策文件

政策重点	文件	主要措施
人力资源	《中共济南市委济南市人民政府关于深化人才发展体制机制改革促进人才创新创业的实施意见》（济发〔2017〕16号）	实施人才引进培养升级政策；健全人才发展激励保障机制；推进人才管理体制改革；完善人才公共服务体系；加强党对人才工作的组织领导。
	《济南市人民政府关于进一步做好促进就业创业工作的实施意见》（济政发〔2019〕9号）	提高小微企业吸纳就业能力；加大对重点群体就业创业支持力度；强化培训服务；加强政策支持；完善保障措施。
	《关于更好发挥稳就业促创业积极作用加快发展人力资源和人力资本服务业的若干政策》（济政发〔2020〕2号）	发挥专业优势，全力保障稳岗就业；鼓励转型升级、支持创业带动就业；优化园区平台，完善产业发展生态；加强金融支持，推动产业能级跃升；培育市场主体，提升产业发展活力。
	《关于印发〈济南市人才服务支持政策（30条）〉〈济南市人才发展环境政策（30条）〉的通知》（济厅字〔2022〕5号）	发布人才服务支持政策30条清单和人才发展环境政策30条清单。
科技创新	《关于加快"科创济南"建设全面提升科技创新能力的若干政策措施》（济政发〔2021〕14号）	全力争创综合性国家科学中心；提升科创主体创新能力；激发人才创新活力；提高科技成果转化能力；加快培育创新型优势产业；扩大科技创新开放合作；优化创新生态圈。
	《济南市高新技术企业培育三年行动计划（2020—2022年）》（济政字〔2020〕20号）	实施高新技术企业源头培育行动；实施服务科技型中小企业专项行动；实施企业创新能力提升行动；实施高新技术企业招商引才行动；实施企业科技成果转移转化行动。
	《关于市、区县联合设立专项资金支持重大科技创新平台、新型研发机构、创新基地落地的办法》（济政办字〔2019〕57号）	抓新一轮科技革命机遇，深入推进区域性科技创新中心建设，充分发挥市、区县两级财政资金引导带动作用，推动引进建设一批重大科技创新平台、新型研发机构、创新基地。
	《济南市加快国家科技成果转移转化示范区建设促进科技成果转移转化行动计划》（济政发〔2018〕14号）	积极打造科技成果转移转化引领区和承载区；建设科技成果转移转化精准对接平台；建设科技成果转移转化精准对接平台；拓宽科技成果产业化融资渠道；强化科技成果转移转化载体建设；推动科技成果转移转化"双联盟"体系建设；开展科技成果转移转化国际品牌创建活动。

(续表)

政策重点	文件	主要措施
金融支持	《济南市人民政府关于加快推进金融科技发展的实施意见》（济政发〔2023〕3号）	全面集聚金融科技资源；完善金融科技基础设施建设；深化金融科技研发应用；营造一流金融科技发展环境；提升金融科技监管效能。
	《济南市加快现代金融产业发展若干扶持政策》（济政发〔2018〕31号）	促进金融机构集聚发展的扶持政策；促进股权投资（管理）企业发展的扶持政策；促进股权投资（管理）企业发展的扶持政策；促进地方金融组织发展的扶持政策；促进金融中介服务机构发展的扶持政策；促进金融中介服务机构发展的扶持政策。
	《济南现代金融产业发展行动计划（2018—2022年）》（济政字〔2018〕81号）	金融组织壮大工程；资本市场提升工程；产融结合创新工程；产业空间布局优化工程；金融生态示范工程；金融开放推进工程；金融人才支撑工程。
	《济南市进一步促进资本市场发展行动计划》（济政发〔2018〕13号）	加大拟上市挂牌后备企业（以下简称"后备企业"）政策支持，推动规模企业规范化公司制改制；引导企业充分利用资本市场，扩大直接融资规模；加大招商引资力度，打造资本市场产业集聚区。

五、构建现代化产业体系助力强省会建设的对策建议

近年来，济南全面贯彻落实习近平总书记对山东、对济南工作的重要指示要求，坚持把发展的着力点放在实体经济上，坚定不移实施工业强市战略，全市经济社会发展持续向好、量质齐升。但是，同先进城市相比，同高质量发展的要求相比，还存在一些短板弱项，突出表现为：随着全球经济放缓，实体经济面临下行压力；经济发展动力不足，新动能亟待增强；关键要素支撑力不足，协同发展受到制约；部分领域对外依赖度较高，关键核心技术与领先水平差距较大；产业链处于中低端，产业竞争力亟待提升等。2024年初，济南市《政府工作报告》将"大力推进现代化产业体系建设，加快发展新质生产力"列为重点任务。下一步，济南市要纵深推动新旧动能转换，全面培育新质生产力，以"项目深化年"为总牵引推进工业强市建设，加快构建以新动能为主导的现代化产业体系和新经济增长格局，为"强新优富美高"新时代社会主义现代化强省会建设奠定坚实的经济基础。

（一）培育和发展新质生产力是构建现代化产业体系的动力引擎

新质生产力是现代化产业体系建设的重要动力源泉，现代化产业体系是培育和发展新质生产力的载体和平台，新质生产力形成的过程就是对产业体系进行系统性重塑的过程。在加快推进强省会战略的进程中，新质生产力成为支撑现代化产业体系构建、引领经济高质量发展的动力引擎。

1. 大力布局前沿技术和颠覆性技术，以新质生产力引领现代化产业体系建设。前沿技术和颠覆性技术能够催生新产业、新模式、新动能，是新质生产力的重要来源，也是构建现代化产业体系的动力基础。一是要健全新型举国体制，强化国家战略科技力量，发挥好企业创新主体作用，高效整合科技资源协同攻关，瞄准量子科技、空天信息、生物制造、人工智能、集成电路等前沿领域，坚决打赢关键核心技术攻坚战，通过核心技术的创新解决"卡脖子"问题，化解被西方技术压制的风险。二是聚焦关键环节，以科技创新推动产业创新，及时将科技创新成果应用到具体产业和产业链上。改造提升传统产业、培育壮大新兴产业、布局建设未来产业，积极推动关键核心技术实现从"0—1"的技术突破到"1—100"的转化应用。

2. 激发新要素活力，加速数据要素赋能新质生产力。数据等新型生产要素加速崛起并向各领域深度渗透，为新质生产力发展构筑起新的支撑条件。一是在优化提升劳动、土地、资本等传统优势生产要素支撑的同时，加大力度培育人力资本、科技创新、数据信息等新型生产要素，加强要素基础制度建设，深化要素整合共享，扩大要素开发应用，提高高端、优质、新型要素对产业创新发展的贡献。二是加速数据要素与产业深度融合。数据要素具有独特的属性和价值，能够打破传统生产要素的局限性，有效推动生产方式、流通模式、消费形式变革。实施数字产业化和产业数字化双轮驱动，促进互联网、人工智能、大数据等数字技术同实体经济深度融合，带来产品架构、商业模式、应用场景的迭代升级。

3. 深化体制机制改革，形成与新质生产力相适应的新型生产关系。习近平总书记在中共中央政治局第十一次集体学习时指出，"生产关系必须与生产力发展要求相适应，发展新质生产力，必须进一步全面深化改革，形成与之相适应的新型生产关系"。一是要深化经济体制、科技体制等改革，着力打通束缚新质生产力发展的堵点卡点，加快建设全国统一大市场，建立高标准市场体系，创新生产要素配置方式，让数据、技术、人才等关键生产要素在不同地区、不同产业、不同部门顺畅流动。二是以制度型开放为重点，扩大高水平对外开放，为塑造新型生产关系营造良好国际环境。实现高水平对外开放，要不断改善营商环境，吸引外资进入中国市场。同时，要建立更加健全的知识产权法律体系，提高知识产权保护力度，为企业提供更好的创新环境。

（二）关键要素协同发展是构建现代化产业体系的根本举措

实体经济是高质量发展的主体和基础，是着力建设现代化经济体系的主战场，而科技创新、现代金融和人力资源是实体经济发展的基本要素。科技创新、现代金融、人力资源与实体经济相互融合并协调发展，是现代产业体系的显著特征，是促进产业转型升级、提升产业国际竞争力的根本举措。

1. 推动创新驱动战略，促进"互联网+"与实体经济的深度融合。实体经济是经济体系的基础，也是建设现代化国家的重要保障。近些年来，"脱实向虚""重虚轻实"的现象日益严重，已经成为威胁地方经济发展的重要因素。济南是制造业强市，任何时候都不能削弱实体经济的根基。一是要继续加快实施黄河流域生态保护和高质量发展国家战略，继续保持汽车制造业、医药制造业、计算机通信制造业等传统优势产业，通过淘汰落后产能实现实体经济产业结构的优化升级。二是加快创新驱动战略，推动"互联网+"与实体经济的深度融合，实现物联网、大数据、云计算、人工智能与实体经济融合发展。随着适应市场需求的新技术、新业态、新模式不断涌现，济南制造业价值链正逐步融入全球产业链中高端。

2. 完善现代金融体系，建设服务现代产业体系的金融平台。现代金融是实体经济的枢纽血脉，高效为经济发展提供资本资源。一是继续深化金融体系改革，加强现代金融服务实体经济的功能。放宽对外资和民营资本的进入管制，积极发展科技银行、民营银行和外资金融机构，不断拓宽银行信贷、资本市场、风险投资、金融创新等各类金融服务渠道。二是完善金融监管考核和激励约束机制。建立尽职免责、纠错容错机制，打破民营企业在融资过程中遇到的各种隐形壁垒，保障民营企业和国有企业真正享受同等的金融服务。

3. 扩大人力资本优势，健全人力资源管理体系。人力资源是经济活动最能动最活跃的要素，产业发展需要人才，而人才的培养主要依靠教育。面对日益严峻的人口老龄化趋势，构建培养、引进多层次人力资源战略是提升产业人力资源水平的重要措施。一是在人才培养上，加大教育经费投入，积极推进世界一流大学和一流学科体系建设，培养高科技人才，用科技引领社会生产力发展。二是在人才引进上，创新引才模式，提供高效便捷的人才签证、工作许可审批服务，支持外籍高层次人才和急需紧缺人才来济工作、创新创业。三是在人才交流合作上，创建海外研发机构，加强与全球科研机构、顶尖大学和先进企业的对外交流和合作，提高对离岸人才的培养和使用。

（三）纵深推进新旧动能转换是构建现代化产业体系的基础保障

构建现代化产业体系，传统产业和战略性新兴产业是两类重要的驱动力量。纵深推进新旧动能转换，传统产业在改造升级中提升生产效率，战略性新兴产业在稳健发展中不断壮大，现代化产业体系的根基才会更加牢固。

1. 以新旧动能转换为契机，积极培育新动能。济南正面临全国新旧动能转换综合试验区、中国（山东）自由贸易试验区、黄河流域生态保护和高质量发展等国家战略交汇叠加的重大机遇，处在加快新旧动能转换、实现高质量发展的关键期、机遇期、黄金期。一是以起步区建设作为济南新旧动能转换的重要支点，对标雄安新区，突出高端高效产业发展方向，培育壮大新智造、新科技、新服务、新消费"四新产业"。二是坚持先进制造业和现代服务业"双轮驱动"，超前布局高端前沿产业，以此带动济南加快产业转型升级步伐。培育新动能，发展新经济，突出发展十大标志性产业链群，积极推动以新一代信息技术产业、高端装备产业、医养健康产业、精品钢产业、量子计算、量子通信产业为特色优势产业集群化发展。三是培育自主创新能力，推动高水平创新平台建设，依托国家以及省重点科技园区，打造具有国际水准的科技示范中心，加速推进具有自主知识产权的示范产业，以此带动济南产业从要素驱动到创新驱动的转化。

2. 加快传统产业优化升级，提高产业全要素生产率。济南传统优势产业涵盖面广，其中装备制造业、现代高端农业、创意文化产业、高端化工业、现代金融服务业都具有雄厚的产业基础和发展优势。一是改造提升传统产业，就要加速引进新技术、新管理和新模式，瞄准全球产业新标准，使传统产业重新焕发生机和活力。二是瞄准高端市场，打造制造业全球产业链，建设具有世界水平的制造业产业集群，形成新动能制造业的中坚力量。三是把化解过剩产能作为加快产业升级，实现资源优化配置的首要任务，逐步探索构建市场自动出清的长效机制，淘汰落后产能，推动产业转型升级。要根据市场变动趋势，预估去产能行业和去产能力度，使产能利用率和淘汰率保持在合理区间内。同时，要加强市场供需双方信息引导，防止某些战略性新兴产业集中投资建设，形成新的产能过剩。

3. 打造培育优势产业，推动产业链迈向全球中高端。全球产业链供应链正面临深刻重塑，欧美等发达国家持续重视并继续寻求扩大制造业优势。在新一轮世界格局变化中把握机遇迎接挑战，推动制造业向产业链上游移动，打造新的"比较优势"提高国际竞争力，这是推动现代化产业体系建设的必由之路。一是对优势产业集群实行资源配置的结构性倾斜，在错位竞争和综合协调中提高整体实力。重点培育产业和产品的技术含量，加快技术密集型产业发展，推动产业结构调整升级，有选择地拓宽劳动密集型产业的增长空间，有重点地发展资本、技术密集型产业和产品。二是利用发达国家或地区产业转移模式和结构变化的重大机遇，在加强自身技术和创新的同时，有效利用跨国公司技术转移和研发转移，尽快做大做强有较大规模、技术比较密集、市场前景较好的产业和产品，带动产业快速增长和效益提高。

（四）积极服务和融入新发展格局是构建现代化产业体系的重要途径

习近平总书记在主持二十届中共中央政治局第二次集体学习时强调，"新发展格局以现代化产业体系为基础，经济循环畅通需要各产业有序链接、高效畅通"。紧抓新一轮科技革命和产业变革重塑全球经济结构的机遇，加快建设现代化产业体系，积极开辟新领域、制胜新赛道、重塑新链条，立足国内市场的规模效应和集聚效应形成面向全球的竞争优势，实现高质量"引进来"和高水平"走出去"。

1. 坚持扩大内需，加快构建国内经济大循环。在以国内大循环为主体、国内国际双循环相互促进的新发展新格局下，现代化产业体系发展必须高度重视内需市场对经济增长的带动作用。一是稳就业提收入，充分发挥收入对消费的促进作用。提高居民收入分配比例，改善居民收入增长滞后局面。增加工资性收入比重，特别是提高城市工薪阶层、农民工收入水平，通过盘活土地资源拓宽居民投资渠道和财产性收入来源。鼓励创业带动就业，发挥创业带动就业的倍增效应。二是巩固稳定基础性传统消费。推动传统消费升级，积极推进养老、托幼、家政、健康、信息、旅游休闲、教育文化体育等基础领域的服务消费供给。三是提振房地产、汽车及家居等大宗消费。优化新能源汽车补贴政策，多部门联合加快充电设施、停车位、城乡快速路等基础配套设施建设。促进家居消费提质升级，整合家电、家具、家装、家纺、绿色建材、家居回收等"大家居"资源，以"小切口"促进"大消费"。

2. 提高对外开放水平，打造共商共建共享的新格局。构建现代化产业体系，不仅要"引进来"，更要"走出去"，以更大规模、更深层次、更宽领域的对外开放，实现资源链、产业链、价值链的全球布局。一是深入对接重大区域协调发展战略，借助黄河、长江两条大河的交融发展，进一步强化与黄河流域生态保护和高质量发展、京津冀协同发展、长江经济带发展、长三角一体化发展、粤港澳大湾区建设五个重大国家战略之间的交流联系和项目合作。二是通过深度参与共建"一带一路"，借助山东自贸试验区、综保区、跨境电商等平台建设，引进、吸收世界高新技术和先进技术，积极对接国际规则，逐步形成具有济南特色的、具有自主知识产权的高新技术产业体系，从整体上提升全市产业的经济实力和竞争能力。

Ⅱ 主导产业研究

第二章 济南新一代信息技术产业研究报告

一、新一代信息技术产业发展情况

新一代信息技术产业位居济南市四大主导支柱产业首位，也是济南市重点打造的标志性产业链群，2023年产业规模达到6500亿元，同比增长13.05%，其中，软件收入5315亿元、同比增长14.9%，电子信息制造业收入1054亿元、同比增长4.63%，电信业务收入130亿元、同比增长17%，纳统企业2812家，形成了软件和信息技术服务、新一代信息技术装备（服务器）、集成电路、人工智能、工业互联网、信息技术应用创新等6个细分产业链群，拥有浪潮集团、高速信息、中创软件、鲁软数字科技、山东天岳、山大地纬、神思电子等龙头骨干企业。在新一代信息技术产业的引领带动下，2023年8月，济南成功入选全国首批中小企业数字化转型试点城市名单；11月，成功入选工业和信息化部全国数字经济运行监测实践试点。

（一）数字产业化持续领跑

1. 软件产业国内领先。济南是全国第二个获批软件名城的城市，近年来通过深入实施"五名"工程，持续推动软件产业业态提升，信息技术服务产业集群获批国家首批战略性新兴产业集群。2023年，印发实施《济南市加快软件名城提档升级三年行动计划（2023—2025年）》，明确"七名"工程发展思路，持续拓展软件产业规模厚度、创新深度、应用力度、空间广度。目前，全市行业纳统企业超过2000家，从业人员超过30万人，2023年软件业务收入达到5315亿元，产业规模总量持续占据全省半壁江山；10家企业获批国家鼓励的重点软件企业；3家企业入选2023年国家软件和信息技术服务企业竞争力百强；新增35个省软件工程技术中心、92个省软件高质量发展项目、145个首版次高端软件，数量全省领先。在2023年度中国软件名城评估中，济南市居第七位。

2. 新一代信息技术装备（服务器）产业全球领先。济南服务器产业持续保持全球领先，并引领中国服务器产业发展。2023年，浪潮服务器市场占有率保持全球第二、中国第一。在高性能计算机（HPC）领域，在全球最强的500台超级计算机中，浪潮提供了58套，全球排名第二，有力支持了我国在空间探索、气候研究、新材料研发等科学研究领域的快速发展；在人工智能领域，浪潮人工智能服务器连续4年保持全球第一，中国市场占有率连续7年第一；在信创服务器领域，浪潮研发的国产服务器，整机国产化率已经超过70%，2022年以来，陆续推出了基于最新一代CPU的海光、飞腾、兆芯、龙芯等服务器产品，浪潮是国产服务器开发种类最多最全的厂商。浪潮大力开拓海外市场，建有美国和新加坡双运营中心，在美国硅谷和中国台湾建有研发基地，在北美、欧洲、东南亚等地区建有全球服务器生产基地，业务覆盖40多个国家和地区。2022年，浪潮服务器研发与制造产业集群入选省"雁阵形"集群。以部省市共建"中国算谷"重大产业生态项目为依托，聚焦整机制造配套等关键环节加大双招双引力度，巩固提升服务器产业优势，中国算谷产业园招商中心正式开放，洛克美森智能电气、金信诺等一批重点配套项目落地入园。2022年启动算谷浪潮科技园建设，总投资25亿元，2024年3

月，济南算谷浪潮科技园项目主体结构顺利封顶，建成后可吸引2万多名科研人才、100多家上下游企业入驻。

3. 人工智能产业能级持续提升。2019年以来，济南先后获批建设国家人工智能创新应用先导区、国家新一代人工智能创新发展试验区，成为继上海、深圳之后第三个人工智能"双区叠加"城市。2023年，人工智能核心产业规模385亿元，同比增长42%，带动相关产业规模达到1400亿元，人工智能企业415家，企业数量居全省第一，在国内处于第二梯队。拥有浪潮、华芯半导体、华翼微电子等硬件企业以及神思电子、众阳健康、山大地纬等软件企业。在IDC与浪潮信息联合发布的《2023—2024中国人工智能计算力发展评估报告》中，济南入选2023年中国人工智能城市排行榜前十名，位居第七位。2023年全球人工智能最具创新力城市排名中，济南等19个中国城市入围全球人工智能创新城市前100强。依托全国八大超算中心之一的济南超算中心开展各项算力基础工作，国内超过50%的人工智能算力来自济南。

4. 集成电路产业加速提级。济南作为全国第八家集成电路设计产业化基地，2023年实现营业收入201亿元，同比增长15%，其中设计业实现收入81.6亿元，同比增长15.4%。行业相关企业100多家，骨干企业有山东天岳、比亚迪半导体、泉意光罩等。制定出台集成电路产业集聚区认定办法，已认定齐鲁软件园片区、人工智能大厦等3个集成电路产业集聚区，引导企业集聚发展。产业运行增势良好，山东天岳、比亚迪半导体等龙头企业保持良好增长态势。南砂晶圆、湖北菲利华等行业领军企业落地济南。材料、设计、制造、封测等产业链关键环节串珠成链、聚链成群成势。

5. 信创产业加快壮大。济南作为国内为数不多的具有相对完整信创产业链的城市之一，浪潮、中创、中孚、瀚高等企业产品均进入国家信创目录。技术方面，国际首创可证明安全的动态节点管理共识算法，性能达到世界领先水平；自主研发的"国密算法高抗冲突物联网安全芯片"填补了我国物联网安全芯片精准识读的技术空白；自主研发的符合国家安全标准的高性能密码套件，高性能实现ECC算法（椭圆加密算法）达到世界顶尖水平。安全产品方面，中孚信息、九州信泰等企业的网络安全产品和服务入选工信部网络安全技术应用试点示范，山大地纬的"区块链+人社""区块链+教育"入选中央网信办等17部委联合发起的国家区块链创新应用试点名单。此外，浪潮信息牵头成立全国首个信息技术应用创新生态基地和生态联盟，形成了系统集成、整机、中间件、数据库、安全保密产品、电子签章、密码产品等网络安全产业生态圈。

（二）产业数字化加速推进

1. 两化融合工作领跑全省。截至2023年底，济南市获得两化融合管理体系贯标证书企业达到625家，位居全省首位；两化融合发展指数达到103.7，位居全省第二。深入开展两化融合发展水平评估诊断对标工作，组织1200余家规上工业企业参评，评估诊断对标企业数位居全省首位。印发《济南市两化融合管理体系贯标奖励政策实施细则（暂行）》，在全省率先出台两化融合贯标分级奖励政策，实行两化融合贯标备案制和分档激励，引导企业向更深层次推进两化融合。制定《济南市工业企业数据管理能力成熟度评估模型（DCMM）贯标奖励政策实施细则（暂行）》，在全省率先开展工业企业数据管理成熟度（DCMM）评估认证，引导企业持续提升数据管理能力。

2. 工业互联网产业体系形成规模。2023年，济南市工业互联网产业链群拥有企业超100家，核心产业规模达310亿元，带动相关产业规模700亿元。初步形成以浪潮工业互联网公司、山东未来集团、山东青鸟为链主企业，涵盖新一代网络设备、工业互联网平台、系统解决方案、工业软件、工控系统与传感器、创新应用等领域的完整产业链，呈现出关键技术加速突破、政策体系不断完善、融合应用逐渐丰富、产业生态日趋成熟的良好态势。目前，济南市拥有全省唯一"星火·链网"超级节点，建设11个工业互联网标识解析二级节点，数量均居全省首位；培育浪潮云洲、火石2个国家级跨行业跨领域工业互联网平台、7个国家级特色平台、63个省级平台，平台数量全省第一；累计培育超百个工业互联网应用项目，其中16个项目获评工信部工业互联网试点示范，16家企业入选工信部工业互联网平台创新领航应用案例，累计培育4个省级工业互联网园区。

3. 制造业数字化转型走在全省全国前列。近年来，济南加快推进制造业数字化转型，多项工作走在全省全国前列，2022年获得国务院"建设信息基础设施和推进产业数字化成效明显市"督查激励。目前，济南初步形成制造业"点线面"转型路径。"点"就是强化龙头骨干企业引领。深入开展"工赋泉城"和"AI泉城"赋能行动，打造200个以上数字化应用场景，培育1家国家级"数字领航"企业，9个企业获得国家智能制造试点示范工厂（优秀场景），累计培育省级智能工厂、数字化车间108个。"线"就是推进行业数字化转型。聚焦"4+10"产业链群，探索"产业大脑+晨星工厂"数实融合模式，打造化工新材料、高端软件2个省级"产业大脑"，培育132家"晨星工厂"、82个数据赋能"优秀产品"。"面"就是推动中小企业数字化转型。高质量推进国家中小企业数字化转型试点城市建设工作，已遴选46家数字化转型服务商和612个数字化解决方案、产品，开展数字化转型宣贯与供需对接活动，推进600家以上中小企业数字化转型服务。

4. 数字化供给服务支撑有力。近年来，济南持续培育完善数字化转型服务生态。一是全面开展数字化转型诊断评估，在全省率先开展免费数字化转型评估诊断服务，首批遴选20个数字化服务商队伍，每年为500家以上的企业提供诊断服务。二是壮大数字化转型队伍，成立济南市数字化技改服务联盟，遴选72家优秀智能化解决方案提供商和星级上云服务商，已建立面向技术改造、数字化诊断、企业上云等领域的服务商资源库。三是建设国家级综合服务平台，国家中小企业数字化转型促进中心已上线供需对接服务平台，计划3年内汇聚1300家左右优质服务商，形成5000余个优质解决方案，为中小企业提供转型咨询、供需对接、线上培训等一揽子数字化转型服务。

（三）算网一体化加快发展

1. 网络支撑能力持续提升。2023年，济南市深入开展千兆城市建设，丰富融合应用场景，积极推动5G、千兆光网等新型通信基础设施建设，新建完成5G基站7219个，累计建成5G基站4.7万余个，已实现城区网络连续覆盖，重点场所5G信号深度覆盖，初步实现乡镇驻地及部分发达行政村5G网络覆盖。培育3个千兆城市示范区（县），打造了一批"双千兆"应用创新示范项目。10G PON及以上端口超18万个，占总端口数量的75%，5G分流比达到55%。宽带用户下载速率113.43Mbit/s，位居全省首位，全国前列。获得国务院"建设信息基础设施和推进产业数字化转型成效明显市"督查激励，走在全国全省前列；入选2022年度全国重点区域移动网络质量卓越城市和2023年度中国城市物联网指数排名十强城市。

2. 算力支撑能力加速提升。近年来，济南大力推进算力基础设施建设，持续扩大算力规模，形成日益凸显的算力集聚效应。目前，全市共有33家数据中心投入使用，包括13家大中型以上数据中心和20家边缘数据中心，规模全省领先；12家数据中心获评省级新型数据中心4A级及以上试点，居全省首位；全市在用标准机架总规模达10.9万个，约占全省三分之一，处于全国第一梯队；全市算力规模达1900PFlops（每秒所执行的浮点运算次数），居全省首位。智能算力规模升至全国第7位。拥有全国重点布局的国家超级计算中心，其构建的验证性计算集群在10节点研究型榜单登顶夺冠。黄河工业算力调度服务平台、产业数据流通服务平台上线发布。浪潮一体化大数据中心、联通鲍山数据中心、蓝海领航大数据中心等重点项目建成揭牌。

（四）产业发展环境持续向好

1. 产业链集聚效应凸显。济南市拥有齐鲁软件园、山大路科技商务区、历下软件园、长清软件园、创新谷等特色产业载体。拥有1个全国首批"国家新型工业化（软件和信息服务）产业示范基地"，2个省级大数据集聚区。拥有齐鲁软件园发展中心、中国（济南）新媒体产业园、山东数字经济产业园、蓝海领航大数据产业园等11家省级数字经济园区。引进华为"三个创新中心"，提升赋能水平，加快建设百度智能云（山东）人工智能基础数据产业基地、人工智能计算中心、人工智能岛建设，推动人工智能产业集聚发展。现阶段，大数据与新一代信息技术产业已培育形成软件和信息技术服务、新一代信息技术装备（服务器）、集成电路、人工智能、工业互联网、信息技术应用创新等6个产业集群。

2. 创新能力持续增强。拥有国家超级计算济南中心、山东大学、齐鲁工业大学、山东财经大学等研究水平居国内领先地位的高校院所及科研单位。2023年，全市共有145个产品入选"山东省第七批首版次高端软件"名单

（累计644个），35家企业入选省工信厅"山东省软件工程技术中心名单"，数量均居全省第一位；全市拥有省级制造业创新中心4家、市级企业技术中心538家、省级"一企一技术"研发中心249家、市级"一企一技术"研发中心434家；拥有国家级工业设计中心9家、省级工业设计中心49家、市级工业设计中心61家、市级工业设计研究院4家。2023年，923个项目列入山东省技术创新项目计划，占全省28.8%，连续多年居全省首位。

3. 政策体系不断完善。制定出台《济南市打造先进制造业和数字经济标志性产业链群实施方案（2022—2025年）》，构建了"四个一"的"双链长制"推进机制和"三个一"工作体系。发布《加快软件名城提档升级三年行动计划（2023—2025年）》《关于进一步促进区块链产业发展的若干措施》《中国算谷发展规划（2021—2025年）》《济南市集成电路产业发展行动方案》《济南市促进元宇宙产业创新发展行动计划（2022—2025年）》《济南市促进电竞游戏产业发展行动计划（2024—2026年）》等10余个细分领域的行动计划和实施意见，形成了较为完善的政策保障体系。此外，还印发了《济南市集成电路产业集聚区认定管理暂行办法》，加快营造集成电路产业发展生态，提高集成电路基础设施集约利用效率，促进产业集聚发展。

二、国内外发展态势

从全球看，世界已进入以数字化、网络化、智能化为主要特征的数字经济时代，作为数字经济时代的基石，新一代信息技术产业更是支撑当前社会经济发展的战略性、基础性和先导性产业。近年来，在新一轮科技革命和产业变革的驱动下，全球范围内5G、工业互联网、物联网、云计算、车联网、大数据、人工智能、区块链等新一代信息技术加速集成创新与突破，不断向经济社会各领域融合渗透，推动数字化、网络化、智能化转型不断深化。各国纷纷把数字化、网络化、智能化作为实现经济复苏、推动转型发展的战略重点和优先发展方向，《数字APEC战略》《二十国集团数字经济发展与合作倡议》《大阪数字经济宣言》等区域间合作协议成功签署，为全球各国数字化发展注入了新动能。

从国内看，以习近平同志为核心的党中央高度重视发展数字经济，实施网络强国战略、国家大数据战略和数字中国建设，持续推进数字产业化和产业数字化，打造具有国际竞争力的数字产业集群。2023年发布的《数字中国建设整体布局规划》提出要夯实数字基础设施、数据资源体系"两大基础"；培育壮大数字经济核心产业，推动数字技术与经济、政治、文化、社会、生态文明建设的深度融合；强化数字技术创新体系、数字安全屏障"两大能力"。加快推进数字经济发展已经成为把握新一轮科技革命和产业变革新机遇，推动构建新发展格局、建设现代化经济体系、构筑国家竞争新优势的战略选择。目前，我国经济韧性强、潜力大、活力足，长期向好的基本面没有改变，各项政策效果持续显现，但也需正视当前我国经济恢复的基础尚不牢固，需求收缩、供给冲击、预期转弱三重压力仍然较大的问题。

从省市看，省委十一届十二次全会明确提出实施"强省会"战略，省市一体化推进济南加快发展，为济南跨越发展带来了前所未有的重大战略机遇。《山东省国民经济和社会发展第十四个五年规划和2035年远景目标纲要》明确提出，打造具有国际竞争力的数字产业集群和全国工业互联网示范区，并将济南市作为数字强省建设的龙头城市和核心阵地，支持济南建设高端软件和先进半导体产业基地、智能网联商用车基地、未来产业先导区、智慧农业试验区、低时延数据中心核心区，以及智能电商运营中心、国家（济南）生态环境大数据平台等41个加快数字化发展的重大载体平台和项目。黄河流域生态保护和高质量发展战略的推进实施，首次把济南放在国家战略发展大局、生态文明建设全局、区域协调发展布局中高点定位。同时，市第十二次党代会明确提出，要坚持工业强市战略不动摇，并深刻指出，高端高质高效的现代产业体系是实现"三个走在前"的信心之源、底气所在。当前，更高水平更大力度地实施数字经济引领战略，推进数字产业化、产业数字化和城市数字化协同发展，已成为济南市率先打造智能经济强市、数字先锋城市，实现引领山东乃至黄河流域数字化高质量发展的必由之路。

三、新一代信息技术产业发展存在的问题

（一）产业规模总量还不够大

随着工业强市战略和数字经济引领战略的深入实施，济南市新一代信息技术产业规模总量实现了稳步增长，2023年突破6500亿元，虽然规模总量约占全省的1/3（全省2.0万亿元），但与深圳、杭州等先进地市相比，规模总量差距较大。2023年，深圳市电子信息产业制造业产值达2.52万亿元，占全国的1/6；杭州市软件业务收入8100亿元，产业规模位居全国第四。

（二）产业链供应链韧性不够强

尽管通过支持企业积极承担创新项目和引进比亚迪半导体等重点项目，加强了在芯片等领域的攻关和布局，但关键零部件卡脖子问题仍然存在，还需要在国家整体布局支持下，进一步加强研发创新。招引的大项目、优质项目还不够多，引进的外资项目特别是制造业项目还较少。

（三）数实融合不够充分

部分企业数字化转型仍然存在难点堵点，主要是由于企业对数字化投资回报缺乏信心、缺乏信息化相关人才等，企业数字化转型相对滞后。工业互联网生态还不够完善，目前，济南市网络和平台建设具有一定基础，但整体仍在应用示范阶段，互联的广度和深度有待进一步加强，尚未到达生态互联、智能互联、协同制造的阶段。

（四）场景创新开放不足

场景创新开放是数字经济发展的关键环节，目前济南的场景资源还没有形成带动数字经济发展的动力，数字经济场景应用需求的开发领域不够全面，场景供需衔接仍然存在错配梗阻。

（五）产业人才供给不足

随着制造业加速向智能化、高端化迈进，对人才的需求也逐步呈现出高层次、高水平的特点，掌握智能制造关键技术、互联网核心技术和制造业细分行业特点的复合型人才较为匮乏，高水平研发人才和技能人才缺乏的现象在短时间内难以得到有效缓解，多样化的人才培训体系亟待完善。

四、推进新一代信息技术产业发展的工作重点和对策建议

（一）工作重点

1. 聚力优势产业，加快推动数字产业化

一是全力做强软件与信息技术服务业。聚焦工业软件、操作系统、中间件、数据库、EDA 设计工具、BIM 图形平台，以及重点行业应用软件、通用平台型软件等重点领域，以构建基础软件平台为核心，逐步形成软件、硬件、应用和服务一体的安全可靠关键软硬件产业生态。充分利用已有的中间件、数据库、信息安全等基础软件优势和金融、交通、政务、能源等领域行业应用软件核心优势，推动软件产业特色化、专业化、品牌化、高端化发展。积极布局云计算、大数据、物联网、人工智能、区块链等新兴领域软件产品和解决方案。

二是持续壮大新一代信息技术装备产业。持续推进中国算谷建设，依托浪潮等龙头企业引领优势，持续夯实服务器、存储产业基础，稳步推进高端服务器产业化。加快突破 CPU 协同芯片、高速 I/O 芯片、应用加速芯片和系统容错等关键技术，推动 E 级超级计算机研发进程，建立包含 E 级超算、超算互联网以及超算生态系统在内的"点、线、面"大超算发展格局。

三是扎实推动人工智能产业高质量发展。进一步加快国家人工智能创新应用先导区和国家新一代人工智能创新发展试验区建设，加快突破新一代神经网络、知识图谱、自然语言处理等核心技术，研发高算力、低功耗、先进制程的人工智能芯片，开发一批深度学习软件、大数据挖掘软件、视觉分析软件、语音识别软件等智能软件产品。开展 AI 泉城赋能行动，推动人工智能与高端装备、生物医药、先进材料等重点产业，政务、教育、城管、环保等重点行业的深度融合，形成自动驾驶、AI+制造、AI+医疗、AI+安防等一批具有示范推广效应的产品。

四是稳健发展集成电路产业。大力推动关键芯片、核心元器件等短板技术攻关，研发第三代半导体材料、光电子材料等关键材料技术，发展加解密芯片、工具、国产 FPGA（现场可编程门阵列）芯片等相关产品，拓展服务

器、人工智能、智能终端、汽车电子等市场。推进山东华光半导体激光器、泉意光罩、比亚迪半导体研发中心等重点项目建设，支持龙头企业牵头组建"EDA产业技术联盟"，加快打造特色集成电路产业基地。围绕集成电路材料、设计、制造、封测等产业环节，支持本地企业加大研发投入和扩大产线产能，引导与国内知名集成电路制造龙头企业对接合作，配套完善本地产业链，壮大产业规模。

五是加快推进信息技术应用创新产业建设。加快国密算法、芯片研发、安全整机、安全软件等安全技术链式创新突破，推进安全原创技术成果推广应用。依托本地龙头骨干企业，做大做强基础硬件、基础软件、整机终端及系统集成、安全应用及服务等信创产业重点领域，持续招引CPU、外设、操作系统等厂商，打造信创产业完整链条。基于政务、工业、金融、通信、能源、交通等重点行业安全可控发展需求，打造一批优秀信创产业和解决方案，提高重点行业的安全可控能力。鼓励利用区块链、人工智能等技术强化数据信息安全防护，创新安全防护手段。

六是积极培育未来前沿产业。依托量子信息大科学中心建设，加快布局量子前沿技术，支持量子测量设备集成芯片、量子激光雷达等核心产品研发和产业化。支持山东区块链研究院、山东安可区块链产业发展研究院、山东省区块链技术应用创新中心等攻坚区块链关键核心技术，创新与政务、金融等行业应用服务。提升服务器和主机研制能力，加强高端芯片和传感器制造，发展VRARMR终端设备，支持已有视频、数字动漫等出版内容向虚拟现实迁移，开发文化场馆、文娱场所、景区景点、街区园区等一批可互动的高端数字内容产品，打造元宇宙应用示范。

2. 发挥数字赋能优势，深入推动产业数字化

一是推动工业互联网产业高质量发展。加快突破网络、标识、平台、安全等关键技术，支持工业控制器、智能网关、智能机床、工业机器人等产品开发，提升工业数据采集、存储、分析等服务能力及水平。加快"星火·链网"超级节点（济南）建设，建设一批工业互联网标识解析二级节点，推动标识在设计、生产、服务等环节的应用。做大做强浪潮云洲、火石国家级双

跨工业互联网平台，围绕双跨综合性平台、重点行业和区域特色性平台、特定技术领域专业平台等打造一批公共服务平台，构建多层次工业互联网平台体系。

二是促进新一代信息技术与制造业深度融合。加快推进企业"上云用数赋智"，重点推进工业设备上云，培育云化管理、云化运维、云化服务等新模式。建设国家工业互联网大数据中心山东分中心，构建工业大数据平台和多级联动的工业基础大数据库，实现研发、生产、经营、运维全流程数据自动采集。推进工业互联网创新发展，积极培育众创设计、网络众包、个性化定制、网络化协同、服务型制造等新模式，打造新型制造业体系。提升工业软件支撑能力，建立覆盖研发设计、生产制造、经营管理等智能制造环节，形成软件驱动制造业智能化发展的生态体系。深入推进主导支柱产业数字化转型、智能化升级，实施技改"双千"工程，通过装备换芯、生产换线、机器换人，提升工业企业关键工序数控化率和数字化研发设计工具普及率，提高智能化设备在关键环节的应用水平。

三是以新一代信息技术推动传统产业转型升级。对传统产业进行全方位、全角度、全链条改造，提高全要素生产率，释放数字对经济发展的放大、叠加、倍增作用。积极推进以BIM（建筑信息模拟）技术为代表的信息技术在勘察、设计、施工和运营维护全过程中的一体化集成应用，大力发展数字设计、智能生产、智能施工和智慧运维，开展建筑智能工程装备的研发与应用。围绕石化、建材、纺织服装、食品加工等领域需求，推动人工智能、5G等技术的应用，提升材料、功能、结构、工艺等研发设计水平和效率。持续深化人工智能、工业互联网等新一代信息技术在智能装备、智能生产线、智能工厂中的应用，提高生产决策和管控水平，全面提升信息技术支撑传统产业改造升级的能力。

四是拓展新一代信息技术应用场景。加快对政府、社会、企业等多方数字资源的整合，基于人工智能、大数据、区块链、物联网等技术，全面推进新一代信息技术在社会民生、政务治理等方面的渗透和融合。鼓励企业聚焦城市管理、健康医疗、交通物流、家居养老等行业痛点、难点、堵点，开发具有高竞争力的数字解决方案，探索发展新模式、新业务，开展新一代信息技术规模化应用示范，以应用场景发展带动新一代信息技术产业和其他产业间相互提升、联动发展。

3. 聚力融合创新，大力推动算网一体化

一是推动网络基础设施升级。深入推进"双千兆"网络协同发展，加快推进济南市通信基础设施建设，推动"信号升格"，强化城市重点场所 5G 网络深度覆盖，有序推进行政村 5G 网络室外覆盖。2024 年，全市统筹建设 5G 基站 7000 个。持续开展千兆城市示范区（县）评价评估，培育 2—3 个千兆城市示范区（县），打造一批"双千兆"创新应用示范项目，推动 5G 工厂建设。不断提升信息通信基础设施承载能级，助力打造数字先锋城市。

二是加快城市算力部署。争取大型互联网企业区域性数据中心落地，加快推进黄河大数据中心、济南人工智能计算中心、浪潮一体化大数据中心等重大项目建设，着力打造云网协同、云边协同、绿色智能多层次算力设施体系。积极融入国家"东数西算"工程，推动算网融合、存算一体化发展，不断提升算力网络可靠性和算力开放应用水平，建设国家 E 级超算中心，推进国家生态环境大数据超算云中心、健康医疗大数据中心（北方）等行业级数据中心建设。聚焦质量提升，加快实现数据中心集约化、规模化、绿色化发展，引导数据中心从存储型向计算型升级，推进绿色数据中心发展，提升数据中心清洁能源利用率，实现新能源与数据中心的深度融合，推动数据中心节能降耗。

（二）对策建议

1. 推动电子信息制造规模壮大

强化部省市联动，加强资源和配套投入，推进中国算谷科技园和产业园建设。支持服务器产业链延链补链，支持浪潮发挥整机制造优势，聚焦零部件加工制造、安全板卡、电源及配电柜生产等细分领域，引进一批上下游企业，提高本地配套能力，构建整机基础平台，补齐整机产品产业链。加大核心技术攻关支持力度，落实国家云计算装备产业创新中心配套支持，重点突破全国产关键应用主机核心芯片和容错技术等"卡脖子"问题。积极配合浪潮集团战略调整，协助解决产业发展过程中遇到的困难，支持浪潮集团做大做强服务器产业。完善各级园区优势互补、梯次发展的"多园多基地"产业空间布局，加快起步区元宇宙产业园、历下区明湖国际信创产业园、市中区能源互联网产业园、章丘区龙山数字经济产业园等园区载体建设，加快产业集聚。

2. 加快软件名城提档升级

打造一批产业特色鲜明、错位发展的专业化软件园区，支持齐鲁软件园、明湖国际信息技术产业园等软件产业园升级，争创国家和省级软件名园。依托全省教育资源与企业需求相对接，建设特色化示范性软件学院，推动产教融合、产研融合，营造软件业"双创"良好发展氛围。通过省市资金引导、市场倾斜等方式，支持龙头骨干企业做大做强，培育一批国家重点软件企业、软件百强企业，打造一批首版次高端软件、大数据试点示范、工业互联网APP等软件名品，实现软件名企梯度式培育。

3. 高质量推动中小企业数字化转型

完善提升市级—省级—国家级三级培育体系，在创新能力提升、企业转型升级、市场推广应用、企业融资服务、产业空间保障方面加大对专精特新企业的支持力度。支持国家级、省级工业互联网公共服务平台（含数字化转型促进中心、应用创新推广体验中心）建设，根据建设成效，给予资金支持。依托省级"创新服务券"等优惠发展政策，针对围绕中小企业开展的转型咨询、诊断评估、上云用数等数字化转型服务业务给予补贴。加快出台《济南市数字化转型诊断实施方案》，每年分批次对工业企业开展数字化转型诊断服务，依据服务企业的数量和质量，对服务商予以资助。在2025年前完成1000家企业数字化转型评估诊断工作，保障"工赋泉城"行动计划有力有序实施。

4. 推动产业供需深入衔接

加大优质企业、优秀产品的宣传推广力度，在省市支持下加快对数字机关、数字政府、数字社会应用场景开放，常态化开展供需对接活动，加快新一代信息技术与实体经济、社会治理创新融合。积极承办或举办信息技术博览会等具有全国影响力的会议，开展行业交流、促进产业对接合作，持续扩大济南新一代信息技术产业知名度和影响力。

5. 加大数据安全产业的支持力度

支持科研机构、高等院校、企业等围绕新计算模式、新网络架构和新应用场景，加强数据安全基础理论研究，攻关突破数据安全基础共性技术、核心关键技术、前沿革新技术。聚焦产业数字化和数字产业化过程的数据安全保护需求，优化升级传统数据安全产品，创新研发新兴融合领域专用数据安全产品。面向重点行业领域特色需求、中小企业个性化需求，以及数据开放共享、数据交易等开发利用场景，加快适用产品研发。发展壮大数据安全规划咨询、建设运维、检测评估与认证、权益保护、违约鉴定等服务，推进数据安全服务云化、一体化、定制化等服务模式创新。

6. 加强高端人才供给与培育

借鉴其他省市优秀经验，不断完善关于高端人才引进和奖励政策，积极探索新一代信息技术人才柔性引进有关措施，落实人才待遇保障，分层次针对行业领军人才、技术领衔人才、创新人才团队给予一定奖励。积极搭建人才创新创业平台，充分发挥财政资金的引导作用与杠杆效应，加大人才培养平台和科技创新平台建设、资助、奖励力度。积极打造国内信息技术人才基地，针对信息技术研发基地、高校学科调整、校企联合培养或定制培养，以补贴券等形式给予一定资金支持，不断加大人才培养范围和力度。

第三章　济南智能制造与高端装备产业研究报告

近年来，济南市深入实施工业强市发展战略和数字经济引领战略，持之以恒稳增长、释潜力、提动能、强质效，大数据与新一代信息技术、智能制造与高端装备、精品钢与先进材料、生物医药与大健康四大主导支柱产业崛起成势，规模总量达到1.6万亿元。其中，智能制造与高端装备产业坚持以实现数字化、网络化、智能化为主攻方向，顺应制造业智能化发展趋势，加快推动产业技术变革和优化升级，打造"智造济南"，产业能级、创新能力和发展生态持续提升，2023年规模总量达到5000亿元，成为强省会建设的硬核支撑。然而，面对当前国内国际的多重风险矛盾，推动智能制造与高端装备产业发展仍存在不少困难挑战。为更好地明确济南智能制造与高端装备产业的发展方向，本报告结合美国、德国、日本等智能制造先发优势国家，坚持问题导向和目标导向，对当前智能制造与高端装备发展的形势进行了分析，充分结合济南发展的具体实际，提出了一系列细化措施，推动济南打造先进制造业发展高地、推进新型工业化、加快建设工业强市。

一、济南市智能制造与高端装备产业发展现状

智能制造与高端装备产业作为济南市四大主导支柱产业之一，坚持以数字化、网络化、智能化为定位，顺应制造业智能化发展趋势，加快推动产业技术变革和优化升级，持续提升产业能级、创新能力和发展生态，不断以智能制造的新发展夯实强省会建设的硬支撑，聚力打造全国智能制造发展高地。全市智能制造与高端装备产业领域覆盖制造业10个大类70个中类和274个小

类，2023年智能制造与高端装备产业规模达到5000亿级。其中，装备制造业增加值同比增长30.6%，高于规上工业增加值增速18.2个百分点，实现引领增长。济南市电力设备产业集群、济南高新区高端装备制造产业集群入选山东省"十强"产业"雁阵形"集群，济南市智能制造装备产业集群、市中区能源互联网产业集群入选山东省战略性新兴产业集群；规上工业企业达到1300余家，拥有全国最大的重型汽车生产基地、全国最大的特高压输变电设备基地、北方最大的激光装备产业基地，伊莱特超大整体环轧钢环、中国重汽高端重卡商用车、二机床大型冲压生产线、临工重机大型矿车等创新产品行业领先，产业综合竞争力持续增强。

济南市智能制造与高端装备产业主要包括节能与新能源汽车、新能源装备、高端数控机床与机器人等标志性产业链群。

（一）节能与新能源汽车产业链群

1. 产业链图谱

汽车产业链上游包括原材料生产与加工，除了传统的钢铁材料、树脂材料等，还增加了用于制造动力电池的锂、镍、钴等原材料，以及半导体材料、膜材料等原材料。

中游包括专用设备生产、汽车零配件制造，除了传统的冲压线、装配线、动力系统外，电池、电机、电控、功能芯片（MCU）、功率半导体（IGBT）、传感器等汽车电子产品成为产业链的重要组成部分。

下游包括整车制造及售后服务。其中，综合的运力运营服务平台、综合能源服务平台、充换电基础设施、车路协同综合服务平台将是未来竞争的发力点。

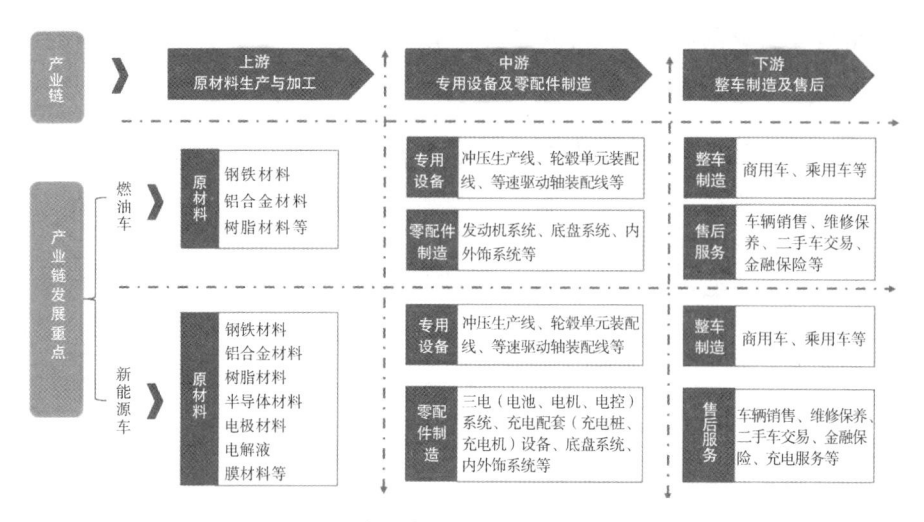

产业链	上游 原材料生产与加工	中游 专用设备及零配件制造	下游 整车制造及售后
产业链发展重点 — 燃油车	原材料：钢铁材料、铝合金材料、树脂材料等	专用设备：冲压生产线、轮毂单元装配线、等速驱动轴装配线等；零配件制造：发动机系统、底盘系统、内外饰系统等	整车制造：商用车、乘用车等；售后服务：车辆销售、维修保养、二手车交易、金融保险等
产业链发展重点 — 新能源车	原材料：钢铁材料、铝合金材料、树脂材料、半导体材料、电极材料、电解液、膜材料等	专用设备：冲压生产线、轮毂单元装配线、等速驱动轴装配线等；零配件制造：三电（电池、电机、电控）系统、充配套（充电桩、充电机）设备、底盘系统、内外饰系统等	整车制造：商用车、乘用车等；售后服务：车辆销售、维修保养、二手车交易、金融保险、充电服务等

图 3-1 济南节能与新能源汽车产业链

2. 发展情况

（1）优势特色加速凸显。济南汽车产业链群是省级支柱产业集群，现有企业605家，其中规上企业123家、规下企业482家。商用车基础雄厚，现有产能33.25万辆，占全国生产总量的7%以上。其中重卡市场占有率超24%，居全国重卡行业第一位，已连续19年位居全国重卡出口第一位，是我国重要的重型汽车生产基地。2024年，一季度出口重卡37000辆，同比增长19.2%，创造了国内新的纪录。中国重汽已形成九大系列2000多个车型，涵盖全系列商用车产品。专用车优势明显，全市共有萨博、豪瑞通等8家具有一定规模的专用车生产企业，已有牵引车、自卸车、特种车、大中轻型客车、集装箱运输车、城市环卫车、冷藏保温车、消防车、混凝土搅拌车等几十个品种，占国内市场份额10%以上。临工重机宽体矿车四大系列30多个品种，国内外市场连续6年行业占有率第一。汽车零部件供给有力，现有配套企业300余家，德国博世方向机、福士零部件、斯凯孚轴承、德国大陆汽车电子已经在济南规模化生产，沃德汽车零部件、金麒麟刹车片、鲁得贝车灯、汇九齿轮和温岭精锻等企业已成为国内外高端汽车品牌供应商。新能源乘用车潜力巨大，比亚迪、吉利两大龙头企业产能正加速释放，全部释放后将具备50万辆整车生产能力，并可带动300余家配套厂商纳入采购体系，有力促进了节能与新能源汽车产业链群的壮大。

（2）创新能力持续增强。拥有18家国家、省技术中心或研究院（所），12家专业汽车检测企业，包括中国重汽国家重型汽车工程技术中心、国家级企业技术中心、国家重型汽车质量监督检验中心、济南汽车质量监督检验鉴定试验所等汽车行业服务平台，拥有"中国合格评定国家认可委员会"认可的质量检测实验室，全行业研发投入占比达到3%左右。

（3）试点示范走在前列。积极响应国家电动化、网联化、智能化发展要求，2021年以来相继获批国家新能源汽车换电模式试点城市、国家智慧城市基础设施与智能网联汽车协同发展试点城市、国家公共领域车辆全面电动化先行区试点城市，成为山东唯一的国家"双智+换电+公共领域"三项试点叠加城市；高效推进全省氢能汽车推广任务，全市新能源汽车保有量超13万辆，占比超3.8%，充电桩保有量超5.7万个；建设了全长30.8公里的智能网联测试公路，其中滨莱高速博山至苗山互通立交段，全长26公里，是国内"测试里程最长、测试场景最丰富、测试环境最真实"的测试基地。

（4）园区载体持续优化。起步区、高新区、章丘区、莱芜区是该产业链群的主要承载区。莱芜区重卡生产基地、起步区比亚迪整车基地、高新区吉利整车基地是济南市未来节能与新能源汽车产业发展的主要载体；明水经济技术开发区是目前节能与新能源汽车整车及关键配件的主要生产基地；临港、临空智能制造及汽车零部件产业园是汽车零部件产业的重要载体，集聚了一大批领军领先企业。

（二）新能源装备产业链群

1. 产业链图谱

从电力供给体系看，产业链的构成为发电装备、输变电装备、配电、用电装备四个供需环节。

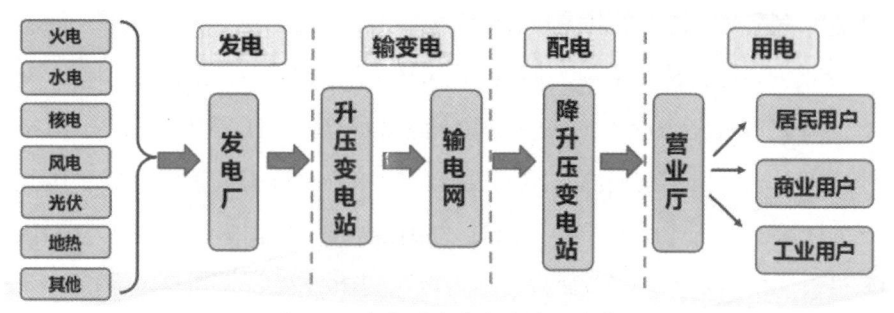

图 3-2 新能源汽车电力供给体系

从装备制造环节看，总体分为上游材料及零部件的研发制造、中游发电及供电的设备制造、下游应用维护三个大块。

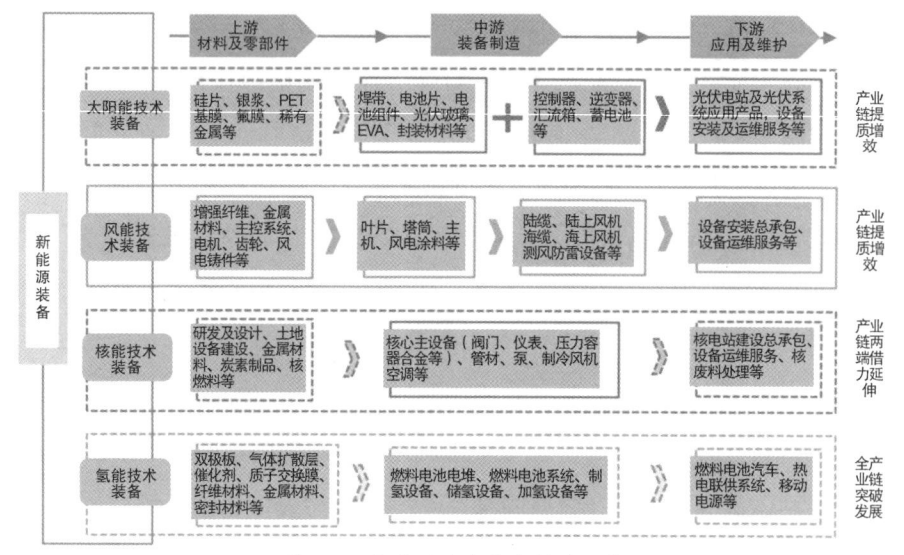

图 3-3 新能源汽车装备制造环节

2. 发展情况

初步构筑了太阳能、风能、核能、氢能、储能、先进电网"五能一网"的体系化发展模式，创新发展水平不断提升，2023年全市可再生能源发电装机容量达到403.7万千瓦，增幅为33.8%，全市可再生能源发电装机占比为34.4%，增长4.6%，全市可再生能源发电量突破67.98亿千瓦时，增幅为27.7%，可再生能源发电量占总发电量比重为17.2%。

（1）市场主体基础坚实。太阳能方面，代表企业有山东力诺、奥太电气、山东桑乐等，初步形成了包括组件与太阳能热水系统生产、太阳能集热器研究与生产、光伏发电系统与应用、相关专业配套设备（材料）制造等在内的产业链。风能方面，代表企业有中车风电、伊莱特、金雷科技等，已具备从金属材料到关键零部件再到风机整机生产及安装服务的全产业链条。核能方面，代表企业有美核电气、山东宏达、北辰机电、伊莱特能源等，产品包括核电仪控、核级压力容器、核电重型装备、核电锻件、核电电缆等核能配套设备。氢能方面，代表企业有济南绿动、山东重工、泰山钢铁、赛克赛斯、明泉集团等，以及济燃氢动力、山东明宇新能源等初创企业。储能方面，代表企业有山东电工时代、弗迪电池、亿恩新动力、希格斯新能源等，形成了储能电池PACK、储能变流器、液冷、风冷集装箱、动力电池及储能电池、废旧动力蓄电池综合利用等上下游产业链。

（2）创新能力持续增强。拥有9家国家企业技术中心（山东齐鲁电机、中创软件、力诺集团、中石油济柴、济南圣泉、华凌电缆、国网智能、山东电力设备、中车风电等）和新能源电缆技术国家地方联合工程实验室；20个省市级创新平台，包括山东省太阳能与热泵智慧采暖工程实验室、山东省太阳能建筑一体化应用工程技术研究中心、山东省大型风力发电机主轴均质化技术工程实验室、山东省风电主轴示范工程技术研究中心等，为新能源装备产业创新发展提供了坚实支撑。

（3）创新产品行业领先。先进电网方面，济南已经形成了"发、输、变、配、用"较为完整的体系，一系列创新产品领先行业，具有较强竞争力。发电方面，山东齐鲁电机制造有限公司三大主导产品为汽轮机、发电机和电动机，年生产能力分别为200万千瓦、800万千瓦和60万千瓦，市场广阔；伊莱特在国内风电法兰制造业领域占据领先地位。输变电方面，有山东电工电气、西门子、西电变压器等头部企业，覆盖了2200KV及以下型号。山东电工电气集团是国内最大的电工装备及整体解决方案供应商之一；山东电力设备有限公司750KV单相自耦变压器是国家单项冠军产品，建成国内首座220千伏全感知变电站；西电是目前我国高压、超高压及特高压交直流成套输配电设备生产制造企业中产品电压等级最高、产品品种最多、工程成套能力最强的企业。配电用电方面，海冠电力的全感知智能中压开关柜填补了我国电力设备技术领域的多项空白。电力软件方面，神思电子打造智慧能源服务大厅和智慧能源客服等能源行业解决方案，中创软件中间件已替代南方电网国际同类产品，积成电子大规模电网电磁暂态仿真系统已在多家省级电科院、电网公司、高校中得到实际应用，全球领先。

（三）高端数控机床与机器人产业链群

1. 产业链图谱

机床产业链上游以原材料以及矿物铸件、钣焊件、精密件、功能部件、数控系统、电气元件为主，其中原材料及零部件产品成本占比最高，占比73.9%。中游为数控机床成品，主要包括金属切削机床、金属成形机床及特种加工机床，分别占比53%、29%、17%。下游包括能源、船舶、汽车行业、传统机械工业、模具行业、工程机械、电力设备、轨道交通、船舶制造、航空航天、石油化工、电子信息技术工业以及其他加工工业，其中汽车是下游主要需求领域，应用占比约为40%。

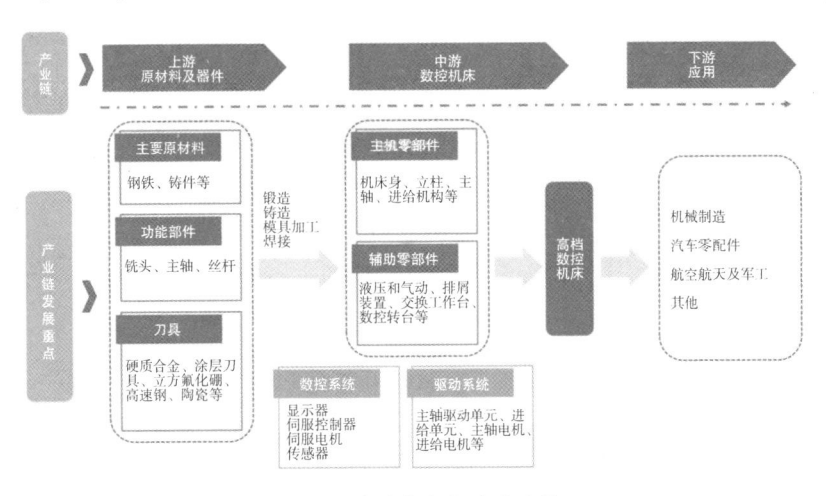

图 3-4 高端数控机床产业链

机器人产业链上游原材料主要包括钢材、铸铁、铝合金及少量塑料制品和各种电子元器件，以及核心零部件控制系统、伺服电机、精密减速器及传感器等。中游为工业机器人本体制造，即机器人的结构和功能设计及实现。

下游为系统集成服务,是指按照客户需求进行产线的设计和组装,并运用到各种应用场景之中。

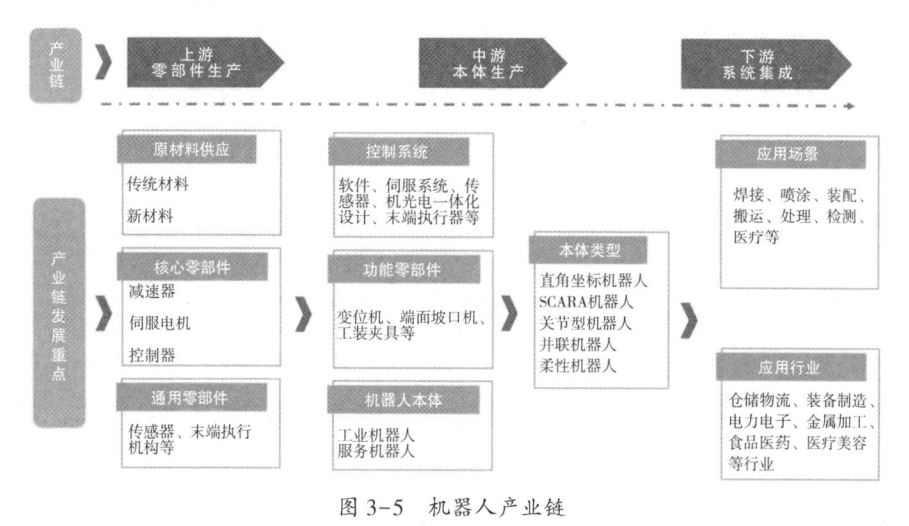

图 3-5 机器人产业链

2. 发展情况

(1) 龙头骨干引领。济南市拥有一批国内外知名企业,其中机床产业规模占全省的一半以上,是我国机床工业的摇篮城市之一。二机床每年承担国家重大专项 2 项以上,是"世界三大数控冲压装备制造商之一",国内市场占有率 80%,国际市场占有率 30%,均居第一。拥有激光企业 320 多家,其中规上企业 18 家,产业规模达 150 亿元,邦德激光、金威刻、森峰激光、星辉数控营收规模细分领域国内前 10。

(2) 创新能力提级。济南市拥有高端数控机床国家级技术中心 2 家(二机床、一机床),省级以上技术中心 6 家(天辰、法因数控、星辉、奥图、森锋等)。济南二机床下设 4 个研究所、5 个实验室,同时拥有国家级技术中心、国家级企业研发中心、全国重点实验室、博士后科研工作站、机械行业大型精密成形复合机床创新平台,是国家科技重大专项、国家科技支撑计划和国家"863"计划承担企业。邦德激光产品实现了 1000W 到 60000W 功率段全覆盖,切割机销量连续四年全球第一;星辉数控在国内首创非金属家具。

(3) 市场竞争有力。济南市生产的高端数控机床在锻压设备、数控机床、激光切削等多个领域的制造技术达到国内领先水平。奥太、奥图、拓展、铸锻所、科德智能（玫德）等 5 家机器人生产企业与瑞士 ABB、德国库卡、日本川崎、日本发那科、日本安川等国际五大机器人企业建立了合作，研发出国内第一的工业抓举机器人、适应多种场景的焊接机器人、特高压条件下的电力巡检机器人、物流穿梭机器人、消防机器人、工业装配机器人、激光切割机器人、教学机器人、智能拧紧机器人、液压升降机器人、加油机器人等产品，产品覆盖全国 30 多个省份，出口 130 个国家和地区。

二、智能制造与高端装备产业发展存在的问题

（一）创新能力还不够强

智能制造核心技术还不够多，缺乏长期研发积累和基础数据依托，通用技术和应用场景无法完全契合，技术对外依存度较高。高端设备、关键零部件等大多依赖进口，国产替代步伐有待加快。

（二）产业布局还不够优

智能制造与高端装备领域的高端产品较少，向价值链中高端延伸的力度不够，并且缺少消费品端产品。围绕龙头骨干企业的本地配套率还不够高，部分关键零部件尚需从外地配置。部分园区规划思路不明，同质化竞争，难以形成产业链上下游配套关系，技术和价值链衔接、信息等资源有效交互共享仍需加强。

（三）人才缺口日益凸显

机床、汽车制造等制造业行业，一线技能人才的培养往往需要较长的时间，受当前企业经营压力加大和主力青年人就业观变化等因素影响，企业招工难、招工贵。同时，受当前产业发展趋势影响，既精通生产制造又熟练掌握信息技术的复合型高素质人才难得一见，导致从事研究开发的专业技术人才比例偏低。

三、当前智能制造与高端装备产业发展的形势

习近平总书记强调，要以智能制造为主攻方向推动产业技术变革和优化升级，推动制造业产业模式和企业形态根本性转变。当前，世界各国都将智

能制造作为抢占下一阶段全球竞争制高点的重要抓手，美国、德国、日本等国家依靠先发优势，正在多维度探索智能制造的最佳发展和实践方式。下文通过简要分析美国、德国、日本三国智能制造的战略选择，以求为智能制造与高端装备产业发展提供方向参考。

（一）美国：以智能制造创新体系不断塑造新优势

美国智能制造发展战略的关键，是以高技术壁垒维护产业竞争优势。其在《美国先进制造业国家战略》中明确提出"引领智能制造未来"的战略目标，认为智能制造的关键在于人工智能和制造业深度融合，因而培育了一大批尖端科技公司，在全球范围内引领大数据模型、量子计算、ChatGPT（聊天生成型预训练变换模型）等人工智能科技浪潮，并推动设立了系列制造业创新研究所，形成遍布全国的制造业创新网络，形成了完备的从基础研究到产业化规模化应用的智能制造创新链条，大力支持和保护中小企业的技术和专利，技术水平在全球智能制造格局中独树一帜。

（二）德国：以标准引领塑造智能制造国际话语权

标准先行一直是德国产业发展的鲜明特色，其依托自身强大的制造业基础和全球领先的制造能力，通过不断深化细化标准体系建设，打响了"德国制造"的响亮品牌。在工业4.0战略提出初期，德国就发布了RAMI4.0参考架构，提供了结构化描述方式，凝聚塑造了智能制造发展共识和未来。同时，以标准化为着力点，大力推进工业设备及系统互联互通，陆续发布OPCUA、AutomatioanML等工业互操作性标准化技术，并着力打造"工业数据空间"，带动广大中小企业数字化转型。

（三）日本：以执行效率为重点探索最佳落地方式

日本在"互联工业"战略中提出了"数字化三胞胎"概念（信息世界、物理世界、人的世界），坚持把人作为制造系统重要组成部分，通过人机协作找到自动化设备的最佳使用方式，而非简单粗暴"以机换人"，因此日本格外注重对生产组织模式的管理，坚持"效率至上"。比如，以丰田为代表的精益生产组织管理模式成为日本智能制造的实践亮点，其对员工价值的再发现、稳定预期的终身雇佣制，消除了智能制造技术引进中的高层和基层利益不一致问题，形成了技术与管理的强大合力，较好调动了积极性、激发了创造力，使得日本产品在国际市场上因其人文价值拥有了独特竞争力。

综上所述，从当前世界先进国家发展智能制造的经验来看，主战场集中在技术创新驱动、互联互通以及高效管理模式。相较而言，中国依托新型举国体制、超大规模制造业、超大规模市场等，在这几方面都有着显著竞争优势，发展智能制造是必由之路和必然选择。找准济南发展方向，必须顺应发展趋势、提高自身站位，聚焦国家所需、济南所能、未来所向，围绕集中攻坚标志性产业链群，加强科研攻关，加速数字转型，优化发展生态，加快打造智能制造创新发展高地。

四、推动智能制造与高端装备产业高质量发展的对策建议

党的二十大报告强调，坚持把发展经济的着力点放在实体经济上，推进新型工业化，建设现代化产业体系。制造业是立国之本、强国之基。济南市加快发展智能制造与高端装备产业，要坚持以加快建设智能经济强市为牵引，紧扣高端化、智能化、绿色化、集群化发展方向，把握新一代信息技术与制造业深度融合主线，按照"紧盯前沿、龙头牵引、创新培育、打造生态、沿链谋划、集群发展"的总思路，深入实施工业强市发展战略和数字经济引领战略，充分发挥工业强市建设领导小组统筹协调作用，加快推进制造业的产业链延伸和数字化转型，推动产业基础再造和重大技术装备攻关，做好存量升级、增量加力、成果转化三篇文章，进一步做强做优做大智能制造与高端装备产业，聚力打造先进制造业发展高地。在具体工作中，要聚焦聚力节能与新能源汽车、新能源装备、高端数控机床与机器人三个标志性产业链群重点攻坚，明晰发展思路，细化工作措施。

（一）节能与新能源汽车产业链群

聚焦商用车、乘用车两大类别，推动汽车电动化、网联化、智能化、轻量化、融合化发展，构建联合创新体系、整车配套体系、产业生态体系、基础设施体系、产业布局体系"五大体系"，形成乘用车、商用车并举，以新能源汽车和智能网联汽车为引领，国内、国外两个市场协同发展的济南汽车产

业发展新格局，打造重汽商用车中国第一品牌、新能源汽车北方第一基地、全国汽车零部件生产集聚高地。

1. 打造创新平台和信息平台。依托中国重汽、比亚迪、吉利、临工重机等龙头企业，联合高等院校及科研机构，推进技术标准、测试评价、基础设施、国际合作等产业服务平台建设，完善整车和零部件技术标准体系，形成支撑产业发展的系统化服务能力；推动汽车产业信息共享平台建设，建立汽车开发数据库、工程数据中心和专利数据库，为企业提供创新知识和工程数据的开放共享服务。

2. 用好一系列扶持政策。加快出台节能与新能源汽车产业链群发展支持政策，巩固生产制造端优势，培育壮大服务端市场规模；指导和鼓励企业承担国家、省汽车及零部件产业领域的重大专项和科技计划；支持建立市场运作的汽车及零部件产业专项投资基金，探索财政资金以股权、债权形式注入企业，引导产业投资基金、创投基金及各类社会资本进入汽车及零部件产业领域。

3. 持续完善基础设施。综合推进新能源汽车换电模式试点城市、智慧城市基础设施与智能网联协同发展试点城市、公共领域车辆全面电动化先行区试点以及"氢进万家"四个重大试点任务，鼓励吉利、泽清、蔚来、北汽、国电投、三一重工等企业建设充换电站，加大氢燃料电池在公交客车、渣土、物流、园林等领域的推广力度，推动起步区智能网联道路建设、省高速信息公司在高速公路实现物流运输车队编组自动驾驶、公交公司建设无人驾驶运营线路，培育具有济南特色的新能源汽车产业发展生态。

（二）新能源装备产业链群

推动太阳能、风能、核能、氢能、储能、先进电网"五能一网"等新能源装备产业体系化发展，聚焦技术提升、绿色转型、智能升级、场景拓展、布局优化等五个方面，形成结构优化、融合创新、协同高效的新能源装备发展格局，全力打造"新能源装备之都"。

1. 构建产业协同生态。发挥山东省会都市圈电力装备产业联盟作用，打造高端电力装备产业集群，围绕"五能一网"新能源装备产业，聚焦发电、输电、变电、配电、用电、调度以及电力通信平台建设七个方面，发挥龙头企业带动作用，加强行业优势企业合作，在综合能源、软件、智慧物联网等领域，深化技术、业态和商业模式创新，提高产业链供应链稳定性，推进新型能源体系建设，构建新型电力系统，打造坚强可靠、经济高效、清洁环保、透明开放的电力装备制造业体系。

2. 构建联合创新生态。围绕新型电力能源系统构建过程中共同关注的发展方向、发展路径、技术攻关、市场机制和示范应用等五大合作方向，启动新型电力系统实施路径研究、大型风光电基地输电通道电源优化和示范研究、服务新型电力系统构建的电力市场设计关键技术研究、大规模清洁能源并网送出关键技术研究、新型电力系统源网荷储协同规划技术研究、新型电力系统碳排放追踪与减排技术研究、主动支撑新型能源发电及组网运行技术研究、新型电力系统网络安全防护研究等八大创新示范项目，共同开展技术研发、标准研制、示范工程建设和成果推广应用，加快形成协同创新、融合发展的创新生态圈。

3. 构建产业集聚生态。聚焦光谷、氢谷以及风能、光能、核能三个基地建设，推动智能装备城、中电建能源谷、力诺阳光健康智慧园、核电研发及配套设备产业园、济南新能源科创中心、章丘先进装备智造港、山东能源互联网绿色低碳示范基地等载体平台项目，以及比亚迪弗迪动力电池、储能电站、国家电投黄河流域氢能产业项目、抽水蓄能等实体建设项目，促进产业链开放合作、融通发展。

（三）高端数控机床与机器人产业链群

依托二机床、邦德激光、翼菲自动化等龙头骨干企业，以机床整机和机器人整机"双机"为牵引，面向产业转型升级和消费升级"两大需求"，着力突破一批关键核心技术，提升整机综合性能指标，在生产端和消费端双向发力，建成全国一流的高端数控机床和机器人研发制造高地。

1. 探索融通发展路径。聚焦"五个牵引"，以需求牵引场景、以场景牵引链主、以链主牵引功能部件、以功能部件牵引零器件、以零器件牵引材料，坚持有为政府和有效市场结合，推动产业链上下游协同发展。鼓励整车整机、装备制造、电子信息、零部件制造等企业开放应用场景，动态发布需求场景清单，以新场景打开发展新路径；引导和支持链主企业加大投资力度，拓展产品外延，扩大市场需求，增强企业能级；发挥工业母机、激光整机企业的牵引作用，围绕价值链布局产业链，推动更多"专精特新"等优质零部件企业"卡位入链"；引导更多软件系统、零器件企业加速提级；以零器件为牵引，推动材料企业创新发展，加大新材料研发和使用力度，提升产业链供应链韧性和安全发展水平。

2. 构建产业创新体系。强化企业创新主体地位，支持现有国家工程（技术）研究中心、国家重点实验室、国家认定企业技术中心建设，鼓励行业骨干企业、高校及科研院所组建产业技术创新联盟，开展高端数控机床与机器人的联合创新与应用，支持二机床争创国家制造业创新中心，争创全省第一批人才引领型企业。强化企业知识产权保护，建立知识产权运用保护体系，实施重大关键技术、工艺和关键核心零部件专利布局，形成一批产业化导向的关键技术专利组合。强化企业质量主体责任，加强质量技术攻关、自主品牌培育，推动共性技术支撑平台建设，加快推进国产替代。强化区域产业协作，积极推动重点企业通过"揭榜挂帅"等形式，争取国家重大专项支持，与潍坊豪迈、枣庄机床中小企业产业集群等共同打造全省机床标志性产业链，全力打造全国首位的高端数控机床联合研发、技术成果转化和生产制造全产业链基地。

3. 引育行业专业人才。当前机床行业多层次、复合化、全方位的人才需求缺口不断加大，同时机床人才培育具有时间周期长、培训投入大的特点，这都要求我们在人才"外引内育"方面下更大功夫。外引，要依托济南市"海右名家"、顶尖人才"一事一议"等政策，引进海内外行业顶尖人才和科研团队。发挥"强基工程"带动作用，聚焦行业基础能力提升，加大重点项目投入支持力度，建立创新成果激励机制，吸引顶尖技术人才落地。内育，要积极推进产教融合，引导基础教育、职业教育和在职教育等资源向机床工具行业聚集，鼓励支持技工院校和企业共同打造产教融合基地、实训基地，推动人才培养与企业岗位无缝对接。积极组织行业人才参与世界技能大赛、中国职业技能大赛、全国工业机器人技术应用技能大赛等各类竞赛活动，大力弘扬劳模精神、劳动精神、工匠精神，加快打造知识型、技能型、创新型人才队伍。

五、头部企业案例

（一）中国重型汽车集团有限公司

前身是济南汽车制造总厂，始建于 1930 年，是中国重型汽车工业的摇篮，现有员工 3 万多人。中国重汽曾在 1960 年生产制造了中国第一辆重型汽车——黄河牌 JN150 八吨载货汽车，结束了中国不能生产重型汽车的历史。中国重汽拥有黄河、汕德卡、豪沃等全系列商用汽车品牌，是中国重卡行业驱动形式和功率覆盖最全的企业，已成为中国最大的重型汽车生产基地，现具备商用车整车、发动机排放、发动机性能与耐久、总成部件强度、总成部件性能、电子、材料、新能源等八个试验室，整车研发水平与国际接轨，关键总成零部件接近国际水平。

主要产品有黄河品牌新一代重卡、汕德卡 C 系列智能卡车、豪沃 T 系列智能卡车、豪沃 TX 纯电动环卫车、汕德卡 C 系列氢燃料电池牵引车、中国重汽+北斗导航无人驾驶重卡、豪沃 TX 港口无人驾驶集卡、园区智能卡车、豪沃系列纯电动牵引车、豪沃系列无人驾驶矿卡。产品出口 110 多个国家和地区，连续 17 年中国重卡出口第 1 位，占国内重卡出口 50%以上，为中国重型汽车工业发展、国家经济建设做出了突出贡献。

（二）山东电工电气集团有限公司

隶属中国电气装备集团有限公司，是中国特大型输变电产业集团，所属企业 40 余家，分布在山东、北京、重庆、江苏、浙江、安徽、陕西等省市，是国内最大的电力装备及整体解决方案供应商之一，致力于建设国际一流的电力装备制造商和系统服务商。

其核心业务包括变压器（电抗器）、铁塔、电线电缆、组合电器、智能配网、智能装备，拥有行业一流的生产线及世界上单厂产能最大的变压器生产基地，率先掌握特高压产品关键技术，拥有技术研发人员近 1600 人，院士工作站、国家级企业技术中心等各级科研平台 30 余个，编制修订技术标准 150 多项，拥有授权专利 900 多项，获 130 多项省部级及以上科技成果奖，为国家重点工程建设提供有力支撑；积极拓展新兴业务，提供储能、综合能源服务、智能运检服务、电力保障服务、工程设计勘察咨询服务等解决方案，并且延伸至设备租赁、工程总包、项目投资以及合同能源管理等商业模式，以精湛的技术、高效的服务助力新型电力系统建设。

（三）济南二机床

济南二机床是中国机床行业重点骨干、国家高新技术企业、省高端装备制造示范企业，主导产品有锻压设备、金切机床、自动化设备、铸造机械、数控切割设备等五大类，广泛服务于汽车、轨道交通、能源以及船舶等行业，产品远销美、日、欧等世界 67 个国家和地区。大型数控冲压机床国内市场占有率 80% 以上，被誉为"世界三大数控冲压装备制造商"之一。

济南二机床下设 4 个研究所、5 个实验室，同时拥有国家级技术中心、国家级企业研发中心、全国重点实验室、博士后科研工作站、机械行业大型精密成形复合机床创新平台，是国家科技重大专项、国家科技支撑计划和国家"863"计划承担企业。拥有试验设备仪器上百台套，技术研发人员 800 余人，技术研发费用占销售收入的比重达 6% 以上。企业先后研制出 600 余种国家首台（套）产品，完成 280 余项省部级以上科技创新计划，承担并完成国家科技重大专项 13 项，获得国家专利 244 项，制修订国家与行业标准 33 项，荣获国家科技进步二等奖 2 项，为我国重点行业领域和国防建设提供了重要装备支持，被国务院授予"重大技术装备领域突出贡献企业"，连续多年入选"中国机械工业 100 强"。

第四章　济南精品钢与先进材料产业研究报告

精品钢和先进材料是济南市四大支柱产业之一。本章通过分析2023年济南市精品钢与先进材料发展现状，总结出产业面临市场需求下降、技术创新能力不足、原材料价格下降传导效应导致经济效益下降、区县和产业间发展不均衡等问题；通过与国外产业进行对比，研究总结了产业基础、产业环境、技术创新层面存在的问题，并针对存在的问题，建议济南市在政策保障、产业布局、科技攻关、供应体系等方面发力，促进产业高质量发展。总体来看，济南市精品钢和先进材料产业面临一定挑战，但拥有广阔的发展前景。通过实施一系列政策措施和科技创新，济南市有望在新材料领域取得更大突破，推动产业高质量发展。

一、精品钢和先进材料产业发展现状

2023年，济南市贯彻落实工业强市发展战略，大力推进创新驱动，整体上看，规上精品钢和先进材料企业经济效益和研发投入虽有较大增长，但产值增速和研发人员数量同比略有下降。市场方面，新年伊始，精品钢和先进材料市场有一定的需求，一季度市场需求和价格开始攀升，年中开始回落到低点，但7月份以后，国内出台了一系列经济刺激政策，下游需求弱复苏，精品钢和先进材料产品价格有所上涨，行业开始回暖。

（一）规上精品钢和先进材料企业经济增长情况

规上精品钢和先进材料企业产值整体增速略有回落，并且产业之间发展也不均衡。规上精品钢和先进材料企业完成工业产值达到1330.28亿元，同比下降4.82%，主要原因是精品钢产业产值下降。

从产业完成情况来看，高端化工新材料产业完成产值 176.44 亿元，同比增长 2.06%。先进金属材料产业完成产值 71.5 亿元，同比增长 32.64%。半导体新材料产业完成产值 25.53 亿元，同比增长 14.68%。其他新材料产业完成产值 83.35 亿元，同比下降 0.65%，其中下降幅度较大的企业华熙生物科技股份有限公司产值增速下降 12.64%。精品钢产业完成产值 973.46 亿元，同比下降 8.57%，其中下降幅度较大的山东钢铁股份有限公司产值增速下降 14.47%、山东富伦钢铁有限公司产值增速下降 5.68%、山东泰山钢铁集团有限公司产值增速下降 5.53%、莱芜钢铁集团银山型钢有限公司产值增速下降 3.25%。

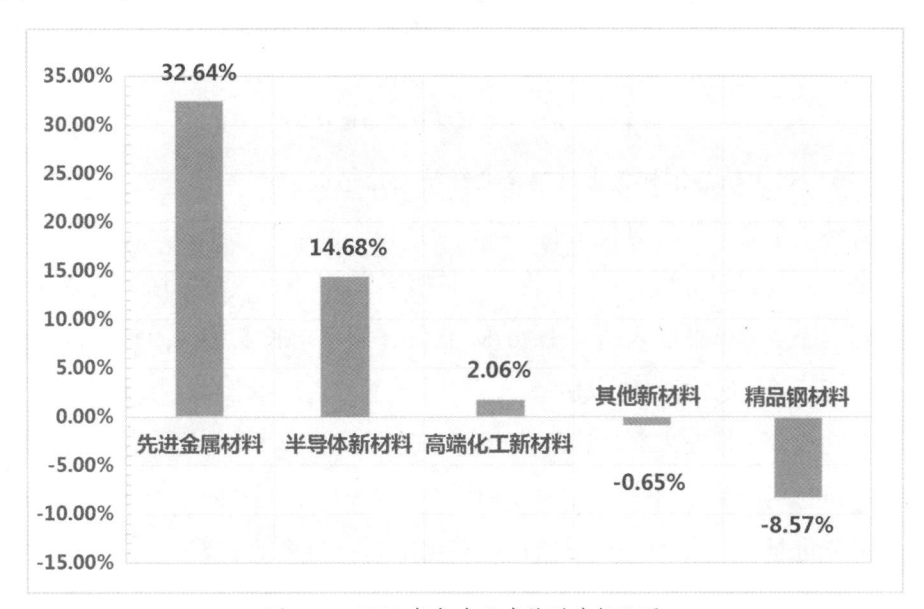

图 4-1 2023 年各产业产值增速柱状图

从区县完成情况来看，区县规上精品钢和先进材料产业产值增长呈现两极分化状态。纳入新材料调度系统的 11 个区县中，有 5 个区县产值实现正增长，占总数的 45.45%，且增长幅度均在 20% 以上。其中，槐荫区 101.4%、济阳区 61.1%、平阴县 26.46%、天桥区 23.01%、商河县 20.26%。同比下降的区县 6 个，占总数的 54.55%。其中，章丘区下降 0.42%、莱芜区下降 4.22%、先行区下降 7.7%、高新区下降 8.4%、历城区下降 9.85%、钢城区下降 9.96%。

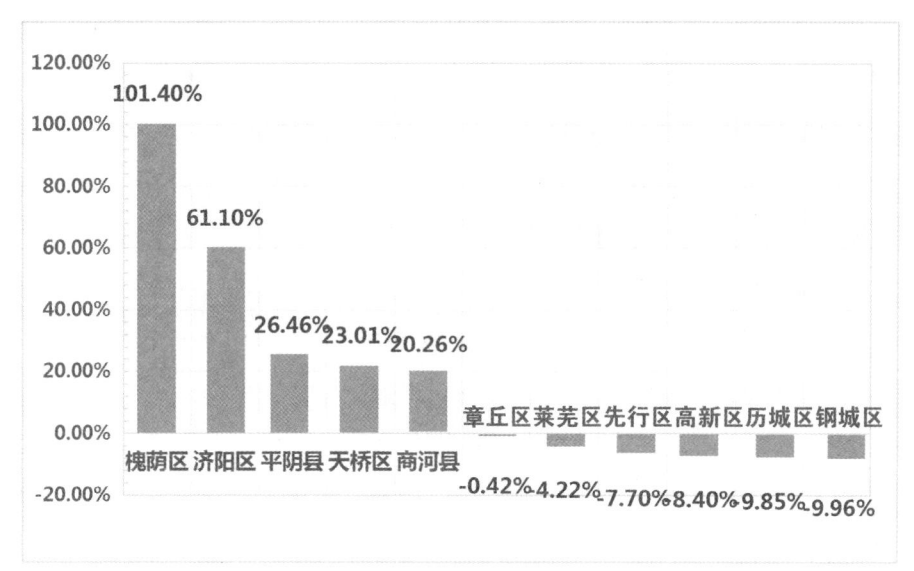

图 4-2　2023 年各区县产值增速柱状图

（二）规上精品钢和先进材料企业经济效益情况

虽然整个规上精品钢和先进材料产业产值下降，但营业收入与利润实现双增长，并且利润增长幅度高于收入增长幅度 1.55 个百分点。规上精品钢和先进材料企业的营业收入达到 1876.87 亿元，同比增长 5.05%；实现利润总额 24.53 亿元，同比增长 6.60%。

从完成收入情况来看，精品钢产业实现收入 1487.83 亿元，占整个精品钢和先进材料产业总量的 79.27%，同比增长 4.94%，基本确定了整个规上精品钢和先进材料产业的增长方向；高端化工新材料产业实现收入 176.05 亿元，占整个精品钢和先进材料产业总量的 9.38%，同比增长 0.96%；其他新材料产业实现收入 108.86 亿元，同比增长 5.8%；先进金属新材料产业实现收入 77.78 亿元，同比增长 17.41%；半导体新材料产业实现收入 26.35 亿元，同比增长 31.42%。

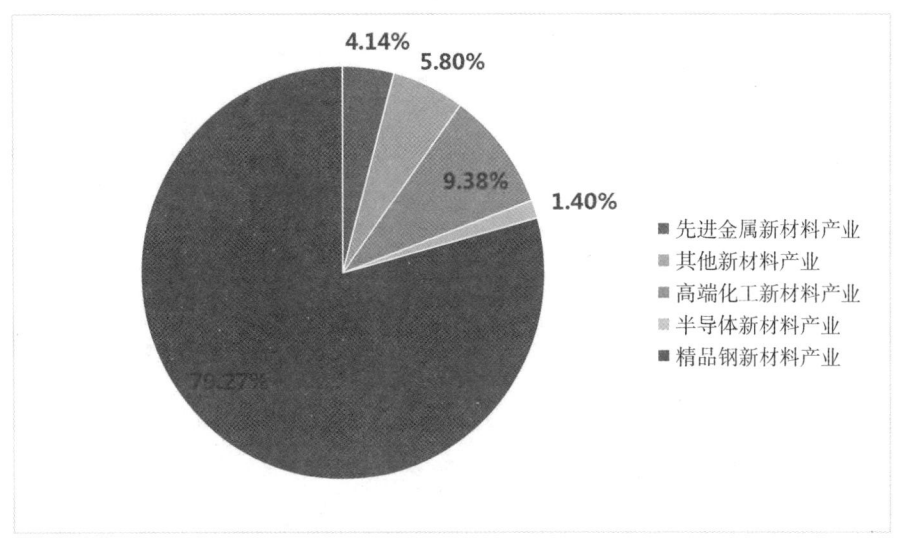

图 4-3　2023 年各产业营业收入占比饼形图

从实现利润情况来看，实现利润最大的产业是高端化工新材料产业，实现利润 16.56 亿元，但同比下降 0.7%。其他新材料产业实现利润 10.66 亿元，同比下降 37.74%。先进金属材料产业实现利润 4.21 亿元，同比增长 153.78%。半导体新材料产业实现利润-0.1 亿元，同比减少利润 0.61 亿元。精品钢新材料产业实现利润-6.78 亿元，同比减亏 6.16 亿元。其中山东钢铁股份有限公司同比减亏 5.04 亿元，同时实现利润 0.6 亿元，两项合计同比增加利润 5.64 亿元；莱芜钢铁集团银山型钢有限公司实现利润-6.14 亿元，同比减亏 4.95 亿元；山东泰山钢铁有限公司实现利润 2.01 亿元，同比增长 53.89%；山东富伦钢铁同比增亏 1.89 亿元，同时实现利润-3.25 亿元，两项合计同比减少利润 5.14 万元。

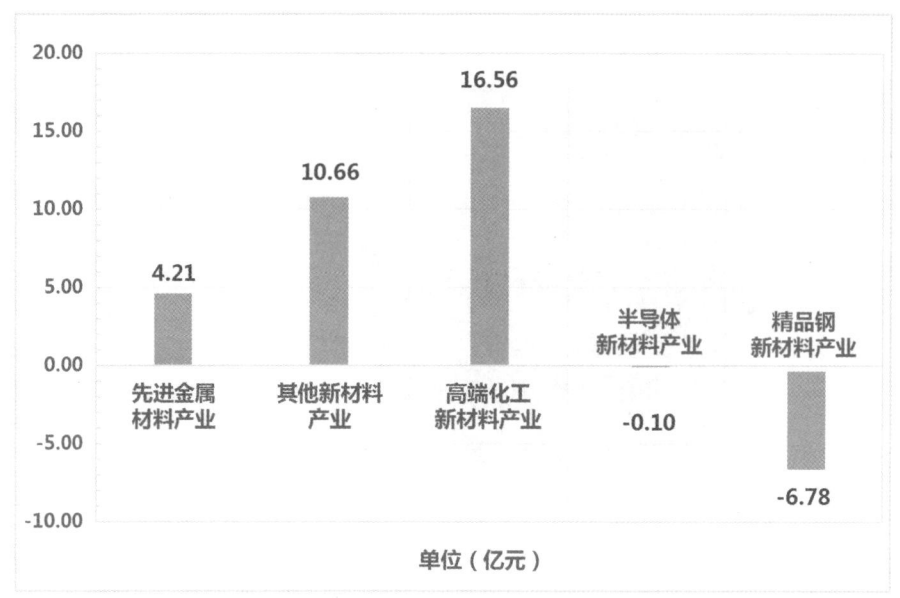

图 4-4 2023 年各产业利润总额实现柱状图

分区县来看，钢城区和莱芜区营业收入占比全市前两位，营业收入合计达到全部规上精品钢和先进材料企业的 82.51%。章丘区和高新区利润总额占比全市前两位，利润总额合计达到全部规上精品钢和先进材料企业的 91.49%。

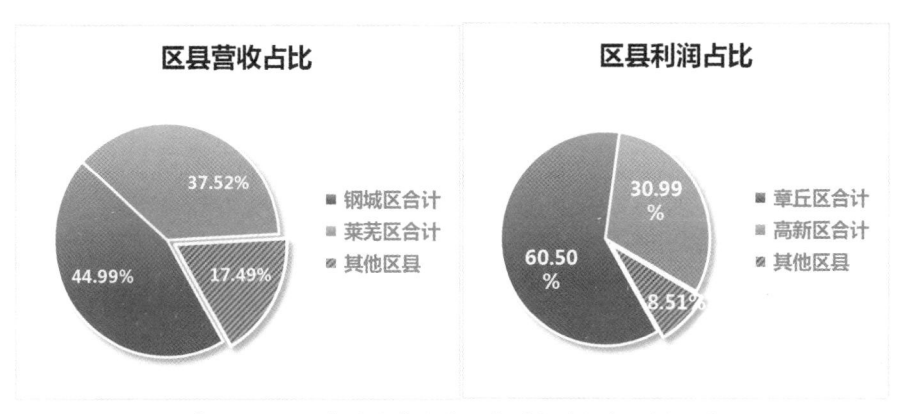

图 4-5 2023 年区县营业收入和利润总额占比饼状图

（三）规上精品钢和先进材料企业科技创新情况

规上精品钢和先进材料企业的研发投入比去年同期有较大提高，但是研发人员人数却比同期略有下降。2023 年，规上精品钢和先进材料企业研发经费支出58.33亿元，同比增长5.63%，研发人员达到8434人，同比下降1%。研发投入占比达到3.11%，比同期增长0.02个百分点，仍高于济南市全社会研发投入0.23个百分点。

分产业来看，精品钢新材料产业研发投入38.84亿元，同比增长6.73%；先进金属材料产业研发投入3.46亿元，同比增长30.05%；其他新材料产业研发投入5.86亿元，同比增长1.18%；高端化工新材料产业研发投入8.08亿元，同比增长3.5%；半导体新材料产业研发投入2.08亿元，同比下降18.73%。

研发投入支出主要集中在精品钢新材料产业，合计占全部规上精品钢和新材料企业研发投入的66.59%。其中，山东泰山钢铁集团有限公司研发投入金额达到14.94亿元，占全部规上精品钢和新材料企业研发投入总额的25.61%；莱芜钢铁集团银山型钢有限公司研发投入金额达到9.45亿元，占全部规上精品钢和新材料企业研发投入总额的16.2%；山东钢铁股份有限公司研发投入金额达到7.45亿元，占全部规上精品钢和先进材料企业研发投入总额的12.77%；山东富伦钢铁有限公司研发投入金额达到7亿元，占全部规上精品钢和先进材料企业研发投入总额的12%。

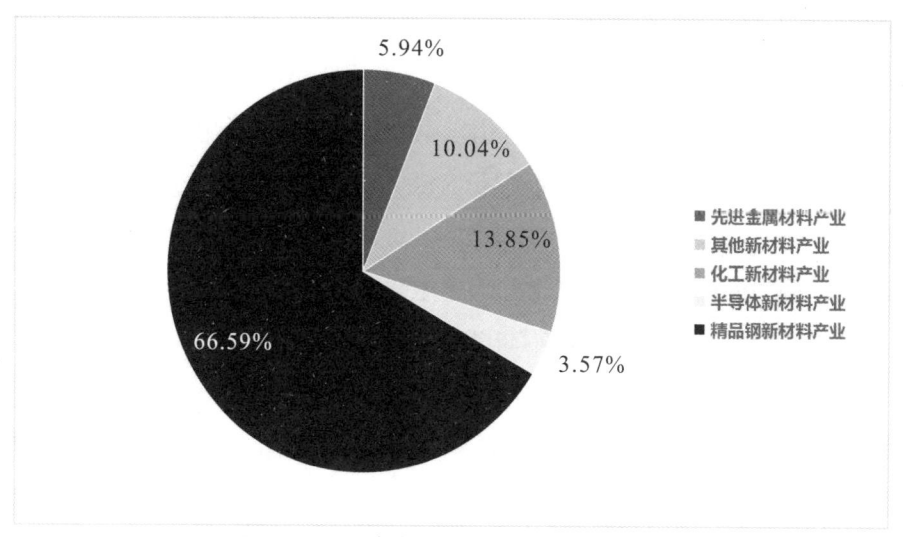

图4-6　2023年各产业研发经费占比饼状图

（四）规上精品钢和先进材料企业的高新技术企业和上市公司情况

规上精品钢和先进材料企业的高新技术企业占比较高，产值和收入实现双增长，但是利润呈现下降状态。7家上市公司数据显示，2023年收入与利润实现双增长，但产值呈下降状态，其数据呈现出7家上市公司整体处在一个调整状态。

从高新技术企业来看，规上精品钢和先进材料高新技术企业达到67家，占全部规上精品钢和先进材料企业的83.75%，产值达到591.52亿元，同比增长2.25%；收入达到625.76亿元，同比增长2.77%；利润达到25.5亿元，同比下降0.5%。

从上市公司来看，上市公司共7家企业，分别为山东钢铁股份有限公司、山东天岳先进科技股份有限公司、山东泰星新材料股份有限公司、济南圣泉集团股份有限公司、山东力诺特种玻璃股份有限公司、华熙生物科技股份有限公司、山东昊月新材料股份有限公司。7家企业产值457.61亿元，同比下降11.44%；营业收入688.64亿元，同比增长6.12%；利润总额12.11亿元，同比增长0.85%；研发投入14.62亿元，同比增长8.67%。

从上市公司实现利润情况来看，山东泰星新材料股份有限公司下降84.52%，山东力诺特种玻璃股份有限公司下降37.96%，华熙生物科技股份有限公司下降37.92%，济南圣泉集团股份有限公司下降22.48%，山东昊月新材料股份有限公司下降5.02%。山东钢铁股份有限公司转亏为盈，实现利润6040万元。山东天岳先进科技股份有限公司利润虽亏损，但同比去年减亏6088.59万元。减亏的原因，一是2023年在下游新能源汽车、光伏发电、储能等应用领域的应用渗透，碳化硅半导体整体市场规模不断扩大；二是公司高品质碳化硅衬底获得了国内外客户的认可；三是导电型产品产能和产量持续提升，交付能力增强，特别是上海临港智慧工厂于2023年年中开启产品交付，为公司长期的产能产量提升奠定了基础。

二、精品钢和先进材料产业发展存在的问题

（一）产业产值略有下降

2023年，济南市规上精品钢和先进材料产业营业收入呈现增长态势，但是产值同比下降。下降的主要原因是精品钢新材料产业产值下降，深层次原因是受市场需求以及去产能和双控政策的影响。从精品钢价格全年走势可见一斑，2023年第一季度，受政策利好预期和市场情绪向好影响，钢材价格一路攀升，3月中旬触及年内高位；第二季度，因下游钢材需求走弱，钢厂减产意愿不断增强，对原燃料价格形成负反馈，导致成本端支撑减弱，钢材价格大幅下探。2023年下半年，随着国家加大宏观政策调节力度，一系列宏观政策"组合拳"及时出台、精准实施，市场需求端持续回暖，钢材价格止跌企稳，回归基本面。2023年第四季度以来，成本中枢随原燃料价格上涨出现明显抬升，对钢材价格形成有力支撑，驱动钢材价格再度走强。国内市场精品钢价格跌宕起伏，走势呈现先扬后抑、企稳再反弹四个阶段。另外，受市场需求下降影响的产值下降幅度较大的企业还有华熙生物科技股份有限公司、山东华氟化工有限责任公司等。

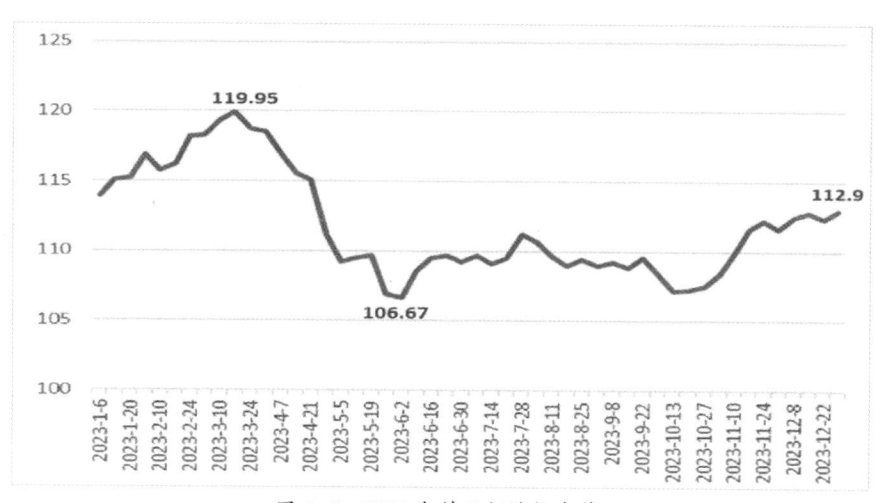

图4-7　2023年精品钢价格走势

（二）技术创新能力有待继续提升

技术创新作为精品钢和先进材料产业持续发展的核心驱动力，是保障企

业竞争力的关键。虽然济南市精品钢和先进材料产业研发投入同比增长，但与国内新材料前沿地区如上海、广东等相比，整体实力还有待提升。济南市新材料中小企业缺乏足够的研发投入和研发人才，技术创新能力相对较弱，缺乏核心技术和关键技术，难以实现产品的升级和创新。新材料产业创新体系尚不完善，产学研合作不够紧密，缺乏有效的协同创新机制，科技成果转化率低，前沿新材料技术创新主要以科研院所为主，企业参与较少。由于新材料产业化需要大量的资金投入，企业与科研院所间的协同效应差，限制了新材料的技术创新速度与质量。

（三）高端复合型人才存在缺口

由于新材料产业发展时间较短，高端人才储备相对不足，研发人员同比下降，成为制约产业发展的重要瓶颈。同时，绝大部分高层次科研人才集中于高校和科研院所，新材料产业科技要素供给布局尚不均衡。随着新一代信息技术、大数据等先进信息技术的发展，新材料研发对跨学科跨领域的复合型人才需求显著增加。例如，材料基因工程的发展需要既懂材料又懂大数据、高通量计算的人才，智能制造、绿色制造等新生产模式推广需要既懂材料又懂数字化制造技术、绿色技术应用的人才。现阶段，我国相对单一、缺乏灵活性的人才培养模式还无法满足新材料领域复合型、应用型人才的市场需要。

（四）受原材料价格下降传导效应影响经济效益下降

受原材料价格下降影响，产品售价难以维持原有水平，市场竞争加剧，进一步压缩企业利润空间。如山东圣泉新材料股份有限公司，由于主要原材料价格下降带来的产品价格下降，导致公司利润相比去年下降，企业调整库存导致效益下降。新材料产业往往涉及多个环节及供应商，原材料价格与经济效益下降对产业链的稳定性造成冲击。同时较低的原材料价格可能会吸引更多企业进入新材料领域，从而加剧市场竞争，导致价格战等恶性竞争现象出现，对产业健康发展构成威胁。

（五）企业数量发展在区县之间和产业之间不均衡

从区县来看，规上精品钢和新材料企业主要集中在莱芜区、章丘区、钢城区和高新区，其规上精品钢和新材料企业数量分别占全部规上精品钢和新材料企业总数的 27.5%、25%、11.25% 和 10%。这四个区规上精品钢和新材料企业总数占全部规上精品钢和新材料企业的 73.75%，其余区县规上精品钢和新材料数量占全部规上精品钢和新材料企业总数仅 26.25%。

从产业来看，规上精品钢和新材料企业主要集中在高端化工产业，其规上精品钢和新材料企业数量占全部规上精品钢和新材料企业总数的 41.25%，接近全市规上精品钢和新材料企业的一半。

三、精品钢和先进材料产业国内外比较分析

（一）国内精品钢和先进材料产业概况

随着现代各领域前端技术的不断发展，新材料的发展进步对各领域的生产技术推动明显。数据显示，我国新材料产业市场规模由 2016 年的 2.3 万亿元增长至 2019 年的 4.5 万亿元，至 2022 年已达 8 万亿元。新材料产业规模迅速壮大。2023 年前 9 个月，中国新材料产业总产值超过 5 万亿元，保持两位数增长。新材料产业结构逐渐向高端化、智能化、绿色化转型。据相关机构预计，到 2025 年新材料产业规模有望突破 11 万亿元。

近年来，我国新材料行业技术升级提速，自主创新能力逐步增强，创新成果愈加丰硕，新材料产业龙头企业、关联领军企业及高层次人才的整体实力得到大幅提升。然而，由于我国新材料产业起步较晚，正处于由中低端产品自给自足向中高端产品自主研发、进口替代的过渡阶段，除了稀土材料等少数细分领域具有比较优势外，总体仍处于产业价值链中低端，与美国、日本等发达国家相比，在研发技术、生产设备等方面仍有一定差距。国家新材料创新体系建设日趋完备，加之新材料实验室、企业技术中心以及高校院所的实力逐步提升，推动了新材料产业科技成果转化加速落地，产业创新态势稳中向好，经济带动潜力亟待释放。

精品钢与先进材料产业作为济南市四大支柱产业之一，发展颇具规模，形成了较为完整的产业链条，涉及金属材料、无机非金属材料、高分子材料、高性能复合材料、前沿新材料等多个门类。精品钢与先进材料产业已形成圣泉新材料、明泉新材料、东辰瑞森、建邦胶体、天岳先进、晶正电子、鲁银

新材料等8家链主企业。其中，天岳先进专注于碳化硅衬底材料的研发和生产，是我国宽禁带半导体材料行业领军企业，在该领域位列全球第五、国内第一。半绝缘衬底产品国际市场占有率连续4年全球前三，也是全球仅有的几家能批量生产最先进8英寸衬底企业之一，是国内龙头企业，并成功跻身国际第一梯队。圣泉新材料主导产品酚醛树脂、环氧树脂拥有10大系列800多个品种，产能达60万吨/年，圣泉新材料成为世界最大的酚醛树脂供应商。特种酚醛环氧树脂年产能2万吨，产品技术水平国内领先；改性酚醛防火保温板年产能2000万平方米，居世界第一位。东辰瑞森作为我省新材料产业特种尼龙链主单位，是国内最早从事长碳链尼龙树脂开发、生产、销售的国家高新技术企业，总体产能由之前1万吨/年扩大至国内目前体量最大的3万吨/年，实现产量、品质双提升，成功开发出新型尼龙弹性体、高温尼龙和透明尼龙TM04等一系列新产品。

2023年，全市新材料产业新增16个研发平台，累计建设新材料研发平台71个，其中国家级2个、省级32个、市级37个。入选国家专精特新小巨人7家、省专精特企业16家，入选省级瞪羚企业4家、市级瞪羚企业12家。宽禁带半导体材料、酚醛树脂、特种环氧树脂、高吸水性树脂、改性尼龙、粉末冶金材料、聚异丁烯等先进材料处于国际先进或国内领先水平，碳化硅晶体生长和衬底加工技术达到世界先进水平。

（二）国外精品钢和先进材料产业概况

长期以来，各国政府通过制定新材料领域相关的行业发展规划，出台激励与扶持政策，从技术研发、产业环境等方面不断增强对新材料产业的宏观指导，新材料产业在全球范围内得以高速发展。2022年8月9日，美国总统拜登正式签署《2022芯片与科学法案》。通过该法案，美国举全国之力发展先进材料相关产业，并最终加速关系到国家安全的纳米技术、量子计算、人工智能、下一代通信、计算机硬件、生物技术、网络技术和其他新兴能力的创新和发展。值得关注的是，该法案限制美国企业支持中国等国家的半导体研发和生产，引起相关行业广泛关注。欧盟及其他欧洲国家、日本、韩国和俄罗斯等也推出相应发展规划与布局，巩固和发展本国优势先进材料产业将先进材料技术视为国家未来科技发展的主线。

从产业分布格局看，全球先进材料产业已形成三级竞争梯队格局。第一梯队是美国、日本、欧洲等发达国家和地区，在核心技术、研发能力、市场占有率等方面占据绝对优势。第二梯队是中国、俄罗斯等国，新材料产业发展迅速。第三梯队则是巴西等国，新材料产业已具备一定基础，发展潜力巨大。美国在新材料的综合实力上位居世界前列，孕育了如陶氏、杜邦等享誉国际的大企业。欧洲新材料产业以德英为主要据点，其中德国的巴斯夫公司更是登顶全球化学品制造商榜首。日本在电子材料等细分行业里展现出了卓越的技术实力，致力于用尖端技术引领全球发展趋势。俄罗斯在航天航空材料领域有着独特优势，能够平衡国防军工和经济社会的发展需求。

（三）国内外精品钢和先进材料产业比较分析

虽然中国新材料产业已经进入快速发展期，特别是在新能源材料、新型功能材料等方面取得了一定的突破和创新，但深入对比国内外产业现状，济南乃至国内的精品钢和先进材料产业在技术创新、产业基础、高端产品应用等方面，与国外的先进水平存在着一定的差距。

在产业环境层面，国内产业环境在政策扶持和市场潜力方面展现出独特优势，虽然相较于发达国家，在技术创新体系、产业链条完备、国际合作交流等方面存在一定差距，但在济南市工业强市发展战略的引领下，区域创新发展特色明显。精品钢与先进材料产业规模持续壮大，产业生态持续优化。未来，济南市将重点实施精品钢转型升级、高端化工材料提质增效、先进金属材料创新发展、半导体材料提升扩规四大行动，在保持自身独特优势的同时，吸收国际先进经验，推动产业高质量发展，打造具有鲜明特色的新材料标志性产业链群。

在高端产品层面，中国高端先进材料产品制造水平与国外存在差距。无法支撑高端制造发展，铝合金、镁合金、钛合金、高温合金构件等支撑高端装备向大型化、高速化、高可靠、长寿命发展的高端先进材料依赖进口。在重点应用领域，中国新材料的平均自给率低，市场主体面临有材不能用、好材不敢用、有材不好用的现实难题。

在产业基础层面，用于材料设计、制造、模拟的软件，某些原辅材料，高端工控系统和数控装备需要从国外进口，受到外部技术的制约，对产业链安全构成较大隐患。中国材料科学高水平论文数量高居全球第一，但研发与应用方面存在脱节现象，原始创新能力不高、工程应用研究不足、关键数据积累缺乏、研发及商业化周期漫长等问题，使大量新材料难以跨越从研制到应用的"死亡之谷"，还可能出现质量工艺不稳定、技术标准不配套等现象。产业支撑保障能力较弱，科技成果产业化存在难题，有待进一步优化和改进。

在技术创新层面，由于历史原因，现代先进材料大多数源于发达国家，26项获诺贝尔奖的革命性材料，均是国外科学家首先发现，中国先进材料起步较晚，与美国、日本、欧盟相比仍存在差距。中国材料领域技术创新处于"跟跑"阶段，存在多项卡脖子关键技术问题。在新材料高端产品领域，中国新材料技术含量不高，产品附加值低，产品性能稳定性不足。

四、推动精品钢与先进材料产业高质量发展的对策建议

（一）强化政策保障，营造良好产业生态

鉴于精品钢与先进材料广阔的发展前景，建议济南市发改、科技、工信等部门继续加强对精品钢与先进材料发展的政策保障力度，并探索在项目产业、科技创新、人才引进、土地利用等方面的政策，为全市先进材料发展营造积极向好的政策环境。除此以外，可以鼓励金融机构加大对新材料产业的金融支持力度，为先进材料产业提供更优质的金融服务支撑。充分发挥协会、联盟、链主企业集聚作用，组建资源共享的公共服务平台，为企业提供信息咨询、协同创新、产品推广等服务。

（二）优化产业布局，推进产业集群化发展

建议政府出台产业协调发展政策，加强新材料产业间的协同发展，促进新材料产业向高端制造和高附加值方向升级。科学做好新材料产业集群规划布局，鼓励天桥区、莱芜区等重点新材料区县结合自身实际，推进特色新材料产业集群壮大发展。依托章丘区新材料特色产业集群，完善新材料产业集群培育推进系统，细化产业集群阶段性目标，加强对集群培育的质量评估与

动态监管。完善产业集群公共服务体系，促进集群内要素和信息的交流共享，引导龙头企业强化产业链优势，培育一批产业规模大、技术水平高、创新能力强、行业带动好的领航企业，形成过亿、十亿级、五十亿级企业规模梯度。

（三）加强科技攻关，补齐关键技术短板

建议济南市政府支持龙头骨干企业联合科研院所，布局建设一批国家级创新中心、重点实验室、产业孵化平台，瞄准产业链关键共性和"卡脖子"技术，揭榜挂帅、集中攻关，为产业链提档升级提供技术支撑。聚焦新材料产品的高端应用，支持精品钢和先进材料企业科技创新，加快布局济南市具有承接优势的宽禁带碳化硅半导体、高性能PBO、聚苯硫醚（PPS）系列特种新材料、超高分子量聚乙烯等关键"卡脖子"材料突破，全力提升高端产品的产销比例和盈利水平，引领行业技术进步。积极谋划高性能碳纤维材料、先进半导体材料等未来材料。通过学科交叉和创新类产业链协同，推动先进材料领域基础理论、工业软/硬件等研究工作。进一步加大新材料制备、加工和检测关键设备的研发支持，集中力量突破核心装备研发。鼓励企业建设中试基地和中试项目，加快向产业中下游延伸，沿高新技术、高附加值、低碳环保方向发展。

（四）深化合作交流，补齐高端人才短板

立足济南市精品钢与先进材料产业优势，高校、科研院所集聚优势，吸引高端人才、技术等要素融合，创建以企业为主体、市场为导向、"产学研用"相互融合的新材料创新体系。鼓励企业走出去，通过"走出去"和"引进来"的模式挖掘世界范围内专家，整合全球人才、技术等资源，推动企业向全球价值链网络中心位置跃迁，掌握国际规则的主导权。

支持山东大学、济南大学、齐鲁工业大学等高校加强材料类学科建设，完善复合型人才培养模式，积极推进学科交叉融合，培养造就一批优秀新材料青年学术带头人。通过省市级人才工程计划，加大对新材料产业人才的支持力度，为产业发展提供有力的人才支撑。鼓励企业突破研发人才束缚，到北京、上海等地设立研发中心，利用发达地区优势资源开展研发。

（五）完善供应体系，增强供应链保障能力

加快推进国内矿产、原料资源的合理开发，鼓励企业规范开展境外资源勘探开发，构建稳定开放的资源保障体系，降低对特定地区的资源依赖，增强原料供给的稳定性和安全性。根据市场需求预测和历史数据，合理设定原料库存水平，有助于在市场原料价格波动大时，通过调节库存来稳定原材料价格。强化上下游产业的供需对接和协同创新突破，通过签订长期协议等方式，建立稳定的供需关系，降低价格波动对产业链的影响。同时，上下游企业可以共同研发新产品、新技术，提高原材料的附加值和利用率，从而降低成本并稳定价格。通过多渠道采购原材料，与多个供应商建立稳定的合作关系，降低对单一供应商的依赖风险，在价格波动时可灵活调整采购策略以降低成本。

综上所述，济南市精品钢和先进材料产业尽管面临市场需求波动、技术创新瓶颈、原材料价格传导效应等问题，但仍具备巨大的发展潜力。通过加强政策保障、科技攻关、供应体系完善和产业布局优化，济南市精品钢和先进材料产业有望实现高质量发展，在新材料领域取得更大突破。未来，济南市将继续坚定不移地推进创新驱动发展战略，持续深化供给侧结构性改革，努力打造具有国际竞争力的新材料产业集群，为地方经济发展注入新的强劲动力。

第五章　济南生物医药与大健康产业研究报告

生物医药产业是关系国计民生、经济发展和国家安全的战略性新兴产业，是健康中国建设的重要基础。近年来，济南市抢抓"健康中国2030"生物医药与大健康产业快速发展机遇，坚持创新引领、突出项目建设、强化政策服务，不断加快推动生物医药与大健康产业高质量发展。2023年，全市生物医药与大健康产业整体规模由2018年的1027亿元跃升至2229.6亿元，五年产业规模增加了一倍多。本报告详细总结了当前济南生物医药与大健康产业发展情况，从全球、全国、全省三个方面分析当前产业发展的形势，最后充分结合济南发展实际情况，提出下一步工作具体措施，推动济南打造生物医药与大健康产业高地。

一、济南市生物医药与大健康产业发展现状

（一）济南市生物医药与大健康产业整体发展情况

生物医药与大健康产业是济南市四大主导支柱产业之一。近年来，在工业强市发展战略和数字经济引领战略的引领带动下，济南市生物医药与大健康产业和名企名品规模不断壮大，创新能力和发展能级加速跃升，项目建设支撑有力，集群集聚效应凸显，产业生态持续优化。

一是产业发展势头稳中向好。2023年，全市生物医药与大健康产业拥有企业（单位）8739家，其中规上企业达到603家（医药流通业企业479家、医药制造业79家、医疗器械制造业企业45家），全年实现营业收入2229.6亿元，其中医药制造业（含医疗器械）营业收入442.7亿元。全市10家过10亿元药品器械生产企业中，宏济堂、福瑞达、福牌阿胶3家企业营业收入增

长10%以上。二是研发创新实力不断强化。2023年，全市生物医药企业研发投入超过60亿元，重点企业研发投入占比超过10%。全市新取得药品注册批件65个，占全省的32.5%，新取得2—3类医疗器械批件195个，占全省的30%，通过仿制药一致性评价的品种达58个，占全省的31%，均居全省第一。三是产业布局加速优化。产业集聚发展态势凸显，形成了以济南高新区和济南国际医学中心"双核"引领，世界透明质酸谷和鲁中国际生物谷"双谷"支撑，齐鲁制药生物医药产业园等16个重点园区"多园"并进的"双核、双谷、多园"的发展格局。集群集聚效应加速释放，济南市生物医药产业集群成功入选全省首批先进制造业集群，医美抗衰产业集群、医疗器械集群入选全省十强产业雁阵型集群。济南市医药制造业、济南高新区日用化学产品制造（化妆品）入选工业和信息化部消费品工业"三品"战略示范城市名单。济南明水经济开发区（医药及防护用品）特色产业集群被认定为山东省特色产业集群。四是项目推进力度显著增强。近年来，市工业和信息化局认真贯彻落实市委、市政府关于"项目突破年""项目深化年"系列部署要求，牢固树立项目为王的理念，不断加速产业项目扩规提级。2023年，全市生物医药产业共有项目120个，截至2023年底完成投资188.75亿元。其中，10亿元以上项目25个，2023年底完成投资122.21亿元。银丰国际生物城等3个项目已竣工实现量产，齐鲁制药生物药超大规模制备技术产业化等11个项目有序推进，同时谋划储备步长制药原料药生产等8个项目。五是固链强群取得务实成效。牵头成立省会经济圈生物医药产业联盟，吸纳七市80多家生物医药企业和相关机构，进一步深化产业分工协作，推动省会经济圈生物医药与大健康产业协同发展。持续推进融链固链活动，先后举办首届中国（济南）透明质酸产业大会、2023山东大健康产业博览会、第48届中国国际医疗器械（山东）博览会、山东省化妆品产业高质量发展大会等一系列重大会展活动，达成重要合作意向100余项，进一步激发了市场活力和企业发展的内生动力。

（二）细分产业链群发展情况

为持续打造强化产业推进体系，济南市按照"紧盯前沿、龙头牵引、创新培育、打造生态、沿链谋划、集群发展"的总体思路,积极优化产业发展"蓝图",提出聚焦生物医药、中医药、医疗器械、医美抗衰、特医食品五大领域,聚力构建特色鲜明、协同联动、集群集聚发展的生物医药与大健康产业体系。

1. 生物医药产业链群

生物医药产业主要包括生物药和化学药,涉及化学原料药、化学制剂、生物制剂等研发和生产。产业链上游包括基础化工原料、医药中间体、药用辅料等;中游为医药研发与制造,包括原料药、化学制剂;产业链下游包括医疗机构、健康服务机构、药店等场所。

经过多年发展,济南生物医药产业取得新成效,生物药、化学药领域研发及产业化综合实力位居全省首位,抗肿瘤药物综合实力位居全国前列。一是产业基础扎实牢固。2023年,全市规上生物医药企业74家,实现营业收入374.6亿元,同比增长0.2%。拥有齐鲁制药、华润双鹤利民、科兴制药、科源制药、山东盛迪等一批龙头骨干企业。链主企业齐鲁制药居中国医药工业企业百强前十位、"2023年中国医药研发产品线最佳工业企业"第二位,目前获得药品批件1030个,已产业化品种达到340个,在研产品达到400余个,进行临床研究一类新药33个。全市累计通过一致性评价药品279个文号,占全省的29.5%(全省947个)。齐鲁制药顺铂注射液成为中国药企首次直接对美出口的国内市场在售产品(全中文),小分子化学1类创新药伊鲁阿克片获得国家药品监督管理局上市批准。二是创新研究实力雄厚。拥有2个国家级研发平台(国家综合性新药研发技术大平台、国家创新药物孵化基地)、2个国家工程技术研究中心〔山东大学国家糖工程技术研究中心、山东师范大学农药医药中间体(精细化学品)清洁生产教育部工程研究中心〕、4个国家级重点实验室(山东大学微生物技术国家重点实验室、山东大学生殖医学与子代健康全国重点实验室、山东大学络病理论创新转化全国重点实验室、山东第一医科大学先进药物递释系统全国重点实验室),以及济南高新区生命科学城、银丰生物医药产业园、商河高端化学原料药、齐鲁制药董家生产基地、齐鲁制药生物医药产业园基地等集聚度较高的专业园区。三是重点项目加速落地。2024年，齐鲁制药生物药2万升超大规模制备技术产业化项目、华润双鹤利民药业固体制剂车间技改项目、坤力生物制药新型多联多价呼吸系统（肺炎、流感）疫苗产业化一期等18个强链、补链项目积极推进建设，9个项目计划年内竣工，达产后预计新增产值71.38亿元。

2. 中医药产业链群

中医药产业主要包括中成药、中药饮片加工，主要涉及中成药、配方颗粒、中药饮片、膏剂、阿胶等生产研发以及中药原料药提取。产业链上游包括中药材、制药设备、中医药研发等；产业链中游为中医药制造，包括中药饮片、中成药等；产业链下游为中医药消费市场。

济南有着良好的中医药产业发展基础。近年来，济南市将中医药发展摆在更加突出的位置，出台了《济南市中医药发展"十四五"规划》和《济南市中医药产业发展规划（2021—2025年）》，聚力打造中医药产业高地。一是产业发展稳步提升。2023年，全市规上中医药企业5家，实现营业收入39.7亿元，同比增长16.2%。拥有宏济堂制药、福胶集团、福瑞达制药、汉方制药、红日康仁堂制药等一批龙头骨干企业，企业经营产品涵盖抗菌消炎、肠道疾病、安神镇静、糖尿病、心脏病、感冒类、前列腺等领域。济南中医药产品获批生产批件303个，已产业化品种达到150个以上，在研产品达到30余个，进行临床研究一类新药2个，山东珅诺基一类创新药淫羊藿素已上市。二是创新能力不断增强。拥有国家级平台1个、省级平台10余个。国家重大新药创制平台（山东）中药创新药物单元平台、山东省中医药基础研究重点实验室、山东省天然药物重点实验室、山东省中药资源学重点实验室、山东省现代中药制剂研究重点实验室等一批省级以上平台，研究基础实力雄厚。三是重点项目加速推动。飞龙现代医药产业园项目、山东汉方制药有限公司扩建中药制剂产业园项目、宏济堂制药（商河）有限公司商河产业基地等11个产业化在建项目有序推进，其中，5个项目计划2024年内竣工，达产后预计新增产值49.09亿元。

3. 医疗器械产业链群

医疗器械产业上游主要包括电子器件、医用材料等，中游为医用医疗设备、医用耗材等，下游为医疗机构、家庭用户等。济南市医疗物资产业链主要涉及实验室检测设备、体外诊断试剂、手术类器材、药品包材、防护类等，产品涵盖质谱仪、手术刀具、骨科器材等领域。

近年来，济南市医疗器械产业实现稳步发展。一是产业规模持续扩大。2023年，全市医疗器械生产企业754家，占全省的18.3%，第二类、第三类产品生产企业535家，占全省的44.5%，其中规上医疗器械企业45家，实现营业收入28.4亿元，产业链上拥有博科控股、冠龙医疗器械、英盛生物、赛克赛斯、华安生物等一批龙头骨干企业，目前形成济南高新区、莱芜区产业集聚发展态势。二是创新优势集中显现。拥有第二类、第三类产品注册证1327个，占全省的20.6%（全省6443个）。博科生物国内主营产品市场占有率在全国行业内名列前茅。赛克赛斯生物自主研发生产的手术防粘连液、复合微孔多聚糖止血粉、EVAL非黏附性液体栓塞剂、硬脑膜封合医用胶等产品，在生物医用材料类医疗器械市场填补多项国内空白。艾克韦生物的高通量同步荧光检测系统突破了美国公司的技术封锁，全自动多基因核酸检测系统已实现产业化，是目前除华大基因第二代高通量测序仪外，国内唯一"百万级"高端检测设备。三是平台载体实力强劲。拥有辐照加工电子加速器制造技术国家地方联合工程实验室、国家药品监督管理局药品包装材料质量控制重点实验室等国家级平台，以及山东省体内植入材料工程技术研究中心、山东省体外诊断免疫原料制备与标记工程技术研究中心、山东省医疗器械产品质量检验中心等多个省级产业技术研发平台。四是重点项目进展顺利。在建力诺特玻三期高端药用包材项目、磐升生物医疗器械生产项目、山东海王医药健康产业园等10个项目积极推进，其中，7个项目计划2024年内竣工，达产后预计新增产值11.9亿元。

4. 医美抗衰（化妆品）产业链群

医美抗衰（化妆品）产业上游包括核心原材料透明质酸等生产企业，中游为化妆、美容、抗衰等产品的研发制造企业，下游包括医疗美容机构、商超、医院等。

近年来，济南市将医美抗衰（化妆品）产业作为重点发展领域之一，强化顶层设计、项目建设和政策支持，目前已形成涵盖上、中、下游较为完备的产业链。2023年，全市化妆品生产企业37家，占全省的18.3%（全省202家），实现营业收入约120亿元。一是产业发展优势突出。当前济南市医美抗衰产业已形成以透明质酸研发生产为核心竞争力的产业优势，拥有华熙生物、福瑞达生物、梅晔生物、博科生物等一批龙头骨干企业。华熙生物作为全球最大的透明质酸生产研发企业，透明质酸全国市场占有率达70%以上，全球市场占有率达44%以上。二是成长性企业发展迅速。华熙生物"润百颜""夸迪"两大品牌登录"中国500最具价值品牌"榜单，年营业收入突破10亿元。福瑞达生物"颐莲""瑷尔博士"两大品牌年营业收入突破10亿元。梅晔生物"凌博士"品牌年营业收入突破6亿元。三是"产、学、研"融通发展成效明显。拥有山东大学国家糖工程技术研究中心等6个国家级创新平台和齐鲁工业大学化妆品研究院等6个化妆品专业研发机构，华熙生物、福瑞达生物获评国家级企业技术中心，磐升生物引进哈佛大学研发团队，建立了全球首个培育皮肤再生技术、细胞再生器官组织的产业化平台。四是重点项目有序推进。目前，济南高新区"世界透明质酸谷"项目、华熙生物生命健康产业园项目、福瑞达健康护理用品产业园项目、梅晔生物医药产业园4个产业化项目建设正在积极推进，福瑞达健康护理用品产业园项目、梅晔生物医药产业园2个项目年内计划竣工投产，预计达产后新增产值45亿元。

5. 特医食品产业链群

特医食品指为满足进食受限、消化吸收障碍、代谢紊乱或者特定疾病状态人群对营养素或者膳食的特殊需要，专门加工配制而成的配方食品。产业上游产业主要涉及农业种植、维生素、中药材、植物提取物、包装材料等产业；中游为产品的生产过程，具体分为特殊医学用途婴儿配方食品和特殊医学用途配方食品；下游为产品的销售环节。

近年来，济南积极完善特医食品产业体系，加快打造特医食品科技创新中心、特医食品产业示范区、大健康产业发展特色区，大力发展特医食品产业。一是产业发展初显成效。济南市特医食品领域在研企业30余家，主要涉及保健和医药生产企业，取得特殊医学用途配方食品经营许可的单位1693

家，销售特医食品医疗机构36家。产业链上研发企业以隆庆祥生物、磐升生物、极源生物、莱博生物等企业为骨干，隆庆祥生物在研特医食品项目8项。二是积极打造特医食品城。中国（济南）特医食品城是国内首个以特医食品为主导产业的园区，致力于发展老年食品、运动食品、保健（功能）食品、婴幼儿配方食品等产业，目前园区签约落地7个项目，计划总投资25亿元，达产后预计产值65亿元。三是项目建设加速推进。济南亚西亚药业有限公司营养与健康产品综合开发项目、嘉能嘉特医特膳食品工业园项目、众益堂特医食品健康产业链项目特医食品产业链年内投产，预计达产后新增产值14亿元。晏龙国科（山东）微生物科技有限公司新建年产500吨益生菌项目、康多宝精准特医等项目即将开工。

二、生物医药与大健康产业发展存在的问题

从现实情况看，济南生物医药和大健康产业虽然呈现快速发展势头，但现有产业规模和质量与强省会的目标还有差距，在四大主导产业中也相对偏弱，还存在原始创新能力不足、项目谋划储备不足、服务体系尚需完善等问题。

一是研发创新能力不足。企业研发投入差距明显，2023年全市生物医药企业研发投入超过60亿元，齐鲁制药研发投入42亿元，占到70%以上。高技术含量产品创新不足，2023年65个新获批件产品，63个为仿制药，创新药、三类医疗器械和创新医疗器械较少，2023年获批的195个产品，仅有9个三类医疗器械产品。协同创新体系还不够完善，拥有多个国家级研发创新平台，但"产学研医用"协同创新体系尚未形成，在研发创新、成果转化等方面支撑不足，临床研究与先进城市有明显差距。

二是项目谋划储备不足。项目谋划的专业性不够、精准性不强。医药制造业项目偏少，特别是高端医疗器械制造业项目少，缺少投资体量大、引领带动作用强的重大项目。围绕龙头企业产业链的本地配套项目缺失，产业链协同能力不足，企业采购成本增加。

三是支撑保障体系存在短板。济南市药品检验能力和检验任务量矛盾突

出，审评审批周期长、环节多，在体制机制方面缺少省级事项赋权。在项目建设中，土地供应、蒸汽接通、供电等方面还存在要素保障不及时的现象，影响项目建设进度。

三、生物医药与大健康产业发展面临的形势

生物医药与大健康产业是保障国家安全、国民健康、生物安全的基石。作为战略性新兴产业，生物医药不仅成为全球产业竞争的焦点，而且也是国内产业布局的重点。下文从全球、全国和全省三个维度进行形势分析，致力于为推动生物医药与大健康产业发展提供方向参考。

从全球看，生物医药产业发展集中度逐年上升，跨国企业的垄断程度不断加大。全球生物医药企业发展区域主要集中在美国、欧洲、日本等国家和地区，这三大区域药品市场份额超过了80%，全球生物制药TOP20的企业榜单中，美国、欧洲、日本的企业数量占到90%以上。美国波士顿地区是全球最具活力的生物产业集聚区，拥有超过550家生物医药企业，产业龙头企业高度集聚，拥有辉瑞、诺华、罗氏、默沙东等18家全球顶尖药企，以及10家全球顶尖医疗器械企业，形成了从基础研究、临床试验、生产制造到销售服务的非常成熟的产业链条。英国剑桥科技园是欧洲生物医药产业创新中心和产业核心区，该地区GDP占英国比重的15.8%，在基因工程、干细胞等产业领域具有独特优势。日本生物医药产业创新优势突出，制药行业平均研发投入是销售额的8%—10%。日本神户产业园区汇聚了10余所日本尖端医疗研究机构，拥有近200家医疗器械、制药、再生医疗等领域的企业。

从全国看，国家着力推动产业集聚发展，生物医药产业集群分布态势凸显。党的十八大以来，我国生物医药产业取得长足发展。2023年，我国生物医药行业市场规模达到4.39万亿元，已成为仅次于美国的第二大医药生产和消费国。在地区分布上，形成以长三角、环渤海、粤港澳大湾区、中部地区、成渝地区为代表的生物医药产业聚集区，其中环渤海、长三角、大湾区聚集了全国82%的生物医药企业，合计超过5.6万家。20个重点地级市中40%的城市集聚在长三角地区，进一步带动产业创新能力的提升和产业结构的优化。

长三角生物医药工业总产值约占全国的30%，现有120家上市企业总部，14家世界500强医药企业，药品销售额接近全国的30%，拥有恒瑞医药、扬子江药业、复星医药等国内龙头企业。大湾区是我国重要的生物医药产业集聚区，有45家生物医药上市企业总部，聚集华大基因、因明生物、迈瑞医疗等龙头企业，重点布局高端医疗、高性能医疗器械、基因测序等细分领域。环渤海地区现有61家生物医药上市企业总部，4家世界500强医药企业，聚集了齐鲁制药、科兴生物、石药集团、以岭药业等龙头企业。

从全省看，初步形成"全域布局、多点开花"的产业发展格局。山东是医药工业大省，2023年全省医药制造业实现营业收入2880.77亿元，同比增长3.91%，增速高于全国平均增速7.61个百分点，营收总规模全国第二，列江苏之后，约占全国营收规模的十分之一。骨干企业主要有齐鲁制药、威高集团、山东步长制药、鲁南制药、新华医疗等，共有12家企业进入中国医药工业百强。当前，山东各地生物医药与大健康产业已形成特色化、差异化发展布局，形成济南生命科学城、国际医学科学城"两核"驱动，青岛海洋药物、烟台生物药、临沂中药产业发展势头迅猛，淄博、济宁、菏泽化学药基础雄厚，威海医疗器械产业聚集度全国领先，东营中药、疫苗产业初具规模的产业布局。

四、推动济南生物医药与大健康产业高质量发展的对策建议

2023年是新中国成立75周年，是实现"十四五"规划目标任务的关键一年，也是加快推进健康现代化的关键之年。2024年，济南以"项目深化年"为总牵引，以高端化、集群化为发展方向，实施生物医药标志性产业链跃升工程，积极打造更加优良的产业生态，建设具有国际竞争力的生物医药产业集群，力争到2025年，全市生物医药产业与大健康产业规模突破3000亿元，规模以上医药制造企业达到200家以上。

（一）优化工作思路，切实提升产业谋划能力

提高工作站位，站在全产业链的高度，切实以谋划能力的提升带动工作成效的提升。一是聚焦企业。培优塑强链主企业，进一步优化产业链细分领

域，根据企业发展质效，动态调整链主企业名单。注重培育中小企业发展，用好用足联系服务企业机制，及时了解企业面临的新情况新问题，做好服务跟进。二是沿链谋划。聚焦五大细分产业链条，加强工作谋划研究，切实摸清全产业链发展态势，动态更新产业链图谱和重点项目清单，切实掌握产业发展中存在的短板和弱项，在"招大引强、招先引优、招新引特"上下功夫，推动更多"填空型"企业和"补充性"项目卡位入链。三是集群集聚。聚焦产业优势锻长板，提高产业基础能力补短板，进一步加强与高校院所、金融机构、中介组织等机构的合作，打造形成"整机+配套+服务"链条更加完整的产业集群，打造更加优化的链式集群化发展模式。

（二）密切协同联动，切实增强工作协同配合能力

提高生物医药产业链供应链韧性和安全发展水平，要切实树牢"一盘棋"思想，凝聚"一股绳"合力，充分发挥生物医药与大健康产业发展专班的作用，协同作战，共同推进建链强链补链延链。一是加强上下联动。积极参与国家、省级层面"卡脖子"技术攻关和产业基础再造等专项，推动更多企业进入国家级、省级产业布局。着重加强对有技术、有特色、有亮点的生物医药"专精特新"企业的培育，推动中小企业融入大企业产业链供应链，促进产业链上下游协同创新。二是要强化横向协作。持续强化部门联动，持续提升市直部门、区县、开发区（园区）的一体化联运推进机制，特别是在项目、资金、人才、技术、土地以及环保、安全等关键领域主动对接谋划，寻找延链补链切入点，推动产业链、创新链、人才链、教育链"四链"融合，促进产业融通发展。

（三）扭住关键环节，切实增强项目招引谋划力度

扭住重点项目这个关键环节，抓牢实体经济项目、高水平项目、投资体量大的项目、央企和省属企业项目、生物医药产业链延链补链强链项目。加强项目研判谋划，强化和延伸产业链条，最大力度释放政策集成效应，提前布局符合未来趋势的"新赛道"。一是要强力推进重点项目建设。按照"谋划一批、储备一批、开工一批、投产一批"的原则，聚焦产业链关键环节，强力推进重点项目建设，做好接续推进工作，确保项目快推进、早建成、早达效。二是要加大招引力度。在厘清产业链发展图谱的基础上,进一步梳理完善重点招引企业清单,密切关注目标招引企业战略调整动向,着力引进更多支撑性、引领性项目。

(四) 完善服务体系,着力打造优良产业生态

推进产业链提质增效,必须汇集各方力量,形成发展合力。一是要加强监测调度。充分发挥产业发展专班的作用,加强对重点园区、重点企业的运行监测调度,细化分解任务,建立调度台账,及时发现制约产业发展的难点、堵点,做好疏难通堵工作。二是要做好政策落实。围绕生物医药产业链和创新链各环节合理布局资金链,落实好加快生物医药与大健康产业高质量发展的若干措施,加快金融产品和服务模式创新,撬动更多社会资本投资生物医药产业。持续强化要素保障,深化"要素跟着项目走",对优质项目开辟"绿色通道",落实重大项目要素优先保障机制。三是要深化产业合作推广。持续推进融链固链活动,充分用好世界透明质酸产业大会、国际大健康产业博览会、中国国际医疗器械(山东)博览会等重大经贸活动平台,依托齐鲁制药、华熙生物、福瑞达生物等链主企业,分领域开展供需对接、银企对接、产研对接等,推动大中小企业融通发展。

生物医药与大健康产业关系国计民生,下一步济南将依托产业资源禀赋,把握未来发展趋势,按照"研发+先进制造业+服务业"的发展思路,瞄准生物医药、中医药、医疗器械、医美抗衰、特医食品五大链群,着力汇链提势,全力打造济南市生物医药产业标志性产业链群,加快构建生物医药与大健康产业体系,推动形成区域集群化规模化增长新优势。

五、头部企业案例

(一) 齐鲁制药集团

集团成立于1981年,是大型综合性现代制药企业,主要从事肿瘤、心脑血管、感染、精神系统、神经系统、眼科疾病的制剂及原料药的研制、生产与销售。公司始终坚持创新发展战略,目前建有制剂、化学合成、生物技术、抗生素发酵等11大生产基地和现代化生产车间(其中省内有7大生产基地、济南市有 5 大生产基地），抗生素类原料药、头孢类原料药、抗肿瘤类原料药等数个产品已具有国内乃至世界领先的生产能力和水平。公司研制成功了申捷、赛珍等近百个国家级新药，获得多项国家、省级科技进步奖。2023 年实现主营收入 389.6 亿元，出口 9.21 亿美元。

（二）华熙生物科技股份有限公司

公司成立于 2000 年，是全球知名的生物科技公司和生物材料公司，主营业务包括功能糖、蛋白质、多肽、氨基酸、核苷酸、天然活性化合物等生物活性物开发和产业化应用。公司是全球最大的透明质酸研发、生产及销售企业，透明质酸产业化水平居世界首位。同时，利用合成生物技术，在 gamma-氨基丁酸、5-氨基乙酰丙酸、依克多因、麦角硫因、人乳寡糖等生物活性物上逐步实现产业转化。

自成立以来，华熙生物始终坚持"科学→技术→产品→品牌"的企业发展逻辑，坚持对基础研究和应用基础研究的不断投入，目前已建成合成生物学研发平台、微生物发酵平台、应用机理研发平台、中试转化平台、交联技术平台、配方工艺研发平台在内的六大研发平台，在科技创新上夺得国家科技进步二等奖、中国专利金奖、山东省科技进步一等奖等多项重量级荣誉。2021 年，华熙生物承担科技部国家重点研发计划"绿色生物制造"重点专项和"科技助力经济 2020"重点专项；被国家药监局授予"化妆品原料质量控制重点实验室"，为国家首个化妆品原料质量研究实验室；被发改委认定为"国家企业技术中心"。

（三）博科控股集团有限公司

博科控股集团以生命健康产业为核心，致力于为全球客户提供产品及一站式实验室和医疗解决方案，产品覆盖医疗健康全产业链，涉及体外诊断、医疗器械、科学仪器、净化工程、公共卫生、医疗美容六大业务模块，拥有系列全自动生化分析仪及配套试剂、荧光定量 PCR 仪等多种产品，多项产品通过欧盟 CE 认证、EN 欧洲标准、美国国家科学基金会（NSF）、美国食品药品监督管理局（FDA）等国际认证，销往全球 190 余个国家和地区。

博科控股集团连续两年入围"中国创新能力 1000 强"，荣获中国民营科技发展贡献奖、国家知识产权优势企业、工信部专精特新小巨人企业、山东省"百强高企"、山东省技术创新示范企业、山东省高端装备制造业领军（培育）企业、山东省制造业单项冠军企业等荣誉称号，入选山东制造·硬科技 TOP50 品牌榜。

（四）山东宏济堂制药集团股份有限公司

公司成立于 1991 年，是中华老字号企业、中华民族医药百强品牌企业，获批国家级企业技术中心、山东省独角兽企业、瞪羚企业。公司的"人工麝香研制及其产业化"项目获得 2015 年度国家科技进步一等奖，宏济堂中医药文化列入《第五批国家级非物质文化遗产代表性项目名录》。公司现有 151 个文号，10 大剂型、10 个独家品规，35 个产品进入国家基药目录，产品涵盖中成药、中药饮片、原料药、功能食品等。

多年来，公司通过创新增强核心竞争力，拥有山东省中医药治疗呼吸系统疾病技术创新中心、中医药发展战略研究中心、山东省博士后创新实践基地等 10 余个科研创新平台，围绕中药新药、经典名方、配方颗粒、珍稀名贵药材替代等方向开展研究。公司建立了完善的质量控制体系，宏济堂阿胶、中药饮片、中成药追溯体系被国家商务部列为示范项目在全国推广；主起草了全国首个阿胶追溯体系地方标准《阿胶追溯体系设计与实施指南》，参与中国中药协会《阿胶质量规范》团体标准制定，引领中国阿胶行业健康发展。

Ⅲ 重点产业研究

第六章 济南推进数字经济高质量发展研究报告

　　随着大数据、云计算、物联网、区块链等前沿信息技术的快速发展，数字经济日益成为新一轮城市竞争的重点领域。党的二十大报告明确指出，"加快发展数字经济，促进数字经济和实体经济深度融合，打造具有国际竞争力的数字产业集群"。2023年全国两会政府工作报告中也明确提出，"要大力发展数字经济，加快传统产业和中小企业数字化转型"。近年来，济南市深入贯彻中央决策部署和省委、省政府工作要求，深入实施数字经济引领战略，力促数字经济高质量发展，已成为济南构筑数字化时代竞争新优势的必然选择。因此，本报告系统分析济南推进数字经济高质量发展的总体形势、面临的问题，以期找准济南未来数字经济发展的路径，为加快建设"强新优富美高"新时代社会主义现代化强省会提供强力支撑。

一、济南推进数字经济高质量发展的理论辨析

(一) 推进数字经济高质量发展的重要意义

当前,我国经济已由高速增长阶段转向高质量发展阶段,经济发展方式更加注重经济结构的优化、创新能力的提升和新经济模式的构建。具有高创新性特点的数字经济产业,不仅可以成为新的经济增长点,也可以作为改造提升传统产业的支点,为传统产业数字化转型赋能,成为构建现代化产业体系的重要引擎。

1. 推进数字经济高质量发展是提升城市核心竞争力、抢占发展先机的必然选择。数字经济日益成为重组全球要素资源、重塑全球经济结构、改变全球竞争格局的关键力量。当前,数字技术日新月异,不断引领社会产生新变革,极大提高了人类认识世界、改造世界的能力。加快数字化转型已成为国内各城市重新塑造核心竞争力的必然选择。各地纷纷把加快数字化转型、建设数字城市作为掌握未来竞争主动权、增强核心竞争力的头号工程。浙江省深入实施数字经济创新提质"一号工程";江苏省提出"数实融合第一省"的建设目标;上海提出数字化赋能营商环境优化,加快发展服务贸易、数字贸易;贵州省提出发展数字经济主体产业,促进三次产业数字化融合;重庆提出加快构建现代化产业体系,壮大数字经济。山东省围绕加快数字化发展,在全省加力提速工业经济高质量发展大会上提出,坚持以数字变革引领全面转型,为工业高质量发展插上"数字翅膀",提升数实融合水平。面对新发展阶段的新机遇新挑战,济南必须认清形势、抢抓机遇、乘势而上,牢牢把握城市数字化转型这项事关全局、事关长远的重大战略,进一步增强坚定性和紧迫感,坚持整体性转变、全方位赋能、革命性重塑,全力做好推进数字经济高质量发展这篇大文章,为强省会战略提供强力支撑。

2. 数字经济高质量发展是培育经济发展新动能的必由之路。当前,经济社会发展面临着土地、劳动力、环境等多种约束,产业综合成本上升,传统发展方式赋能支撑作用已显不足。只有推进数字经济高质量发展,充分发挥数字化对传统产业的"转换器"、对新兴产业的"倍增器"作用,才能不断

拓展经济发展新空间、培育经济发展新动能。据测算，数字经济的增长速度是普通经济的3.5倍，投资回报率更是非数字经济的6.7倍，已成为全球经济增长的新引擎与核心动能。数字经济在我国经济发展中的比重持续上升，从2012年的11万亿元增长至2021年的45.5万亿元，占GDP比重由21.6%提升到39.8%。实践表明，城市数字经济发展越快，其经济社会发展规模增长越快。如贵州省多年来持续推动数字经济发展，连续多年经济增速领跑全国。面对数字化改造提升旧动能、培育壮大新动能的发展关键期，济南必须牢牢把握数字技术变革机遇，大力实施数字经济引领战略，推进数字经济高质量发展，积极抢占新一轮发展制高点，加快推动经济发展质量变革、效率变革、动力变革，加快建设现代化产业体系。

3. 数字经济高质量发展是城市治理体系和治理能力现代化的必然要求。新冠肺炎疫情发生以来，数字化治理手段越来越多，在数字政府、智慧城市、公共事务管理等社会治理领域中得以广泛应用。加快数字化发展，不仅可以使政府部门管理更加科学化精准化，也可以在深化"放管服"改革、优化营商环境、激发市场活力和社会创造力等方面发挥更多作用。济南作为我国东部经济大省和人口大省的省会，区域面积超过1万平方公里，人口近千万，城市建设、发展、运行、治理等各方面情形交织、错综复杂，传统的治理模式已经越来越难以适应现代城市治理的需要，必须充分运用数字化方式探索城市治理新路子，加速推动公共服务均等化发展进程。

（二）济南推进数字经济高质量发展的必要性和必然性

1. 济南推进数字经济高质量发展具有必要性。中国正在经历从劳动密集型向技术和创新驱动型的经济转型。对于济南而言，数字经济不仅可以推动经济转型，还可以保持其在区域和全国的竞争力。国内外众多城市数字经济发展的实践证明，数字经济通过提高生产效率、优化资源分配和创新商业模式等方式，提高了经济效益。2021年11月，中国人民银行等国家八部委联合印发《山东省济南市建设科创金融改革试验区总体方案》，济南正式获批全国首个科创金融改革试验区，该方案的批示对济南市未来一段时间提高社会经济运转效率、提升科技金融的服务质效带来了挑战，济南急需通过创新数字经济发展方式实现科创产业与金融活水的"双向赋能"。推动数字经济高质量发展的结果也可以对发展过程提供正向反馈，可以为促进技术创新、管理创新和业务模式创新构筑坚实的动力引擎，为济南的持续发展提供新的增长动力。济南作为山东省"双核"之一，根据山东省的长期布局和规划，2030年，济南将发展为城区人口500万—1000万的特大城市。数字技术如大数据、云计算、人工智能等能够提供更加便捷、个性化的服务，满足人民对高品质生活的期望。此外，数字化技术的应用可以提高城市管理的智能化和精确性，帮助济南更好地监测和管理交通和生态环境问题，实现绿色、可持续发展。另外，近些年济南致力于双招双引、筑巢引凤，而数字经济及相关产业常常与新兴技术和科技创新紧密相关，济南的数字经济发展将有助于吸引和留住高技能和高知识型的人才。

2. 济南推进数字经济高质量发展具有必然性。三大国家战略在济南交汇叠加，为济南带来前所未有的历史发展机遇，也为数字经济籽种的萌发提供了最合适的温床。济南市奋力在山东绿色低碳高质量发展先行区建设中当引领作示范，近些年谋划推动41项重大政策和258个重大项目。济南新旧动能转换起步区加速起势，发展规划获批实施，"1+4+16+N"规划体系逐步完善，创新推出产业正面清单、产业机会清单、重点产业示图、产业准入机制等"四张清单"。紧锣密鼓的政策发布和产业布局规划为济南推进数字经济高质量发展提供了强有力的后盾。济南市扎实推进知识产权强市示范城市建设，2022年研发综合投入占比创历史新高，技术合同成交额同比稳步增长，新增国家级专精特新"小巨人"企业50家。在当今各大城市工业互联网建设如火如荼发展的背景下，济南也不甘示弱，四大主导产业规模持续壮大，集成电路、新能源汽车等战略性新兴产业蓬勃发展。济南已经具备了许多有利于数字经济高质量发展的优势，包括战略、政策以及产业底蕴等方面。这些因素为城市的数字经济发展提供了坚实的基础，因此数字经济的高质量发展，已成为济南势在必行的目标。

（三）济南推进数字经济高质量发展的理想条件

数字经济的概念特征及其与城市高质量发展的关系的理论逻辑表明，科学先进的认知理念、广泛的观念认同、完备的制度体系、有力的法律保障、多元主体参与以及协同联动是济南推进数字经济高质量发展的理想条件。

一是科学先进的认知理念。推进数字经济发展需要有科学先进的认知理念，即对数字经济的本质、特点、趋势等有深入了解和正确认识。这包括了解新技术、新模式、新业态等数字经济相关的知识，以及对数字经济发展的战略意义和长远影响有所认知。目前，济南对数字经济的科学认知在政府和学界正进行广泛讨论，需要趁势加快形成济南数字经济发展纲领性文件。

二是广泛的观念认同。数字经济的发展需要社会各界（包括政府、企业、学术界、社会组织等各方面）的广泛认同和支持，形成全社会共同推动数字经济发展的良好氛围。数字泉城的建设和宣传已为济南坚定不移走好数字经济发展之路积累了广泛的信任，接下来需要持续扩大认同和支持，并汇集社会各界的支持形成更加强大的合力。

三是完备的制度体系。建立完备的制度体系（包括政策法规、规章制度、培训体系等方面）是推进数字经济高质量发展的重要保障，以确保数字经济活动的合法性、规范性和可持续性。目前，济南数字经济发展正呈现百花齐放的态势，未来需要建立完备的制度体系规范其发展。

四是有力的法律保障。数字经济发展需要有力的法律保障，以保护相关主体的合法权益，维护市场秩序，促进良性竞争。数字经济发展涉及社会各个领域，涉及知识产权保护、数据隐私保护、电子商务法律框架等方面的法律保障，济南在这些方面暂未形成全面的法律法规。

五是多元主体参与。数字经济涉及多个领域、多个环节，需要各方面力量的协同联动。推进数字经济高质量发展需要各个主体的积极参与，包括政府、企业、创新者、投资者、消费者等。多元主体参与可以促进资源优化配置，提升创新能力，提高市场运行效率。济南正面临多元主体协同联动的机制保障缺位，这将是未来济南推动数字经济高质量发展亟须解决的问题。

二、济南推进数字经济高质量发展现状

(一) 数字产业化发展成效显著

济南是全国第二个、山东唯一的综合型中国软件名城,也是全国唯一一个国家人工智能创新应用先导区、新一代人工智能创新发展试验区和国家工业互联网示范区"三区叠加"的城市。近年来,济南形成了大数据与新一代信息技术、智能制造与高端装备两大优势产业集群。2020年,济南大数据与新一代信息技术产业营业收入达到4301.6亿元,其中,软件业务收入3160.7亿元,规模总量占全省比重达54%。2021年,济南数字经济总规模达5000亿元,占GDP的比重已达45%,其中数字经济核心产业增加值占GDP比重达16%,是全国平均水平的两倍多。2022年,济南大数据与新一代信息技术产业实现营业收入5853.2亿元,同比增长15%,其中软件业务收入4382亿元,同比增长15.6%,增速高于全国平均水平4.4个百分点,大数据产业试点示范项目、首版次高端软件产品等数量均居全省第一位;新增省级示范型、成长型数字经济园区3个,116个项目入选省数字经济重点项目,数量均居全省首位。

(二) 产业数字化快速发展

济南产业数字化发展步伐不断提速,以建设工业互联网示范区为抓手,加速新一代信息技术与制造业深度融合,数字化赋能水平持续提升,企业数字化、网络化、智能化转型升级步伐进一步加快。一是大数据应用形成行业示范。目前,已成立了国家超级计算济南中心、省级云计算中心,建设了云计算服务平台;先后建设了省级政务云平台、电子政务共享交换平台、工业云创新服务平台等行业大数据应用平台,在大数据采集、存储、加工、应用和分析处理能力方面日益成熟。在数据资源整合、数据技术开发等数据产业环节涌现出一批机构和企业,形成了有山东特色的大数据产业联盟,同时也带动了智能电网、新能源、智能交通、智能城市、高端装备制造等新兴产业发展。二是形成了"1个国家级战略性新兴产业集群+1个国家级软件园+2个国家级新型工业化产业示范基地(大数据和软件服务业)+2个省级大数据集

聚区+5个省级软件园+10个市级软件园"为支撑的软件产业载体发展布局。三是在算网一体化建设方面，济南聚焦打造黄河流域信息枢纽中心城市，新型数字基础设施建设不断加快。济南建成开通了国家级互联网骨干直联点，建设5G基站设施40000多处；宽带下载速率位列全省第一位、全国第四位，"山河"超级计算平台综合算力处于国际前列。

（三）城市数字化走在前列

济南坚持数字经济、数字社会、数字政府协同发展，智慧城市与产业发展一体推进，城市数字化转型步伐进一步加快。2021年，济南入选全国首批"千兆城市"，先后获批建设星火链网超级节点和济南国家级互联网骨干直联点，成功入选智慧城市基础设施与智能网联汽车协同发展示范城市。创新建立"一主体两平台"智慧泉城运行管理中心，构建"云管端"智慧城市有机生命体，加快提升城市算力，城市生活"一屏感知"、政务服务"一网通办"、城市运行"一网统管"和产业发展"一网通览"四大智慧应用赋能体系持续提升。新型智慧城市建设蝉联全国"智慧城市十大样板工程"，连续四年获评"中国领军智慧城市"。

三、先进国家和城市数字经济发展的对比

（一）国家层面数字经济发展的对比

2016年，德国发布《德国数字战略2015》，提出10项举措：建设千兆光纤网络；协助初创公司，鼓励企业合作；创建投资和创新监管框架；应用智能网络；加强数字安全；更新商业模式；实现工业4.0现代化；增强数字技术研发；推广数字教育；创建数字代理商。美国在2012年提出了"美国工业互联网"，以推进传统行业对ICT技术的应用，将工业与信息技术融合，加速工业体系的变革，提升产业能力。我国在2015年第十二届全国人民代表大会中首次将"互联网+"行动计划提上日程，并在两年内发布了《促进大数据发展行动纲要》与《新一代人工智能发展规划》，将大数据与人工智能发展正式上升至国家战略。随后"数字经济""数字中国"被陆续写入政府工作报告，互联网、大数据和人工智能等数字技术深度植入交通、政务、医疗与制

造业等领域,并继续向零售、旅游、教育等领域扩张。另外,日本一直致力于采用夯实 ICT 基建的方式推动经济发展的道路,从 21 世纪初的"E-Japan"到如今的"Society5.0",日本政府始终将 ICT 的基建、维护和高新科技的研发置于核心位置,促进了日本在数字经济、机器交互(M2M)和物联网等领域的蓬勃发展。除此之外,英国、法国、韩国等国家也十分重视数字经济发展,在数字经济发展中具有较强竞争力。

众多国家将数字化发展战略上升到国家战略的高度,出台了一系列稳步升级、有序衔接、整体布局的数字经济政策和规划。但是近些年国力的比拼和角逐关键在制造业,制造业数字产业化和产业数字化的发展终究是各国政府数字战略转移或回归的重心。德国和美国两个国家的政策非常紧密地与各自国家的经济和社会动态相结合,并以各国的工业现状和未来诉求为目标。德国制造业以高质量、高技术和高附加值产品出名,这使得德国在全球市场上具有竞争力。保持制造业的领先地位是德国乃至整个欧洲的重要战略,因为制造业的发展直接关系到经济增长、就业和创新能力的提升。美国是二战后的世界制造业强国,但在近年来面临了一些挑战,如制造成本的上升、虚拟经济的发展和经济全球化的影响等。2008 年的经济危机,使美国意识到制造业对于保持综合国力的重要性,因此开始着手重振制造业。政府采取了一系列举措,包括减税、提供创新和研发支持、培育技术人才等,以促进制造业的发展和竞争力的提升。未来,对于我国的数字经济产业而言,抓好制造业的发展将十分重要。制造业是国家经济的重要支柱,也是实现产业转型升级的关键领域。通过数字信息与制造业的结合,促进智能制造、工业物联网、数据驱动的生产和供应链管理等创新应用发展。因此,我国的数字经济产业可以借鉴德国和美国的经验,将制造业作为重要的发展方向,并结合数字化技术进行创新和转型,以提高制造业的竞争力,实现经济的稳步增长。

(二) 省市层面数字经济发展的对比

济南市在 2021 年所有城市数字经济规模的排名中位列第十八,其中,上海、北京、深圳、广州、苏州、重庆、成都、杭州位列前八,其经济规模总量均超过了 8000 亿元,其次是南京、武汉、天津、无锡、宁波、青岛、郑州、长沙、佛山，其经济规模总量在 5000 亿元到 8000 亿元之间，济南市数字经济规模总量当年未突破 5000 亿元大关，且不到数字经济规模排名第一的上海的四分之一。下面将从数据及信息化基础设施、城市治理与服务、产业融合三个方面进行对比。

1. 数据及信息化基础设施

新型基础设施建设即"新基建"，主要包括 5G 基站建设、特高压、城际高速铁路和城市轨道交通、新能源汽车充电桩、大数据中心、人工智能、工业互联网七大领域，涉及诸多产业链。

根据全国 240 多个城市新型基础设施建设的相关数据统计，超过 80%的城市发布了 2020 年的重点项目计划名单，涉及总投资额 85 万亿元，其中城际交通轨道、高铁、5G 基站等的新基建为项目投资的重点，预估投资规模超35%。以数字经济排名前 20 的城市为例，在建和拟建的新基建项目超过 3500项，占总重点项目数量的 30%以上。其中，位于数字经济发展前列的五个城市，其重点项目总投资额均超 25000 亿元，新基建项目平均超过 220 项，新基建投资占总投资的 38%以上。而济南的重点项目总投资额为 16224 亿元，在数字经济排名前 20 的城市中处于中游水平，新基建项目数量及投资占比均处于中下游水平。总体而言，济南在数字经济的新基建方面无论是投资规模还是建设数量与上游城市相比都有不小差距。

表 6-1　全国数字经济发展前列城市的重点项目投资额和新基建项目数量统计结果

城市	总投资额（亿元）	项目数量（个）	新基建项目数量（个）	占比
上海	20000	212	83	39.20%
深圳	25849	563	216	38.40%
北京	13000	300	120	40.00%
成都	33303	1000	356	35.60%
杭州	16456	374	136	36.40%
广州	28355	675	249	36.90%
无锡	1166	185	63	34.10%
南京	14007	368	124	33.70%
重庆	38500	1185	450	38.00%

(续表)

城市	总投资额（亿元）	项目数量（个）	新基建项目数量（个）	占比
苏州	13100	360	113	31.40%
天津	10025	346	102	29.50%
宁波	8976	385	111	28.80%
郑州	7965	346	99	28.60%
合肥	24037	2083	529	25.40%
济南	16224	370	108	29.20%
武汉	18375	301	97	32.20%
青岛	7473	357	102	28.60%
新州	20000	1294	331	25.60%
东莞	5512	394	113	28.70%
烟台	6227	197	47	23.90%

数据来源：中国城市数字经济指数蓝皮书2021。

根据赛迪顾问股份有限公司所做的一份2022中国数字城市竞争力研究报告的结果，以基础网络、平台基础、平台建设等维度衡量数字化投入水平，以数据资源体系、数据开放和数据应用等维度衡量数字化建设成效，全国50个典型城市人均数字化投入水平与数字化建设成效呈正相关的关系。从人均数字化投入水平与数字化建设成效分布看：

（1）大多数城市随着人均数字化投入的增加，数字化建设成效也相应提升，说明新一代信息技术已经成为城市累积新要素、提升发展速度、转变发展方式的新动能。

（2）人均数字化投入越多，数字化建设成效越显著的城市，如北京、重庆、上海、深圳、广州等，这些城市的典型特点是新型信息基础设施建设规模持续加大，且数字技术快速迭代、数据应用水平较高，表现出显著的技术叠加效应。

（3）在所有的50个城市中，济南的人均数字化投入水平较高，而数字化建设成效较低，未达到所有城市人均数字化投入水平和数字化建设成效回归线的平均水平，数字化投入和效益产出的效率较低。另外，济南作为效能驱动阶段的前列城市，与北上广深几个创新发展阶段城市具有一定的差距，但其数字化建设成效仅次于重庆、成都和杭州。继续提升新型数字化基础设施建设投入与效益产出的效率将是未来重点发展的方向。

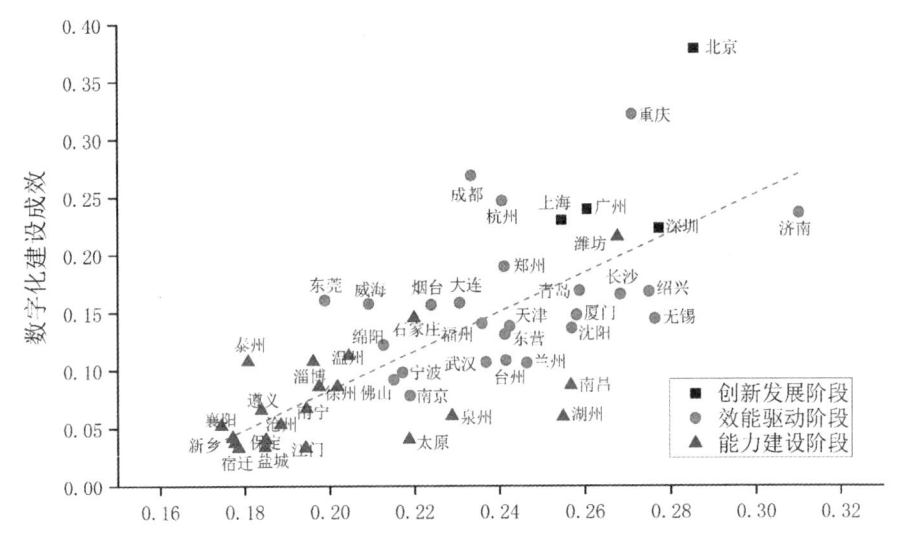

图 6-1 2022 中国城市信息基础数字化建设人均投入与建设成效分布

（全国 50 个典型城市）

注 1：人均数字化投入水平指评估城市在基础网络、平台建设等方面的综合得分。

注 2：数字化建设成效指评估城市在数据资源、数据开放、数据应用等方面的综合得分。

数据来源：赛迪顾问，2022.10。

数字经济发展，项目是重要抓手，数据及信息化基础设施的建设是关键基础，既能助推产业项目发展，又能发力基建助推数字城市服务、数字城市治理、产业融合上的项目突破。2023 年，济南市市级重点建设项目达到 305 个，基础设施类项目 67 个。另外，2023 年上半年，济南市多措并举，大力促进大数据与新一代信息技术产业发展。2023 年 1—6 月，济南市大数据与新一代信息技术产业规模达到 3145.04 亿元，同比增长 17.8%。2022 年 1—6 月，济南市大数据与新一代信息技术产业规模同比增长 14.8%，可见济南市大数据与新一代信息技术产业规模呈加速发展态势。目前，济南成功入选全国"建设信息基础设施、推进产业数字化、加快工业互联网创新发展、促进网络与数据安全能力建设等工作成效明显的地方"名单，这与深入实施软件名城提档升级、工赋泉城等专项行动，以及华为区域总部、人工智能计算中心等重点项目的加速推进是分不开的。济南与数字经济发展水平前列城市的差距正逐步缩小。

2. 城市治理与服务

目前，城市数字治理已经成为全国各地布局的重点领域，为抢抓数字化发展机遇，众多地区都基于各自的数字基础和社会需求，突出重点，构建各具特色的社会治理和服务数字化格局。下面将其划分为治理和服务两个部分进行阐述。其中，城市数字治理能力包括一件事集成服务水平、一网统管服务水平、一网通办服务水平、政务服务好差评、交通数字出行、城市管理数字化以及公共安全数字化等，反映了城市数字治理的各个方面和层面；城市数字服务包括数字医疗和数字生活服务等。

（1）城市数字治理能力

根据2022年赛迪顾问发布的中国城市数字服务和治理榜单，济南排名第十六，位于其前列的城市有上海、北京、深圳、杭州、广州、南京、宁波、天津、武汉、青岛、合肥、沈阳、重庆、哈尔滨、贵阳。根据各地市于2022年上半年公布的"一网通办率"统计分布情况，截至2022年上半年，城市治理50强的"一网通办率"分布中，"一网通办率"超过85%的有44个城市，占比88%。根据各城市发布的"一网统管"纵向覆盖跨层级统计情况，济南属于建设完成三级（市—区县—乡镇街道）"一网统管"覆盖体系的城市。北上广深等城市已建设完成四级［市—区县—乡镇街道—单元（社区、村等）］"一网统管"覆盖体系。目前，济南正在推进该体系建设，并未完成。另外，针对"一件事"开展情况，中国数字治理城市50强城市开展的"一件事"服务情况，综合评估政务集成服务能力强、服务清单事项多、服务效率提升快的典型城市，其中四大直辖市在"一件事一次办"改革中表现均处于前列，其次是浙江省、江苏省、广东省的各大地市，再次是山东省的济南和青岛，这直接体现了济南在重塑办理流程、强化数据共享，推动实现更高水平的减时间、减环节、减跑动、优服务等方面还存在一定的不足。

（2）城市数字服务能力

从城市数字服务看，百强数字城市的竞争力水平整体呈梯队分布。其中，第一梯队由深圳、北京、上海、杭州领航，依托其雄厚的经济社会发展基础，城市服务数字化水平全国领先；第二梯队以广州、南京、济南等省会城市及大连、珠海、苏州、厦门、宁波等相对发达城市为代表，数字技术在城市服务各领域全面应用，并取得不错的成效；第三梯队为其他具备一定城市数字化服务基础的城市，仍有不小的提升和优化空间。

从数字医疗健康水平看，2022年城市数字医疗健康水平两极分化现象明显。医疗健康数字化水平较高或者欠佳的城市较多，而处于中等水平的城市却相对较少。从城市排名来看，2022城市数字医疗健康排名靠前的是北京、上海、广州、成都、深圳、杭州、武汉等，这些城市的医疗数字基础设施、政府端数字化应用与监管、数字技术产业化水平、医疗健康资源禀赋等均具有明显优势，医疗健康数字化的条件更加成熟，取得的成效比较显著。济南排名第20位，属于医疗健康数字化水平发展中等的城市，说明其数字医疗健康领域的标杆已经树立，却仍处于补齐短板、夯实基础阶段，现在还暂时无法达到北上广深的高度，后续推进医疗健康数字化的工作大有可为空间。

从数字生活水平看，2022年城市数字生活水平大多处于中等水平，且与城市的人均GDP水平密切相关。人均GDP水平高的城市，经济基础更加坚实，从而有实力提升全民数字素养，也相对有能力去更多满足人民对于高品质数字生活的需求与向往，整体数字水平较高。从数字民生城市百强区域分布看，2022年数字生活百强城市除四大直辖市外，主要分布在江苏、山东、广东、浙江、福建等东部发达地区以及河南、湖北、湖南、江西、四川、安徽、内蒙古、陕西等中西部较发达地区。从省域数字生活上榜城市数量上看，山东和江苏位列榜首，但济南与数字化前列城市的差距依然较大。虽然山东整体的数字生活实力十分强大，但济南作为省会城市，其数字生活竞争力处于劣势。

3. 产业融合

（1）各地区数字产业化对比

数字产业化领先的城市在优势赛道不断筑牢产业基础，打造自身数字经济竞争力名片。北京借助自身的人才高地优势，大力发展软件产业，近些年实现软件业收入近 2 万亿元，位居全国第一；广州作为千年商都，拥有发展游戏产业的土壤，游戏公司数千家，游戏专业人才众多，游戏产业年营收超千亿元，占全国游戏产业总营收的四成以上；成都高度重视制造业发展，推进制造强市建设，推广新型工业化，目前电子信息产业规模过万亿元；重庆专注于智能终端，近些年微型计算机设备产量超一亿台，约占全国产量的四分之一；2021 年长沙获批国家智慧城市基础设施与智能网联汽车协同发展试点城市，成为在智能网联领域聚齐四块国家级牌照的城市，并准备借此发力前进；贵阳以大数据产业为基础，深度推进实体经济与大数据产业融合发展；南昌立足虚拟现实产业，向元宇宙、人工智能等领域拓展；无锡聚焦物联网产业核心链条，引培细分领域头部企业，持续壮大物联网产业规模。纵观这些城市的数字产业化和产业数字化发展，走的均是这样一条路：基于资源禀赋，抢占数字经济核心产业，率先树立产业名片，围绕名片产业打造市场和生态，提升数字经济发展站位与高度，从而获得政策支持，实现跨越发展。

近年来，济南聚焦空天信息、量子通信、集成电路、新能源汽车等新兴产业，全力培育以新动能为硬核支撑的新增长极。一是空天信息产业发展。2019 年起，济南从零起步，开始发展空天信息技术，如今已成为国内首个完成商业航天"通信、导航、遥感"三个重要领域全面布局的城市。二是量子通信的布局。以成立济南量子技术研究院为起点，2011 年以来济南初步形成了从核心元器件研制、整机制造、系统集成到运维服务的量子信息产业链条，在量子通信技术创新、产业生态等方面逐步发展壮大。三是新能源汽车领域。济南发文支持新能源汽车产业发展，积极培植比亚迪新能源乘用车项目和吉利智慧新能源整车项目，扩大新能源汽车产业规模，鼓励自主品牌培育壮大，支持整车企业新能源化与智能化转型升级。现存的主要矛盾是现有科技创新力量处于起步阶段，还没有真正发挥出其经济价值增长的全部力量，因此需要建立产学融合和相互促进机制，促进数字科技向经济转化。

（2）各地区产业数字化对比

综合分析区域产业数字化发展状况，需要建立较为完备的指标分析体系，下面拟从基础发展环境、关键发展要素和产业升级成效现状三个方面进行分析，并选取产业数字化发展最强区域广东省市和山东省市进行详细对比。

基础发展环境关注的是数字产业化发展的前提条件，主要包括数字化政策支持、经济环境、产业发展现状三个方面。数字化政策支持是基础发展环境的关键要素之一，能够吸引投资、促进创新和创业，为数字产业提供稳定和可持续的推动力。经济环境是数字化发展的基础；稳定的经济增长和资金流动有助于吸引投资者和创业者，为其提供资金支持。市场规模和需求的扩大刺激了数字化产业的发展和应用，同时，数字化产业也可以为经济结构升级和创造新增长点做出贡献。产业发展现状涵盖了数字产业的结构、规模、技术水平以及产业创新能力等方面的情况。数字化产业结构的合理性、发展规模的增长以及技术创新的水平和成果，反映了基础发展环境对数字产业的支持程度。

关键发展要素主要包括数字化新基建、人才储备与培养体系、科研活力、资金支持、示范园区建设五个方面。强大的数字化新基建能够提供高速、稳定、安全的网络和通信基础设施，为数字化产业的创新、应用和发展提供支撑。充足、高素质的人才是推动数字化产业创新和发展的关键力量。科研机构、创新企业和科研人员的活跃程度和创新能力的提高有助于推动数字产业的技术创新和应用。资金支持为数字产业提供投资、融资和财务支持。充足的资金支持能够促进数字产业的创新创业、设备投资和市场推广。示范园区为数字产业提供创新实验场所和经济发展区域，其建设能够吸引和集聚数字产业相关的企业、科研机构和人才，形成创新生态系统和集聚效应。

产业升级成效包含工业发展活力、升级转型效应、数字化转型程度三个方面。工业发展活力是产业升级的基础，它表明工业部门具有强大的创新能力、竞争力和市场适应性，能够不断推动产业向前发展。升级转型效应的提升体现了产业升级改造对经济结构优化、资源高效利用和社会发展带来的正向效应。数字化转型通过引入先进的数字技术、数字化管理和数字化服务，企业能够更好地适应市场需求和消费者行为的变化，实现更高效、更智能的生产和运营。这种综合性的分析方法可以全面了解各省数字产业化的发展情况。

　　基于易观分析的报告数据，综合各个省份的数字经济规模、增速及其产业规模，广东省、山东省、江苏省的区域产业数字化成熟度较高，基础发展环境、关键发展要素以及产业升级成效都处于领先地位。从产业布局的现状看，广东省的产业数字化发展主要依托珠江三角洲城市群，山东省的产业数字化发展主要依托山东半岛城市群，江苏省的产业数字化发展主要依托长江三角洲城市群。省级尺度的产业数字化对比间接反映了以省会或中心城市为代表的区域发展现状和趋势。基于报告中产业数字化基础发展环境、关键发展要素、产业升级成效三大评价结果及其下属的二级评价指标结果，下文有针对性地分析山东省及济南市的产业数字化发展现状，并与其他省市的产业数字化发展进行对比，探寻本省市产业数字化发展的优劣势，为本省市未来的产业数字化发展提供依据。

　　选取全国发展前十的省市，首先分析产业数字化基础发展环境、关键发展要素和产业升级成效现状。结果显示，山东省在以上三个方面均位列前三，综合发展程度和发展水平较高，但各方面均明显落后于广东省和江苏省。

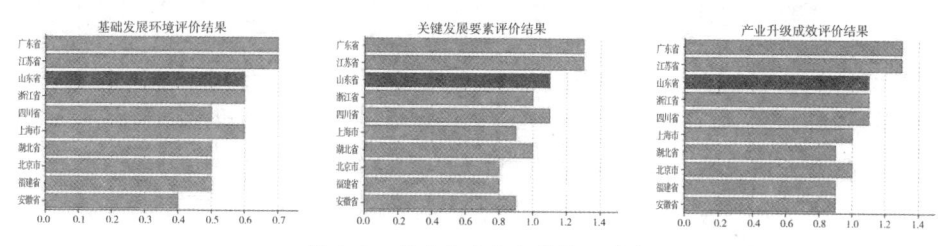

图6-2　产业数字化发展状况对比

　　对基础发展环境的二级指标进行分析的结果显示，山东省通过制定相关政策条例，大力支持产业数字化转型，巩固发展经济基础，数字化政策较为突出。重视产业数字化转型，并明确四大转型重点以及核心工作实现，包括强企业、强行业、强区域以及强链条；推进新型数据中心建设，打造5G全连接工厂；加大平台赋能增效力度，推动双跨平台建设；注重龙头企业带动效应，推进中小企业上云，积极推动示范园区建设，深化产业链上下游协作。山东省市产业基础雄厚，已经形成了门类齐全的制造业体系。广东省经济实力雄厚，产业基础扎实，是全国首屈一指的工业强省。广东省通过"一企一策"推动行业龙头骨干企业开展集成应用创新，进一步加强数字化顶层设计；通过"一行一策"推动中小型制造企业加快数字化普及应用，加快"上云上平台"；通过"一园一策"推动产业园和产业集聚区加快数字化转型；通过"一链一策"推动重点行业产业链、供应链加快数字化升级。与此同时，广东省通过加强用地保障、人才供给、金融支持、"放管服"改革等方式，提高区域创新综合能力，形成了强大的产业整体竞争优势，其产业链上中下游衔接协同紧密，例如电子信息行业的高速发展，为新能源汽车以及其他高端产业提供技术支撑。与广东省相比，山东省尤其是省会济南，在经济环境方面与一线城市及新一线城市之间仍有较大的差距，产业发展状况也处于创新升级和转型攻坚的阶段，正向快速发展的阶段不断挺进。

对发展关键要素的二级指标进行分析的结果显示，山东省市以示范园区的形式积极促进新兴产业与传统产业融合发展，战略性产业集群发展迅速，在全国处于领先水平。山东省通信网络建设基础完善，5G基站开通数量居全国前列，并继续加强提升信息互联互通，全区域高速链接，为建设"千兆城市"创造了良好的开端。广东省积极开展数字化新基建，打造战略性产业集群，推进5G车联网先导区建设。广东省基本实现了5G室外全覆盖，庞大的5G基站数量为广东省实现全产业链链接提供了强大的基础技术支持；研发活力强，专利发明数量领先，持续鼓励企业加大研究经费投入。对比广东省和江苏省，山东省经济环境方面处于劣势，资金支持能力稍弱，数字化新基建投入相对较少。另外，山东省整体的专利发明较弱，研究机构数量较少，科研投入不充足，未来应依靠较为完备的人才储备与培养体系，充分发挥科研活力，促进成果转化，实现产业数字化关键发展要素的提升。

对产业升级成效的二级指标进行分析的结果显示，山东省市数字化应用场景丰富，且两化融合管理体系覆盖面广，工业增加值处于第一梯队，高新技术企业较多；试点示范企业与项目较多，升级转型效应和数字化转型程度较为深入。广东省的升级成效明显，结合本地产业优势不断深化工业互联网平台应用。广东省工业增加值、增长率、高新技术企业均处于第一梯队，领航企业、试点示范企业与项目较多,数字化渗透率较强,数字化经验沉淀较强。山东省的工业互联网平台案例可复用率高,工业互联网平台建设虽然步伐较快、政策支持完善,但平台应用的深度与广度仍有进步的空间。山东省企业工业设备上云率较低,数字化意愿、数字化渗透率较为薄弱,企业尚未做好应用平台的准备,上云积极性略低。

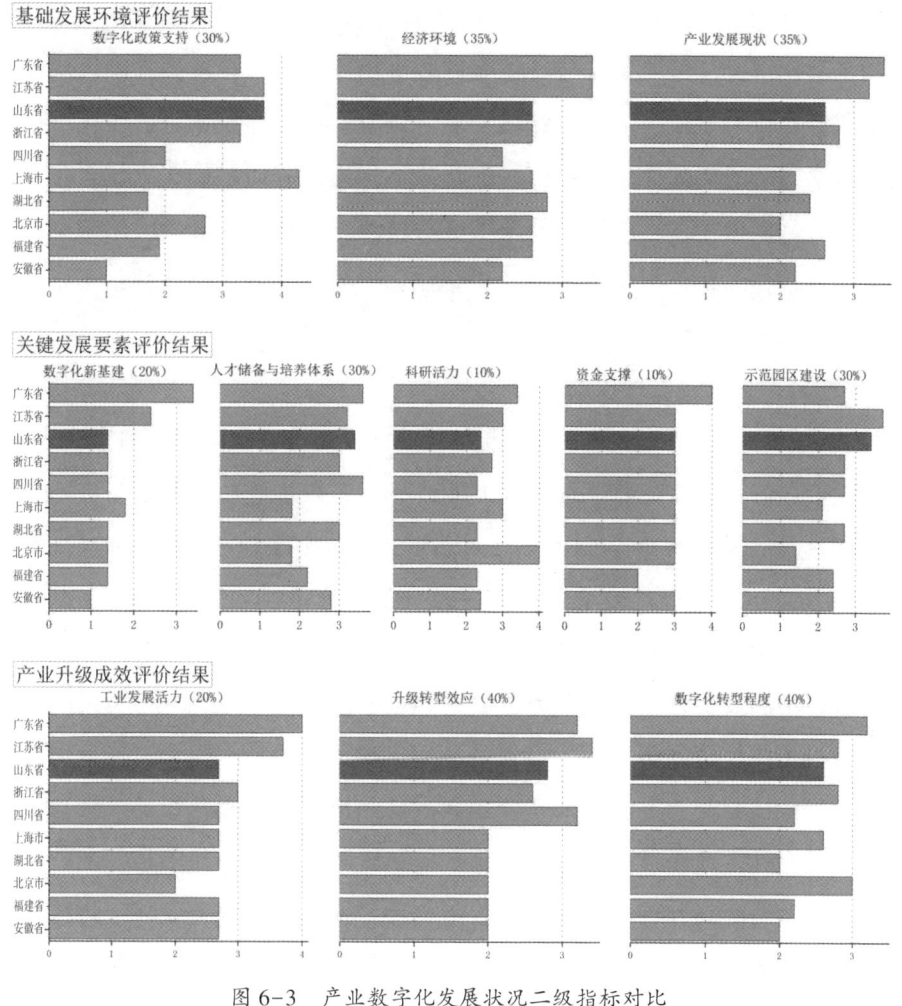

图6-3 产业数字化发展状况二级指标对比

四、济南数字经济发展存在的问题

尽管济南数字城市建设取得了显著成效,但还面临一些不足。

（一）基础领域创新能力和动力还存在不足

数字经济是伴随着新一代信息技术快速发展而出现的新型经济形态，是推动经济发展的新动能。数字经济以数据资源为关键要素，推进数字经济高质量发展离不开对新技术的应用和创新。当前济南市数字经济已得到较大程度的发展，但是仍然存在基础和关键领域创新不足的问题。数字经济发展需要完善的基础设施配套，例如5G基站和工业互联网等。结合前述济南与其他省市的对比情况，可以发现与其他先进城市相比，济南在新型基础设施建设方面仍存在较大差距，需要继续增加项目数量，提高建设质量，强化基础设施对数字经济的支撑作用。济南在创新数字化场景方面已做了大量工作，但是在部分领域仍存在应用场景开发不够的情况。此外，济南当前的数字经济优势企业较少，缺乏引领创新的龙头企业，市场内的创新主体数量不足，创新生态体系不够完善。

（二）产业融合发展程度不高

数字经济的发展要求数字技术与各行业深度融合，这既包括数字产业化，也包括产业数字化。在数字产业化方面，济南的数字产业化速度需进一步提升。2021年，数字经济占GDP的比重达到45%，数字经济核心产业增加值占GDP的比重达到16%；2022年，数字经济占GDP的比重达到47%，数字经济核心产业增加值占GDP的比重达到17.63%；济南需要继续加快数字产业化进程，增加数字化产品及服务，增强数字经济核心产业竞争力，以提高数字经济对实体经济的带动能力，促进济南实现经济高质量发展。当前，济南的数字经济核心产业生态尚未完全建立，缺乏相应的领军企业发挥带动辐射作用，具有标志性和影响力的数字化平台和软硬件品牌产品不足。在产业数字化方面，济南部分行业仍然面临数字化转型困难，部分企业数字化转型意愿较低，影响了整体产业的数字化进程。企业数字化转型知识普及和诊断服务推广度不足，部分企业对数字化转型缺乏应有的认知，影响其积极性。企业进行数字化转型后的配套服务不完善，企业转型过渡不顺利，转型后企业营收状况产生波动，无法起到良好的示范作用。传统制造业企业转型升级不平衡，中小企业的数字化转型仍需要指导和扶持，部分企业受到资源限制、自身技术实力和经济实力的限制，难以实施有效的数字化改造。

（三）数据资源共享程度低

数字经济最终要达到普惠共享的状态，使全体人民可以共享数字经济发展红利，这就要求数据资源实现共享。数据共享有助于提升数据使用效率，充分发挥数据要素的作用，促进资源整合。由于条块分割管理体制限制，济南市部门间存在数据共享程度较低的状况，各级政府部门间的信息网络自成体系，大量数据处于闲置和休眠状态。数据本身的共享很重要，数据经过处理后具备更高的价值，对处理后的、包含信息的数据进行共享将带来更有效的数据利用。济南偏低的数据资源共享程度也将影响到部门之间、政府与企业之间的业务协同程度，最终影响到数字经济与实体经济的融合程度。除了部门之间的数据共享，济南市相关部门数据的公开程度和群众利用率也存在不足，这将影响到相关信息的知晓度和传播度。

（四）数字经济发展的硬实力和软环境有待优化

数字经济高质量发展离不开配套政策和环境的支撑，济南市在这方面仍存在较多不足。从政策体系方面看，济南已出台部分数字经济和数字济南建设的相关政策文件，但是多数政策的涵盖内容较多，部分内容存在交叉和重复，针对性和指向性较弱。财政资金的引导对数字经济发展具有重要作用，济南应根据当前发展情况，针对数字经济发展所呈现出的短板和弱项，有针对性地进行资金支持，避免资金重复流动至某些行业或企业，影响企业发展。一方面，数字经济核心产业涉及新一代信息技术的掌握和应用，济南需要引进和培育具备该类知识的人才，以推动数字产业化。另一方面，济南市传统产业的数字化转型需要相应的人才支持，该类人才既需要具备新一代信息技术的相关知识，也需要具备该类产业或行业的工作经验，以推动产业数字化顺利展开。从社会数字素养看，济南人民数字素养有待提高，在普及数字化的同时，要及时跟进相关培训，保证人民能够高质量地享受到数字化便利，而不是让群众面对数字鸿沟难题。数字经济发展面临着新的法律风险，需要相应的法律法规对市场行为进行规范，但济南尚未构建起针对数字经济的完整法律法规体系，这将是下一步的努力方向。

五、济南推进数字经济高质量发展的对策建议

(一) 大力发展数字经济

1. 加快推动数字产业化发展。壮大新一代信息技术装备、高端软件等优势数字产业，推动中国算谷与中国智慧名城、中国软件名城一体化发展。以市场为导向，发挥企业创新主体作用，整合产学研用资源优势联合攻关，围绕大数据采集、传输、存储、管理、处理、分析、应用、可视化和安全等环节，推动产品和解决方案研发及产业化。加快大数据服务模式创新，培育数据即服务新模式和新业态，提升大数据服务能力。加强5G、大数据、人工智能、区块链、云计算、物联网等新一代信息技术融合创新，打造一批数字技术创新产品，提出应用解决方案，构建技术先进、生态完备的数字产品体系。

2. 着力推动云计算发展。发挥国家超级计算济南中心、浪潮云服务基地等基地优势，加快云计算基础软硬件设备的研发和产业化。支持发展云计算产品、服务和解决方案，推动各行业领域信息系统向云平台迁移。面向制造业、农业、医疗、交通、教育、环保等重点领域，鼓励建设一批高质量的行业公共云服务平台，支持信息技术企业加快向云计算产品和服务提供商转型。

3. 打造一流数字生态。推进数据采集、标注、存储、传输、管理、应用的全生命周期价值管理，搭建区域性数据要素交易市场，依法合规开展数据交易。完善数据交易、结算、交付、安全等功能，促进区块链技术在数据交易中的应用。协同供应链要素数据化和数据要素供应链化，打造"研发+生产+供应链"的数字产业链，形成产业链上下游和跨行业融合的数字化生态圈。加强关键信息基础设施安全防护，健全网络安全预警监测体系，推进数据安全技术的研究与应用，保障政府、企业数据安全，提升个人隐私和数据安全防护能力。

4. 支持人工智能关键技术转化和重点领域智能产品创新，打造具备核心竞争力的人工智能产业集群。推动集成电路产业跨越式发展，完善材料、设计、制造、封测等产业环节，夯实数字产业发展基础。培育数字创意产业，加快VR（虚拟现实）/AR（增强现实）、3D显示、全息成像、人机交互等新

兴数字技术研发，布局可穿戴设备、交互式智能视听设备、数字媒体等数字创意消费品，推动数字创意与生产制造融合渗透。

（二）推动数字化与实体经济深度融合发展

1. 深入实施智能制造工程。推动新一代信息技术在制造业领域的融合应用，提升生产制造智能化水平和供应链协同效应，促进制造业高质量发展。支撑制造业向智能化、服务化、绿色化全面升级，加快构建以智能制造为重点的新型制造体系。以智能制造为突破口，推广智能工厂和智能制造模式，加快信息技术与制造技术、装备和产品融合渗透，推动制造业全面提升智能化水平。集中力量攻克关键技术装备，发展网络化协同研发制造、大规模个性化定制、服务型制造等新模式，分类推进智能工厂、数字车间、智慧园区建设，推动研发、生产、管理、服务等模式变革。

2. 推进"互联网+"行动实施。推动产业数字化，以互联网、大数据、人工智能与制造业的深度融合应用，驱动制造业生产要素优化配置，提升全要素生产率。依托互联网平台，充分运用"互联网+"促进新技术、新产品、新业态和新模式的发展。开展工业大数据挖掘、分析和应用，促进制造业数字化转型升级和提质增效，形成"数据驱动"的制造业数字经济发展新模式。

3. 加快工业互联网应用推广。开展面向不同行业和场景的应用创新，提升大型企业工业互联网创新和应用水平，加快中小企业工业互联网应用普及，实现"建平台"与"用平台"双向迭代、互促共进。开展制造业与互联网融合发展试点示范，落实工业和信息化部大企业"双创"发展三年行动计划，积极发展众创设计、网络众包个性化定制、服务型制造、工业技术软件化等新模式，培育一批制造业与互联网融合发展试点示范项目，探索形成可复制、可推广的新业态和新模式，增强制造业转型升级新动能。

（三）加快推进城市数字化进程

1. 完善信息网络基础设施。加快构建高速、移动、安全的新一代信息基础设施。推动全市城乡光纤网络深度覆盖和速率提升，促进光纤网络和新一代移动通信网络融合发展，开展IPv6（互联网协议第6版）网络建设。优化国际通信专用通道建设和推广应用，加快推进5G网络建设和场景应用，率先打造基础设施完备、应用场景丰富、生态体系健全、万物互联的 5G 先锋城市。

2. 优化发展环境。深入推进智慧交通、智慧教育、智慧医疗、智慧社保、智慧社区等领域创新应用，构造泛在化、便利化、普惠化智慧应用服务体系，打造一批智慧城市创新应用示范项目，营造具有比较优势的产业政策发展环境。加强协调服务和要素保障，营造发展氛围，广泛开展宣讲活动，提高全社会对数字政府的认知度。

3. 加强人才保障。鼓励与区内外校院、企业合作，培养一批数字创意人才。不断提高人才资源配置水平，畅通人才流动通道，为数字经济繁荣发展提供坚实的智力保障。

4. 推进城市治理数字化。依托市级政务服务平台，深化政务服务"一网通办"，推动政务服务管理数字化运行，提升网上政务服务效能，促进交通、民政、人社、医疗、教育等重点领域高频政务服务事项"掌上办"。进一步深化城市大脑应用场景，稳步推进政府数据资源向社会开放，充分挖掘各类数据资源，持续拓展提升"爱山东·泉城办"APP、"爱城市网"APP 等应用功能。加快生活消费泉城一卡（码）通建设，实现一卡（码）在手、泉城通行，不断增强政府服务市民的能力和水平，不断增强人们的获得感和幸福感。

第七章　济南现代种业高质量发展研究报告

种子是农业的芯片，一头连着百姓生活，一头连着国家战略，一直以来被视为关系国计民生的基础性、战略性高技术产业。济南市2021年明确提出打造"中国北方种业之都"的战略目标，经过三年的摸索，种业发展步入快车道。为进一步了解济南市种业发展情况，加快推进"中国北方种业之都"建设，市农业农村局基于三年来种业发展历程，聚焦种业发展现状及前景，在实地考察、查阅资料的基础上，结合实际，提出进一步促进种业发展的意见建议。

一、济南市现代种业产业发展现状

（一）产业基础越发坚实

全市持证种业企业达到104家，鲁研、奥克斯、和康源3家企业入选国家种业阵型企业（全省33家），鲁研成为国内头部小麦种业企业，主要系列品种累计推广超过6亿亩，济麦22种植面积连续11年全国第一。畜禽种业形成奶牛、生猪、种禽、地方特色畜禽四大核心板块，畜禽种业产值占全省的10%，奥克斯优质奶牛冻精占比全国第一，和康源祖代种鸭规模8.5万只，占全国的15%，SPF（无特定病原）鸡存栏15万套，约占全国的50%。蔬菜工厂化育苗超过11亿株，约占全省的13.3%，年育苗能力2000万株以上的企业达到11家。种业及相关产业产值达到110亿元。农业科技进步贡献率达到68.8%，高出全省平均水平3个百分点，良种覆盖率98%以上。

（二）优势品种发展良好

4个品种列入国家畜禽遗传资源品种名录（莱芜黑猪、莱芜黑山羊、鲁中山地绵羊、莱芜黑兔），2个畜类新品种通过国家品种审定（鲁莱黑猪、鲁中肉羊），齐黄34、济麦44、鲁原502、鲁中肉羊入选农业农村部2023年农业主导品种（全省农作物类9个、畜牧类1个），4类6个品种入选国家农作物优良品种目录（全省共7类25个品种）。

（三）生物育种走在前列

植物基因编辑、小麦"核不育"、棉花转基因等生物育种项目加快实施，在国内率先研发出具有自主知识产权的基因编辑酶，创制超过100万份小麦突变体种质资源，舜丰生物高油酸大豆获得全国首个植物基因编辑安全证书。

（四）人才队伍发展壮大

引进朱健康（植物基因编辑）、付道林（小麦"核不育"育种）、邓兴旺（耐抗除草剂作物育种）、李俊雄（微生物）等顶尖专家团队，聚焦突破"卡脖子"技术，实施种业创新项目孵化。聘请行业一流专家孔令让（小麦育种）、潘玉春（猪育种）等作为首席专家，组建15支农业科创团队，建立"首席专家+岗位专家+科创中心"运作体系，攻克种业技术难题110余项。

（五）研发创新平台支撑有力

全市建有国家级种业平台3个（小麦玉米国家工程研究中心、国家花生工程技术研究中心、小麦育种国家重点实验室），建成省市两级种质资源库，入库种质资源13万份，明水香稻、莱芜黑猪入选全国十大优异种质资源。国家东部畜禽遗传资源基因库建成落地，2家企业（舜丰、奥克斯）获批"农业农村部企业重点实验室"（全省种业类4个），2家企业（莱芜猪种猪繁育、鼎泰牧业）入选国家级核心种猪育种场，鲁研、舜丰、奥克斯分别牵头承担国家小麦、基因编辑大豆、奶牛良种联合育种攻关课题。

（六）品种示范推介有序进行

打造长清区、商河县、起步区三个国家级农作物品种展示评价基地（全省9个），每年集中展示粮食、蔬菜等作物品种5000余个。推行"政府主导、企业主体、市场运作"品种展示评价推广模式，被农业农村部作为典型经验在全国推广。联合省畜牧兽医局建设山东现代畜牧业科技示范园，集测定、拍卖、示范、推广、科教、展示、交易多功能为一体，赋能畜牧产业高质量发展。承办 5 届全国种子"双交会",举办山东国际种业博览会、全国蔬菜种苗大会等大型展会,创新"场馆展示+田间展示"会展模式,打造全国知名的种子种苗会展交易中心。

二、济南市现代种业产业发展存在的问题

(一)种业产业布局分散,尚未形成集聚化发展局面

种业产业园作为种业企业、科研机构、种业服务机构等空间集聚的物理载体,种业产业园集聚企业的数量、产值等是评价种业产业园的关键指标。全省有省级及以上现代种业产业园 3 个[济宁市嘉祥县国家现代农业(种业)产业园、即墨区省级现代农业产业园、莱州市现代农业产业园],其中国家级现代种业产业园 1 个[济宁市嘉祥县国家现代农业(种业)产业园]。目前,全国已创建 20 个国家级种业产业园。济南市持证种业企业多点分布,市级层面缺乏统筹规划和布局,集群化打造同类种业企业力度不够,尚未形成产学研紧密融合、上下游一体贯通的种业发展聚集区,尤其是纳入国家级层面的种业项目少,缺少承接上级种业扶持政策的高能载体。

(二)种业企业小弱短,核心竞争力不强

目前,济南市种业企业多集中在产业链中下游,"小弱短"问题突出,同时经营产品同质性强,相互模仿程度高,市场竞争力弱。种业持证企业数量与潍坊(305 家)、合肥(235 家)差距大,且多数属于小微型企业,资产过 5000 万元的 7 家(农作物 3 家、畜禽 4 家),过亿元的企业仅 5 家(农作物 1 家、畜禽 4 家)。缺乏骨干领军企业,"育繁推"一体化企业只有鲁研 1 家,上市企业仅有安信种苗 1 家;全国销售总额 20 强企业中,济南市无一家入选(山东省有希森、登海、圣丰 3 家企业入选)。农作物制种能力薄弱,制种面积仅有 7.9 万亩。

(三)企业科技创新活力不足

以企业为主体的商业化育种体系尚未真正建立,种业企业重经营轻科研,70%以上的持证企业科研投入不足,多数企业不具备高端育种研发能力。2022 年,全市持证农作物种业企业科研总投入 9512.81 万元,科研投入超过

100万元的有13家，其中主要为企业自主投入。虽然近年来大中型种企不断加大研发投入，但种子企业普遍资金有限，全市70%以上的持证种业企业科研投入不足，育种成效低下。种业育种科研项目考核重数量、轻质量，缺少成果转化、推广方面的细则考核。人才考核评价重论文、重奖项，与职称、职务紧密挂钩，而对长期扎根田间地头、把论文写在大地上的科研人员缺乏科学公正的评价，影响创新积极性。

（四）要素保障不够到位

现代种业基金已注册成立，因山东产研院正在整改期间，无法注资到位。土地供给缺口较大，种业企业落地难，据初步摸底，全市种业项目建设用地需求近560亩、设施农用地需求1700余亩，亟须尽快解决。

三、济南市现代种业产业发展基础条件

（一）现代种业产业发展的资源禀赋

1. 气候适宜。济南地处北纬37°黄金纬度线上，属暖温带大陆性季风气候区，春季干燥且降水量少，夏季炎热且降水量多，秋季气候爽朗，冬季则严寒干燥，一年四季气候变化十分鲜明，昼夜温差大，能够满足农作物生长所需的光照和水分。

2. 土壤类型多样化。在全市范围内由南到北、从高到低，依次分布着显域性土壤棕壤、隐域性土壤潮土、褐土、砂姜黑土、水稻土、风沙土6个土类，13个亚类，27个土属，72个土种。这些不同类型的土壤均具备非常优质的作物生长条件，适合种植各种粮食和经济作物。

3. 地形独特。地势南高北低，形成了南部丘陵山区带、中部山前平原带和北部临黄（冲积平原）带。其中，南部丘陵山区带山清水秀，沟多谷长，自然隔离条件优越，是理想的作物育种与良种繁育基地；北部临黄（冲积平原）带、中部山前平原带灌溉条件便利，是主要耕作区，适合种业产品推广。独特的自然资源条件，孕育了龙山小米、章丘大葱、平阴玫瑰、莱芜黑猪等一批享誉国内外的优良品种。

（二）现代种业产业发展的区位优势

济南是黄河流域中心城市，是农耕文明的重要发源地，种业门类齐全、品种丰富，是重要的种业交易、信息集散地，已建成2个国家级主要农作物品种展示示范中心和1个国家级非主要农作物品种展示示范中心（全国仅有济南、杭州、酒泉三处），每年集中展示粮食、蔬菜等作物品种5000余个，成为全国种业推介的核心平台。济南是中国第一农业大省省会，承担着国家种业战略布局的重要使命。黄河流域生态保护和高质量发展国家重大战略，支持济南建设新旧动能转换起步区，构建济南经郑州至西安、兰州、西宁的"一字型"东西向大通道，支持济南建设"黄河流域对外开放门户"，济南的区域中心城市地位进一步凸显。济南北接京津冀，南连长三角，东承环渤海经济圈，西通中原经济区，是衔接南北动能传导、联动陆海双向开放的战略要地。

（三）种业发展空间巨大

山东是全国首个农业总产值过万亿元的省份，种业市场空间巨大。以省农科院为代表的科研育种机构，培育了大批适宜山东省乃至黄淮区域推广应用的优良品种，对山东省粮食、蔬菜、水果、林木、畜禽、水产等单产和总产一直走在全国前列发挥了重要的科技支撑作用。近年来，济南市在蔬菜嫁接苗、花卉组培苗、草莓脱毒种苗、中药材种苗、食用菌菌种等方面用种需求越来越大，周边包括江苏、安徽、河南北部以及河北南部等黄淮区域，对济南育成品种的种子种苗需求也在逐年增加。随着现代农业对良种依赖程度提高，种业发展空间将越来越大。根据联合国粮农组织预测，未来全球粮食总产增长80%将依赖单产水平提高，而单产提高的60%—80%有赖于种业科技进步，目前山东省良种对粮食增产的贡献率达47%，还有较大提升空间。

四、推动现代种业高质量发展的对策建议

（一）厘清种业振兴路径目标

坚持以种业产业化为主线，围绕种业"保育测繁推"全链条各环节强力突破。以科技创新为引领，重点构筑两个中心、三大基地，全面构建以市场

为主导、企业为主体、基地为依托、产学研相结合，全产业链协调发展的现代种业新业态，将济南发展成为黄河流域种业研发创新地、种业龙头总部聚集地、种子种苗交易集散地。到2025年，培育20个左右具有重大应用前景和自主知识产权的突破性优良品种，培育10家以上种业领军企业，建成30万亩农作物制种基地，形成200亿元产值的种业及衍生产业集群。

（二）调整优化种业发展布局

重点打造"两个中心""三大基地"。"两个中心"，即起步区和钢城区两个种业发展核心聚集区。

1. 在起步区建设现代种业产业园，布局"百、千、万"种业创新示范引领工程。其中，"百亩科创港"重点建设种业大厦、公共科研创新中心、展示交易中心等；"千亩农创城"重点打造种子加工包装、农产品交易、加工生产、中央厨房冷库等；"万亩示范区"聚焦粮食"智能、高产、减损"建设万亩国际粮食增产减损示范区，作为种业试验示范基地。同时，聚合山东种业集团建设的山东种业现代农业科技创新园区，集成"一平台、四中心和一体系"（"一平台"是指商业化育种平台；"四中心"是指农业成果转移转化中心、健康种子加工检测中心、生物防治研发中心、北方种子交易中心；"一体系"是指搭建覆盖省市县三级良种良法示范推广体系）建设项目，力争创建国家级种业产业园。目前，北方种业总部（一期）完成选址（原绿地国博城售楼处，约3万平方米），建设种业公共研发平台、数字展示平台和总部服务平台，已具备入驻条件，万亩国际粮食增产减损示范区基本建成。

2. 在钢城区建设山东未来畜禽种业产业园。建设四区（动保区、保种繁育区、家畜基因编辑育种中心和精深加工区）和四个创新平台［家畜基因编辑育种平台、动物生物安全三级实验室、兽药GLP（药物非临床研究质量管理规范）与GCP（药物临床试验质量管理规范）平台和保种繁育平台］。2023年以来，钢城区深化与省农科院战略合作，组合政策性、商业性贷款和专项债筹措建设资金，已完成投资7.9亿元。

3. 高水平建设创新谷生物育种基地和新旧动能转换起步区、长清区、商河县3个国家农作物品种展示评价基地。创新谷生物育种基地（主要包括植物基因编辑项目、小麦"核不育"育种项目、耐抗除草剂作物育种项目、辐射槐荫区中科院齐鲁现代微生物研究院项目）聚焦前沿科技，打造全国领先的生物育种高地；提升3个国家农作物品种展示评价基地服务水平，打造享誉全国的展示示范和会展交易基地。

（三）强化完善保障措施

1. 抓好政策落实。落实并优化"种业11条"，增强政策针对性、指向性和精准性，坚持不撒"芝麻盐"，聚焦大块头、高精尖企业和重点领域强化扶持。结合2023年种业发展重点方向，现代种业创新发展项目专项资金5000万元重点对起步区种业总部聚集区、钢城区山东未来畜禽种业产业园、农作物品种展示示范基地等18个项目进行支持。加大对制种环节倾斜力度，扶持建设一批种子镇、种子村，推动制种大县实现零突破，引导由"种粮食向制种子"方向转变。坚持投贷联动，拓宽政府投入、金融贷款、社会融资渠道，推动2.6亿元市级种业基金高效运行，同步争取国家级种业基金、农银投资等产业基金落地济南；设立种业发展"金融顾问"，开展种业产业集群整体授信，导入更多信贷支持。

2. 抓好领军企业引进。加强农业招商引资力度，在用地、税费、资金、审批等方面落实优惠措施。以起步区"北方种业总部"为依托，吸引全国种业50强、国家种业阵型企业等知名种业企业入驻，打造种业总部聚集区。前期，联合省种子管理总站、起步区、城发集团，到外地登门拜访多家优秀种业企业，开展洽谈招商，邀请了10余家知名企业到起步区考察座谈，并召开了2023济南种业招商推介会。目前已与登海、圣丰、希森、华盛、华良、诚丰、中农天泰7家企业（全部为国家育繁推一体化企业，其中圣丰大豆种子销售列全国第一、希森马铃薯种子销售列全国第一、华盛是首家蔬菜国家育繁推一体化企业）达成入驻意向，推动尽快签订入驻协议。钢城区山东未来畜禽种业产业园已落地6个项目（P3实验室、黄河流域地方鸡资源活体基因库、基因编辑奶牛示范牧场、巴克夏原种猪繁育基地、鲁西黑头羊良种繁育基地、山东农科乳业产业园），在谈项目3个［广州广药集团（王老吉）、特殊医学用途配方食品企业、和康源］。

3. 抓好重大科研联合攻关。采取"定向委托""揭榜挂帅"等方式，支持种业企业、科研院所、高等院校开展良种联合攻关，共建研发平台或产学研创新联合体，培育一批具有自主知识产权的重大品种。推进小麦玉米国家工程研究中心（由省农科院牵头，多家单位共建，建有分子育种、种质创新、小麦育种、玉米育种等8个核心技术研究室，已育成小麦玉米新品种28个，累计推广种植2.7亿亩）、国家花生工程技术研究中心（是省农科院承建的国家级创新平台，成为我国花生科技创新中心、科技交流中心和人才培养中心）等国家级科研平台建设。目前，已与崖州湾国家实验室就设立作物基因性状测试平台济南中心、玉米研发基地达成合作意向。支持和康源牵头组织14家科研院所和种业企业，成立山东现代畜禽种业产业研究院，依托国家东部畜禽遗传资源基因库，搭建科创研发共享平台，树立畜禽良种领域领先优势。

4. 抓好省市一体共建。积极推动与省农业农村厅、省农科院、山东农业大学、山东种业集团签订省市共建"中国北方种业之都"合作协议，与省农科院签订种业人才共建协议，形成省、市、区一体，政府、高校、科研机构、企业一盘棋的"中国北方种业之都"共建格局。

（四）大力推进重点项目建设

着眼"项目深化年"，梳理单体投资在300万元以上、总投资达51.2亿元的19个在建种业项目，同时策划12个总投资达111.5亿元的储备项目，形成全市种业振兴重点项目库。下一步，将坚持以项目为载体和抓手，加快推进种业人才、技术、信息、资金等全要素集聚，重点推动以下重点项目落地建设、投产达效。

1. 加快启动总投资82亿元的"北方种业之都总部基地"项目（市城发集团、起步区先投公司在起步区规划建设），先行建设总投资22.8亿元的种业科创大厦、种业公共研发平台，打造种业总部聚集区。

2. 加快总投资21亿元的山东未来畜禽种业产业园（钢城区与省农科院在钢城区合作建设）建设步伐，集成省农科院基因编辑、疫病控制、遗传育种等高端人才和前沿科技，打造国内一流P3实验室等种业创新高地和高端产业集群。

3. 推进总投资 10 亿元的山东种业现代农业科技创新园区（省种业集团在历城区唐王街道投资建设）建设，建设山东农业科技成果转移转化中心、北方种子交易中心等。

4. 支持舜丰、泉脉、前沿、奥克斯等企业在生物育种领域加大攻关力度，打造生物育种高地，主要包括植物基因编辑产业化项目（打造济南植物基因编辑公共技术平台，含植物基因编辑技术分子平台和作物表型鉴定平台两大分析平台）、小麦"核不育"育种项目（建立健全小麦"核不育"基因的高效染色体辅助制种技术体系，建设济南"核不育"育种中心）、耐抗除草剂作物育种关键技术项目（建设新型抗除草剂基因发掘实验室、优良性状集成小麦玉米新品种培育基地和产业化推广中心，建立具有耐除草剂性状的玉米大豆间作配套栽培技术）、国家奶牛良种联合攻关项目（奥克斯承担，开展活体采卵—体外胚胎生产，组建全国奶牛育种核心群，建设达到国际先进水平的核心育种场）。

五、企业发展典型案例

（一）山东鲁研农业良种有限公司

山东鲁研农业良种有限公司于 1997 年发起成立，2013 年山东种业集团、中国种子集团、国家现代种业基金先后投资入股，为国有控股企业。公司成功探索出与山东省农科院的科企合作模式，合作推广的高产优质小麦新品种济麦 17、济麦 19、济麦 20、济麦 22 和鲁原 502，均获得国家科技进步二等奖，累计种植面积超过 6 亿亩，其中济麦 22 种植面积连续 11 年全国第一；牵头黄淮麦区 1000 多家种业单位组建了小麦良种产业开发战略联盟，形成了覆盖山东、江苏、安徽、河北、河南、天津、山西等 7 省市的市场营销网络。目前，山东鲁研农业良种有限公司为国家"育繁推"一体化企业、高新技术企业、农业产业化省级重点龙头企业、中国种业 AAA 级信用企业以及全国优质专用小麦产业联盟副理事长单位，承担了国家小麦良种重大科研攻关任务，2022 年被评为国家种业振兴行动重点扶持的"强优势"阵型企业。企业正积极探索从小麦品种创新、良种推广、优质商品粮标准化生产，到粮食及食品加工为一体的全产业链开发新模式，为发展现代种业及助力乡村振兴做出新的贡献。

（二）山东奥克斯畜牧种业有限公司

山东奥克斯畜牧种业有限公司成立于2000年。公司拥有国际一流的荷斯坦牛种公牛站，为国内存栏量最大的种公牛站，且种公牛种质质量位居国内首位。拥有41头国内排名前100的种公牛，培育出全国综合育种值排名第一的种公牛，培育出女儿妊娠率基因组育种值国际排名第一的种公牛，培育出体细胞评分基因组育种值国际排名第一的种公牛。建成了奶牛优秀种质自主培育与高效扩繁示范基地，将成为我国优秀种公牛的自主培育基地、国家级优秀奶牛种质输出基地、奶牛种质创新与高效扩繁研发平台、智慧奶牛养殖与高科技科普展示平台、种养结合及农牧循环示范基地，奶牛综合育种值（TPI）国内首次突破3100，接近国际领先水平。山东奥克斯畜牧种业有限公司已成为行业内公认的奶牛育种领军企业，为农业农村部指定的奶牛良种联合攻关项目牵头单位，牵头主持"十四五"国家奶牛领域核心技术攻关项目和国家奶牛生物育种重大项目，2022年被评为国家种业阵型企业，获批建设农业农村部奶牛高效扩繁与种质创新重点实验室，在打好奶牛种业翻身仗、实现奶牛种源自主且可控的过程中发挥着重要的作用。

（三）山东安信种苗股份有限公司

山东安信种苗股份有限公司成立于2008年7月；2014年12月，公司登陆新三板市场，成为我国蔬菜种苗行业第一家上市企业；2021年7月，调入创新层。首创全球领先的"25节点育苗法"，对育苗前期准备、催芽与播种、播种后管理、出苗后管理以及秧苗定植前管理5个过程共25个关键点精准控制，显著提高产品质量；创新性地将人工智能、数字模型、云计算、农业物联网等高新技术集合应用，建成世界领先的"数字种苗工厂"。目前，安信种苗高品质种苗已销往全国各地并走出国门，"数字种苗工厂"已在山东、浙江、内蒙古、安徽、江苏、新疆等蔬菜主产区落地，其中安信桐乡数字种苗工厂被评为浙江省"首批未来农场"。

第八章 济南现代服务业发展研究报告

近年来，济南市聚焦产业转型升级和居民消费升级，持续推进生产性服务业向专业化和价值链高端延伸，推动生活性服务业向高品质和多样化升级，全市服务业规模不断扩大、发展质效不断提升，为建设现代化产业体系、促进经济高质量发展提供了坚实支撑。

一、济南市现代服务业整体发展情况

（一）产业能级持续提升

2023年，全市服务业增加值8015.9亿元，是2018年的1.5倍，五年跨越6000亿、7000亿、8000亿3个千亿级台阶；服务业增加值占GDP的比重由2018年的61.6%提高到2023年的62.8%，提高了1.2个百分点；规模以上服务业营业收入4264亿元，总量位居全省首位，占全省的30.1%，是2018年的3.2倍，五年跨越2000亿、3000亿、4000亿3个千亿级台阶。

（二）动能转换深入推进

2023年，全市现代服务业增加值4809.1亿元，占服务业增加值比重达到60%；研究与试验发展（R&D）经费投入346.8亿元，同比增长13.1%；技术合同成交额806.5亿元，同比增长31.4%；科创企业贷款余额1747.1亿元，同比增长40.6%；软件产业创新平台、资质资格、重点企业、优秀产品等指标连续多年居全省首位；累计获批省级服务业创新中心24个。

（三）载体建设成效显著

以专业化、特色化为导向，打造产业集聚区、园区、楼宇等高端载体，引导现代服务业集聚发展。截至2023年底，累计认定市级（储备）特色产业楼宇33个、市级商业街区22条、市级夜间经济聚集区23个，建设改造一刻钟便民生活圈80个；获批省级现代服务业集聚区8个、省级软件名园2个、省级广告产业园2个，打造国家级人力资源服务产业园1个、国家示范物流园区2个、国家级夜间文化和旅游消费集聚区3个。

（四）市场主体不断壮大

截至2023年底，全市规模以上服务业企业、限额以上批零住餐企业突破10000家；各类金融机构数量超过900家，在全国率先组织开展科技金融机构评价，认定科技金融机构、科技金融特色机构22家；累计认定市级总部企业156家，获批省级总部企业25家，数量居全省首位；上市企业达到60家，5A级物流企业达到17家，省级技术先进型服务业企业达到20家，5家企业入选全省首批生产性服务业领军企业。

（五）数字赋能加速升级

2023年，全市实现网络零售额1601.7亿元，同比增长26.6%；扎实开展数字人民币试点工作，政企收费、缴税退税等16大类应用场景成功落地，数字人民币总交易额突破63亿元；2家景区获评山东省2023智慧旅游样板景区；建成智慧中药房9家，累计服务患者逾千万人；加快智能末端配送设施建设，累计安装智能快件箱3500组，格口总数超28万个。

（六）跨界融合持续深化

推动现代服务业与先进制造业、现代农业融合发展，截至2023年底，全市累计培育省级及以上两业融合试点企业8家、服务型制造示范企业45家和示范平台12个；深入开展"工赋泉城"和"AI泉城"赋能行动，累计培育国家级"双跨"工业互联网平台2个、特色工业互联网平台5个和省级工业互联网平台63个；农业社会化服务组织超过5000家，带动小农户参与托管服务数量近70万户。

（七）服务消费快速发展

2023年，全市接待国内游客10631.1万人次，同比增长61.9%；实现国内旅游收入1132.9亿元，同比增长65.5%，超然楼、起凤桥、老商埠等景点成为网红打卡地；累计建成泉城书房52处；历下区入选首批省级体育消费试点区县；成功入选"黑珍珠"创榜至今的首次"开城"上榜城市，济南泉客厅、鲁采万象城店获评"黑珍珠"一钻餐厅；累计建成各类养老服务设施4142处，"泉心托"成为全国首个托育城市品牌，千人口托位数达4.59个。

(八) 对外开放深入推进

全面完成国家深化服务贸易创新发展试点，69项举措在全市推广实施，19个案例在全国、全省推广；打造了国家数字服务出口基地、国家中医药服务出口基地、国家文化出口基地、国家对外文化贸易基地等高位开放平台；累计开通国际（地区）航线51条，初步形成覆盖欧美亚的航线网络；中欧班列运行线路已达14条，通达21个国家48个城市，2023年开行中欧班列1006列，创历史最高，成为全省首个开行突破1000列的城市。

二、济南市现代服务业发展存在的问题

(一) 生产性服务专业化水平不高

软件信息、科技服务等技术服务仍处于价值链的中低端，技术原创性、发展引领性不足，关键核心技术存在短板，提供智能化解决方案、系统性集成、流程再造等服务的能力不强；商务服务、物流等行业业态仍偏传统，企业规模普遍较小，市场竞争力不强，法律、会计、咨询等知识密集型行业缺少知名品牌和领军机构，多式联运、智慧物流、供应链物流、国际物流等高端业态发展不充分；金融支持科技创新发展的精准性和可及性有待加强，创投体系、多层次资本市场体系尚不完善。

(二) 高品质生活服务供给不足

首店经济、平台经济等新经济活力不足，新引进品牌首店的数量和质量与先进城市相比还存在差距，缺少大型电商平台，消费市场的辐射带动能力偏弱；"泉城济南"文旅品牌的核心竞争力不强，特色文旅资源的产业价值尚未充分释放，集成文化娱乐、旅游休闲、体育健身、餐饮住宿等服务于一体的综合服务载体较少。家政、养老、托育、物业等领域标准化、品牌化建设有待加强，缺少专业度高、覆盖面广、影响力大的知名品牌。生活服务线上线下融合深度不够，智慧零售、在线医疗、数字文旅、智能体育等新型消费

业态的普及程度仍然偏低。

（三）产业融合发展有待深化

制造业服务化水平有待提升，多数制造业企业以生产制造为主要发展模式，缺乏研发设计、品牌管理、营销服务等高附加值服务能力。生产性服务业面向制造业、农业的专业化水平有待提升，融合发展的深度不够，互动关系还处在"点对点""点对群"模式，尚未形成"群对群"互动发展模式。农业社会化服务水平偏低，农技推广、生产托管、代耕代种等专业服务尚未深度嵌入农业生产，农村电商对现代农业的支撑不足。服务业内部领域交叉渗透和资源整合不足，"1+1>2"的叠加效应尚未充分释放。

三、推动现代服务业高质量发展的对策建议

（一）推动生产性服务业提质增效

1. 现代金融。高标准建设济南中央商务区，引进总部金融、财富管理、金融监管等高端金融业态和机构入驻。大力发展科创金融、绿色金融、供应链金融和普惠金融，持续推动驻济金融机构设立科技金融专营和特色机构。扩大金融管家试点范围，全面推广"金融辅导员+科技辅导员"的"专员+专家"金融伙伴服务模式。完善"泉融通"全市统一融资服务平台，扎实开展国家级数字金融创新试点，打造一流数字金融生态圈。持续开展上市后备资源培育，推动优质企业多渠道上市融资，着力培育壮大资本市场。

2. 现代物流。规范提升现有物流园区，建设智慧物流园区。高标准建设商贸服务型国家物流枢纽、国家骨干冷链物流基地，加快推进现代物流网基础设施项目建设。拓展国际（地区）航线网络，织密中欧班列通道网络。积极争创全国中欧班列集结中心、陆港型国家物流枢纽。做强冷链物流产业集群，加快打造"枢鲜泉城"渠道品牌。推动物流业与制造业融合发展，聚焦具有济南优势特色的制造业供应链需求，引导物流企业和快递企业进园区、入厂区，积极嵌入制造业供应链、产业链，全方位、多层次开展物流服务。

3. 软件信息。加快软件名城提档升级，推进"七名"（名城、名园、名企、名品、名人、名院和名展）工程建设。培育一批特色鲜明、错位发展的

专业化软件园区，积极争创省级和国家软件名园。打造软件工程技术中心，培育首版次高端软件、软件高质量发展重点项目、工业软件优秀产品等各类优秀产品，持续增强软件产品竞争力。鼓励重点行业领域加大应用场景开放力度，支持工业软件、信创软件、开源软件、人工智能软件、首版次软件等领域深度应用推广。深入实施"工赋泉城"和"AI泉城"赋能行动。

4. 科技服务。围绕全市四大主导产业和标志性产业链群布局建设产业创新平台，鼓励重点企业、新型研发机构联合优势科研力量，参与实施省重大科技创新工程项目，围绕产业发展需求解决"卡脖子"难题。实施科技成果转化"倍增计划"，推进科技成果转化"1+6+N"平台建设，推动省区市共建山东科技大市场，促进成果供需双方精准对接。推进济南大孵化平台建设，打造双创孵化平台标杆。加快推进国家检验检测高技术服务业集聚区建设。

5. 商务服务。积极发展法律咨询、会计审计、品牌策划、信用中介等专业服务。加快新媒体广告业态创新，发展短视频营销、网红直播带货等"平台+流量"广告营销方式。高标准建设国家级人力资源服务产业园。支持法律服务机构扩大规模、提升品质，推动形成"总部引领、大所做强、中所做优、小所做精"的行业高质量发展新格局。高标准办好大健康产业博览会、北方消费品博览会等政府主办的展会，推动国际机床展、齐鲁车展等重点自主品牌展会扩大规模、提升质量，积极引进国内外知名会展机构落户济南，提高会展业核心竞争力。

6. 节能环保。出台《济南市生态环保产业集群建设方案》，推动建设"一基地、多体系"的综合性生态环保产业集群，形成涵盖环保制造业、环境服务业、综合利用业、生态产业、清洁生产产业五大领域生态环保产业发展体系。扎实推进EOD（生态环境导向的开发模式）试点和环境医院试点工作。加快发展专业化节能环保服务，鼓励节能环保工程建设企业整合上下游资源，发展诊断、设计、融资、建设、运营等"一站式"服务模式。围绕碳达峰碳中和目标，积极发展碳监测、碳核查、碳减排、碳交易、碳足迹认证等服务，培育一批专业化、规模化第三方服务机构。

（二）推动生活性服务业提质扩容

1. 商贸服务。培育打造一批市级商业街区、夜间经济聚集区、一刻钟便民生活圈，大力引进国内外知名商业品牌首店、旗舰店。积极申报"世界美食之都"，办好"中华美食荟"、中国鲁菜美食文化节等活动，培育一批国家钻级酒家、中国绿色饭店和金梧桐、黑珍珠餐厅。优化提升"泉城购"济南消费季活动，形成四季唱响、全域覆盖、国家省区市四级联动、一区一特色的活动体系。大力发展直播电商、即时零售等电商新模式，充分利用"618""双11"等网络消费节点，举办电子商务产业博览会、电商直播节等特色品牌活动。

2. 文化旅游。持续培育"泉城夜八点"夜游品牌，积极创建国家、省级夜间文化和旅游消费集聚区。加快推进长鹿白云湖旅游休博园等重点项目建设，培育申建国家和省级文化产业示范园区（基地）、版权示范园区（基地）。开展"大学生文化旅游节"、中华"二安"文化旅游节等特色品牌活动，打造城市文化新IP（文创作品）。推出一批"四季泉城"网红打卡地，扩大"泉城济南"品牌影响力和吸引力。深化文旅融合，推动发展工业旅游、康养旅游、研学旅游、博物馆旅游等文旅融合业态，争创国家文化产业和旅游产业融合示范区。

3. 医疗康养。加快宣武医院济南医院和广安门医院济南医院2个国家区域医疗中心建设，推进实施泉城优势临床专科集群建设行动计划，提速城市医疗集团建设，推进医疗服务提质增效。争创国家中医药传承创新发展试验区，实施扁鹊精品专科（学科）建设计划，擦亮"扁鹊故里康养济南"金字招牌。鼓励医疗卫生机构依法依规在养老服务机构设立医疗服务站点，提供嵌入式医疗卫生服务；鼓励大型或主要接收失能老年人的养老机构内部设置医疗卫生机构，促进医养结合服务提质扩容，打造数字医保服务体系。

4. 家庭服务。推进家政企业连锁化经营，鼓励家政企业在社区设置直营服务网点，支持家政企业入驻商务部家政信用信息平台建立信用记录。闭环落实新建小区养老设施配建政策，推动养老设施区域连片连锁化运营。发展社区嵌入式服务，开展社区养老设施规范提升行动，打造示范性街道综合养老服务中心、社区日间照料中心、农村幸福院、长者助餐站点。推进普惠养老床位、家庭养老床位建设。健全完善普惠托育服务体系，擦亮"泉心托"托育服务品牌。

四、典型案例

近年来，济南市历下区积极抢抓黄河重大国家战略等重大机遇，牢牢把握"总部经济和金融机构聚集区"目标定位，加快构建"一轴三区多园"城市发展新格局，用足用好自贸试验区和科创金融改革示范区制度创新优势，积极对接符合历下产业定位的大型央企，联系对接省属国企，截至2023年底，拥有省级总部11家、市级总部45家，获评2022年度山东省引进和培育总部企业（机构）先进区，入选2023中国楼宇经济（总部经济）标杆城区30强（第18位），总部经济提升城市能级、促进创新发展的"乘数效应""虹吸效应"不断显现，"北方总部经济集聚高地"名片愈发闪亮。

（一）强化"三个保障"，打造总部经济最优发展环境

1. 强化体制机制保障。组建总部经济发展推进工作领导小组，研究破解总部经济培育引进瓶颈问题，抢抓京津冀地区总部迁移、省属大型国有企业混合所有制改革等机遇，主动融入省会经济圈产业链垂直整合趋势，锚定2025年全区总部企业数量达到300家，打造北方总部企业集聚高地的目标，精准发力、久久为功。

2. 强化重点企业包联服务保障。深入开展"招商服务年"活动，区级领导带头包联全区350家重点企业、34座重点楼宇、58个重点项目，协调解决各类制约企业发展难题事项460余个，推动山东中建城市发展公司、山东省环保发展集团等重大招商项目相继落地。

3. 强化产业政策支撑保障。先后修订出台招商引资、鼓励企业发展、鼓励重点产业发展、鼓励楼宇经济发展等惠企政策。每年设立不少于2亿元的"区域经济发展资金池"，保障产业发展各项政策落到实处。

（二）做优"两个平台"，夯实总部经济发展载体支撑

1. 全力构建区域发展平台。以"泉城路—解放路—解放东路"作为城市更新轴、经济发展轴、文化传承轴，有机串联老城新区。济南古城片区保护更新上升为市级战略，重点发展高端商贸和精品文旅产业，百花洲历史文化街区获评首批国家级旅游休闲街区，"山东手造"（济南）展示体验中心精彩纷呈，泉城路商圈获评首批全国示范智慧化商圈。济南中央商务区以打造总部经济和金融机构聚集区为目标，以"山泉湖河城"五座超高层为代表的62座百米高楼拔地而起，累计建成高端载体300万平方米，引入18家世界500强区域总部，6500余家各类企业落户发展，汇聚全国性法人机构4家，省级金融总部46家，各类区域总部200余家，成为总部经济和"金融+"产业集聚发展的新高地，入选"中国商务区综合竞争力20强"，位居中国楼宇经济标杆商务区第7位。长岭高科片区将新一代信息技术和生物医药产业作为主攻方向，华为山东区域总部及济南研究所、百度山东总部等行业龙头企业相继落户，明湖国际细胞医学产业园即将竣工，生物制药生产基地加快建设，推动生物医药产业加快补链、强链、延链。

2. 精心打造产业园区发展平台。"明湖系"阵容不断壮大，信创产业园与华为共建"三个创新中心"，获评省级数字经济产业园，细胞医学产业园打造全国首个共享实验室、CDMO（合同研发生产组织）共享车间、共享临床中心一体化的产业支撑平台。丽山系园区加快崛起，智育谷提档升级，落户高端教育培训机构29家，美育谷正式对外开放，成为省会文化艺术网红打卡地。人力资源服务产业园获批国家级园区，汇集业内知名企业机构81家。生物制药生产基地、科技创新中心、槿椿颐养中心多点布局，绿色产业发展矩阵拉开框架。

（三）聚焦"两个重点"，加快总部经济集聚发展

一方面，狠抓项目落地。赴北京、上海等地举办多场招商推介会，与省市大型企业和国有平台开展联合招商、以商招商。三峡新能源、省文旅集团、省发展投资集团、省财欣集团、省新旧动能转换基金等一批投资量大、经济带动作用强、辐射影响范围广的总部项目纷纷落地，为总部经济发展增添强劲动能。

另一方面，狠抓扶持培育。针对本地优质企业，建立"一对一"零距离包靠服务机制，开启"集中辅导、上门服务"模式，确保政策传导畅通无阻，保障本土企业稳健发展。本土民企中，山东建工集团已成长为行业翘楚，华艺集团、世纪缘珠宝、远东保险公估等企业也在各自领域占有一席之地。本土国企中，高速集团入选世界500强，海看股份在深交所创业板上市，83家"高速系"企业、21家"鲁商系"企业、15家"鲁信系"企业扎根历下，注册资本达50亿元的山东高速黄河产投集团、40亿元的山东省农业发展信贷担保有限责任公司、30亿元的鲁信实业集团、30亿元的鲁商城市建设集团、12亿元的济南金控国际融资租赁有限公司项目，成为全区经济新的增长点。

(四) 做实"三个创新"，走出总部经济发展历下路径

1. 在科创金融改革中突破创新。一是"金融+科技"融合发展。围绕"双创"企业成长和金融赋能的痛点、堵点、难点，首创"五位一体"科创金融新模式，用网络数字平台解决获客成本、信息孤岛、智能风控、审批效率四方面问题，坚守现代金融把控好信用、杠杆、风险的宗旨、原则和理念，务求为全省乃至全国探索出可复制可推广的成功案例。二是"科技+金融"有机结合。网络数据平台与各类实体经济的产业链、价值链、供应链相结合，形成基于互联网或物联网平台的产业链金融，使平台服务效率得到最大化提升，资源优化配置，运行风险下降，坏账率降低。与上海票据交易所山东省唯一直连接入机构高速通汇资本签订协议，共建立足山东、布局全国的国家战略级数字创新科技园区，打造国内领先的产业互联网服务平台。三是科创金融载体形成产业集聚。科创金融大厦交付使用，沪深北三大交易所山东服务基地和科创板企业培育中心正式入驻，引入东亚银行、汇丰银行等外资银行，大陆唯一一家全牌照经营的台资银行富邦华一、挂牌期货公司江海汇鑫全国总部正式落户，山高商业保理、家家悦融资租赁等新兴金融业态企业不断汇集，金融中心地位持续巩固。

2. 在数字经济发展中突破创新。积极布局"1+2+3+4+N"的工作体系，统筹推进算力、算法、算数、算网系统建设，加快推进数字产业化与产业数字化。投入不少于10亿元，规划建设400P（P为10的15次方）算力的济南人工智能计算中心，其中100P算力的一期项目已上线运营；与中国信息通信研究院合作建设的全省唯一国家级区块链新型基础设施"星火·链网"超级节点已投入使用。投资5.5亿元的华为"三个创新中心"累计服务5个行业、163家本地企事业单位；百度飞桨平台加快建设，推动企业加速实现数字化转型升级，全力打造全省数字经济新标杆。

3. 在国有平台服务发展中突破创新。充分发挥国有平台在城市建设、产业培育、招商引资中的重要作用，不断做大做强区属国有企业，加快构建"大国资"发展格局。历下控股集团资产规模突破500亿元，易通城建登陆新三板，组建历下城发集团、济南古城城市更新公司，服务全区发展的"工具箱"更齐全、更实用。投入3亿元财政资金，组建成立历下财鑫集团，发挥财政资金杠杆作用，与上海国际集团资源管理有限公司、山东新动能基金等设立了济南金融科技基金，为招大引强提供强力支持。

第九章　济南新能源产业发展研究报告

当前,济南正处于深入贯彻落实黄河流域生态保护和高质量发展战略、加快建设新时代社会主义现代化强省会的关键节点,处于绿色发展的重要窗口期。积极发展新能源、加快形成清洁低碳的能源消费体系,是济南实现"双碳"目标、驱动经济低碳高质量发展的必然选择。

一、济南新能源产业发展现状

为推动绿色低碳高质量发展,济南牢牢把握科技革命和产业变革趋势,以新能源及可再生能源规模化开发为契机,以省市产业支持政策为助力,致力于打造光伏、风电、氢能、新能源汽车等产业集群,促进新能源产业加速崛起,助力济南实现能源结构重塑、经济产业转型升级。

(一)新能源装备产业

以生产、消费传统能源作为主体的相关企业积极发展新能源装备产业,开发以风能、太阳能、氢能等为主体的新能源,加快从传统煤炭、石油等能源向清洁能源转型。当下,济南形成的以太阳能、风能、核能、氢能、储能、先进电网"五能一网"为代表的新能源装备产业链群,被列入济南重点发展的 10 大标志性产业链群。

1. 太阳能产业

太阳能作为未来能源结构的基础,已经成为全球清洁能源革命的核心支撑力量,蕴藏广阔的发展空间和发展机遇。一直以来,济南充分发挥本市建设条件优越、太阳能资源禀赋得天独厚的特点,把太阳能作为核心产业优先规划,大力发展光伏光热产业,形成集上中下游于一体的产业链。

挖掘光伏开发潜力，优化光伏项目布局，已形成从光伏材料研发、电池组件生产到光伏发电系统集成的完整产业链。截至2023年12月底，济南全市可再生能源发电装机容量403.72万千瓦，其中，光伏装机265.22万千瓦（集中式光伏36.61万千瓦，分布式光伏228.61万千瓦）。力诺光伏集团作为力诺集团阳光板块核心企业，是专业从事高效太阳能电池、组件研发、制造与销售的国际化高新技术企业，致力于打造行业最具竞争力的光伏制造商。作为高新技术企业，力诺光伏集团拥有山东省高效太阳能电池技术重点实验室、山东省省级企业技术中心、山东省"一企一技术"研发中心等省级研发平台，自主研发的"多晶硅太阳能电池及生产工艺"获得山东省科技进步奖二等奖，济南市技术发明二等奖。企业依靠多样化的产品、过硬的产品质量及完善的客户服务体系，荣获山东省高端装备制造业领军企业、山东省著名商标、山东省名牌产品、山东省重点培育和发展的国际知名品牌、济南市市长质量奖等荣誉。2023年，爱旭太阳能电池项目是济南市招引落地项目中投资体量最大的项目，力争打造全球先进的光伏组件制造基地。当下，济南光伏企业致力于提高光电转换效率，降低成本，采用先进电池技术，不断提升产品性能和性价比。同时，积极研究智能光伏解决方案，通过物联网、大数据等技术，实现光伏电站智能化运维管理，提高了能源利用率和经济效益。

深入开展太阳能热利用，大力发展光热产业。以清洁供热和综合利用为重点，推广太阳能与电能、空气能、地热能、生物质能、天然气等多能互补的供热利用模式。通过技术创新、政策支持、增加投资等举措，鼓励在条件适宜的小城镇、民用和公共建筑上推广太阳能供暖系统；在农业大棚、养殖场等用热需求大且与太阳能特性匹配的行业，充分利用太阳能进行供热，推动太阳能热利用由生活热水向城市供热、制冷转变，由分散式居民应用向集中式工农业应用转变，不断扩大太阳能采暖、制冷和工农业热利用规模。

2. 风电产业

风能凭借其资源总量丰富、环保、运行管理自动化程度高、度电成本持续降低等突出优势，正逐渐从补充性能源向替代性能源持续转变。风力发电是风能利用的主要形式，也是目前可再生能源中技术最成熟、最具有规模化开发条件和商业化发展前景的发电方式之一。风力发电是推动能源结构优化、能源低碳化的重要驱动力。

济南积极发展风能产业，虽然本地风能资源有限，但通过技术创新和设备制造，在风能产业链的某些环节取得了显著成绩，尤其是在风电设备的研发与出口方面，展现出强大的国际竞争力。截至2023年12月底，全市风电装机容量101.1万千瓦，占可再生能源发电装机容量的25%。山东中车风电、伊莱特能源和金雷科技等本地企业聚焦于风力发电机、叶片、控制系统等核心部件的研发，通过技术创新，提升了设备的可靠性和发电效率，产品不仅满足国内市场需求，还远销海外多个国家和地区。积极举办或参与国际风能大会、技术交流会等活动，与国际领先企业及研究机构建立合作关系，引进先进技术和管理经验，推动本地风电技术与国际接轨，为产业持续发展注入新鲜血液。

山东中车风电有限公司是中国中车集团投资打造的国内一流的大型风电装备企业，专业从事风力发电设备及主要零部件研发、制造与销售，风力发电工程的设计、建设和技术服务。公司坚持实施"两个转型"，走出了一条"多元化、专业化、国际化"的特色发展道路，自主研发的风电机组技术性能、机舱重量等指标达到行业先进水平，完成首款叶片研发及样片试制。通过引进消化吸收，完全掌握核心热解技术，其中"废旧风机叶片高效解离与增值循环利用集成技术及示范"项目被列入国家重点研发计划，新开发的卧床二便护理系统核心指标达到国际领先水平，退役风机及叶片处置装备及技术被工信部列为《国家工业资源综合利用先进使用工艺技术设备名录》。公司持续加大创新投入，积极开展产品研发，努力推进技术创新平台建设，强化知识产权和技术标准管理，有序开展重点科研项目立项和管理。公司注重技术人才的培养与激励，拓展和深化产学研合作，加大科技成果转化力度，健全科技创新体系，各产业板块硕果累累，行业话语权和影响力持续提升，获评国资委"科改示范企业"标杆。

3. 核电产业

核能是具有高能量密度、高稳定性和低碳排放等优势的能源，充分发挥核电在电力供应和能源转型中的作用，对于调整能源结构，保证能源可靠供应，促进"双碳"目标实现意义重大。济南瞄准国际、国内核电项目建设市场，以山东省打造千万千瓦级核电基地为契机，加快发展核电产业，做好美核电气、伊莱特能源等本土企业培育工作，巩固做好核电仪控、核级压力容器、核级电机冷却器设备、核电电缆、核电锻件等核电配套产业，形成了具有济南特色的核能产业链条。围绕核电仪控设备、后处理和核级鉴定的高质量发展需求，建设核电装备技术研究院、国家级核电装备鉴定中心，培育上游企业和项目。积极引进行业内代表性企业，发展壮大核电装备制造等中游产业。

美核电气（济南）股份有限公司深化与全国顶尖核电集团全方位战略合作，加速推动核电关键仪控装备国产化项目落地济南，在攻克核电用关键仪控设备"卡脖子"技术难题，实现自主可控国产化方面做出了重要贡献。公司深耕核电行业，具备优良的核电专业资质和健全的体系，是中核集团核心供应商。自2018年设立叶奇蓁院士工作站以来，公司立足核电技术潮流前沿，拥有一支专业的研发、制造、设计、集成、技术服务团队，凝聚了国内外知名仪控专家学者，共同致力于仪控设备的科技创新和推广。公司聚焦发挥领军人才引领示范作用，持续创新核电产业人才聚集机制，全面优化人才发展生态，奋力打造核电产业人才集聚高地，为省市核电装备产业高质量发展提供坚强人才支撑和智力保障，已成长为山东省核电装备制造领域的核心骨干企业。

伊莱特能源装备股份有限公司是一家以清洁能源关键部件制造为主业的企业。近年来，伊莱特与中国科学院金属所李依依院士工作站、中国原子能科学研究院、清华大学、山东大学、北京机电研究所等知名院所建立了广泛的联系合作，不断推动各种先进工艺、科研成果产业化落地。公司为四代核电提供了直径15.673米的整体无缝锻环，刷新吉尼斯世界纪录，展现了伊莱特锻造大国重器的实力，为国家重点核电项目提供关键支撑。作为伊莱特十四五战略规划的重要一环，核电深海产业园项目是伊莱特进行延链、补链、强链、长链的重要举措，是集团实现跨越式发展的重要保障。园区采用了全产业链绿色低碳循环模式，实现了"无废园区"，通过回收原有产业的加工余料进行再加工、材料热送等方式来最大限度降低传统锻造产业的能源消耗和碳排放。

4. 氢能产业

作为一种公认的清洁能源，氢能是全球能源技术革命和产业发展的重要方向，是实现绿色低碳转型的重要载体。济南在氢气制备、氢气储运、氢燃料电池、氢能应用等方面具备较好基础和优势。近年来，济南先后出台一系列推动氢能产业发展的规划和政策，为氢能产业发展谋篇布局。聚焦绿色规模化制氢、氢气纯化及储运、燃料电池关键技术等方向，推动氢能产业向规模化、集群化、高端化方向发展，全力抢占氢能发展制高点，努力打造全国领先的氢能产业应用示范基地。

济南注重加快培育新兴产业，在氢能领域的整条产业链上均有所布局，氢能产业发展重点项目建设正在有序推进。重点在济南新旧动能转换起步区、高新区、莱芜区、钢城区、章丘区打造"一核引领、四区联动"的产业格局，探索"风光发电+氢储能"一体化应用新模式。由济南绿动氢能科技有限公司全面推进建设的黄河流域氢能产业基地项目是国家电投在全国范围内布局的五大氢能产业基地之一、四大燃料电池产业基地之一，也是面向华北和中原地区，辐射黄河流域、京津冀及环渤海经济圈的产业基地。以该基地为载体，起步区加快氢能产业集聚，打造氢能应用示范区。交通被视为氢能应用的"先导领域"。以济南绿动为龙头，起步区推动氢能在公共交通、市政环卫、物流运输等各领域规模应用。2023年底，起步区投放62辆搭载济南绿动"氢腾"燃料电池系统的氢能渣土和环卫车，是起步区氢能多场景综合应用示范区投放的首批车辆，标志着起步区氢燃料电池汽车批量运营正式启动。自2024年3月1日起，山东省高速公路对行驶安装ETC（电子不停车收费系统）套装设备的氢能车辆暂免收取高速公路通行费，不仅可降低氢能车辆运营成本，调动实际用户使用车辆积极性，也将极大促进氢能应用由单点城市内运行向跨区域发展。

济南统筹谋划、整体布局氢能全产业链发展，集氢能创新中心、氢能源产业园、氢能应用示范区三位一体的"中国氢谷"产业地标逐步成型。在氢气制备层面，山钢股份、泰山钢铁等企业在工业副产氢的产能及价格方面具有较好的优势。在氢气储运层面，济南圣泉具备70MPa Ⅳ型储氢瓶生产能力，填补了国内产品空白。在氢燃料电池层面，山东重工初步形成了"基础部件—电堆—发动机—整车"的研发和生产能力。在氢能应用层面，初步形成了莱芜区氢燃料电池重卡、物流车制造基地和章丘区氢燃料电池客车、轻卡制造基地等产业集群。

5. 储能产业

新型储能是构建新型电力系统的重要技术和基础装备，是实现碳达峰碳中和目标的重要支撑，也是催生国内能源新业态、抢占国际战略新高地的重要领域。随着国家对储能技术政策支持力度加大和市场对储能技术需求增长，储能企业获得了更多的发展机遇，新型储能产业迎来高速发展期。

《济南市新能源高质量发展三年行动计划（2023—2025年）》中提出，以山东省建设千万千瓦级新型储能设施为契机，培育壮大山东电工时代、亿恩新动力等储能系统集成企业。近年来，济南储能企业呈现出快速发展的态势。山东电工时代是一家集储能设备研发、生产、销售、服务于一体的新能源企业。在储能行业积极谋局开局，快速规划储能产业蓝图，拥有山东省先进电池PACK生产基地、储能设备集成基地，率先掌握储能产品关键技术，该公司液冷储能电池PACK、工商业储能柜、移动储能车、储能电池舱四项产品入选济南优势工业产品目录，多次参与编制修订储能行业技术标准，被评为济南市专精特新企业、山东省专精特新企业、山东省高新技术企业、国企改革"双百企业"。亿恩新动力是全国领先的智能电网储能系统及非道路移动机械"三电"系统解决方案供应商，主要产品有源网侧储能、工商业储能、移动储充以及工程机械动力电池系统。自创立以来，亿恩新动力坚持"储能系统和动力电池系统"双引擎融合发展，致力于成为绿色智慧能源全球化的一流企业。该公司先后荣获"高新技术企业""科技型中小企业""专精特新中小企业"等诸多荣誉称号，为加快建设新型能源体系、发展新质生产力提供了更强劲的新动能。

2023年10月，高新区新型储能装备产业园项目成功签约。园区主要围绕储能装备集成、储能电池装配制造、储能关键零部件生产等产业，一期以电工时代公司为龙头，在满足其扩产需求的基础上，导入产业优势资源，初步形成一个以储能产业为核心的特色产业集群，打造"全链条、全场景、全生态"的示范园区；二期以亿恩新动力公司为主体，面向市场应用端，投资建设生产电池系统、储能系统和智能云台的综合智造基地，形成本地化供应链优势，增强区域产业配套竞争力。园区统筹协调区域内现有产业基础，大力招引培育行业龙头和产业链关键配套企业，推动新型储能产业集群化、规模化发展，打造国内具有影响力、带动力的新型储能产业高地。集中攻关规模化储能系统集群智能协同技术，支持企业和科研院所开展储能电站本质安全控制与智能检测、储能系统安全预警及系统多级防护结构等关键技术研究，支持储能系统整体设计及核心部件研发和产业化，培育和延伸新型储能上下游产业。

6. 先进电网产业

电力行业是碳排放占比最大的行业，建设以新能源为主体的新型电力系统，既是能源转型的必然要求，也是实现"双碳"目标的重要途径。新型电力系统具备安全高效、清洁低碳、柔性灵活、智慧融合四大重要特征，是加快推进电力行业低碳转型、破解日益增长的电力需求和环境约束之间矛盾的关键支撑，构建新型电力系统是建设新型能源体系的重要内容。

近年来，济南紧抓黄河重大国家战略和新旧动能转换起步区建设机遇，推动能源结构绿色低碳转型，深入实施灵活电源保障工程、电网优化保障工程、多元消纳保障工程、储能规模化保障工程，努力打造绿色低碳、智慧高效的电力供应体系，为省会绿色低碳高质量发展做出电力贡献。截至2023年底，济南电力总装机1173.51万千瓦，其中可再生能源发电装机容量403.72万千瓦，占全市电力总装机比重的34.4%，较2022年底增加了102.02万千瓦，增长33.82%。

济南供电公司积极推动能源结构绿色低碳转型，分阶段、分区域推进新型电力系统建设，在起步区布局绿色智慧综合充电站等示范项目，着力打造具有绿色"源"、坚强"网"、灵活"荷"、高效"储"的独具省会特色的新型电力系统。2023年以来，面对迎峰度夏高温和台风考验，济南供电公司推动"发供用"各环节协同发力，成功应对电网负荷创历史新高的严峻考验。公司积极推进传统能源清洁利用，发挥电网产业链条长、带动效应强、应用场景丰富的优势，加强电网架构建设，助力陇东—山东特高压工程开工，加快推进各级电网工程建设，形成了以1000千伏泉城站为龙头、500千伏系统环网为支撑、220千伏系统为骨干网架、10千伏智能配网辐射全市、各层级电网协调发展的坚强网架结构，为起步区、中央商务区等重点区域发展提供坚强用电保障，保障能源供应安全。加快甸柳等重点工程落地，建设起步区蜂巢环网、"智慧低碳"微电网等一批现代智慧配电网示范，积极服务鹊山、蓝海领航等储能示范项目建设，不断提升电力系统调节能力。积极服务新兴产业、新能源产业发展，推动省政府与国家电网公司服务新能源汽车下乡合作协议迅速落地，全省率先实现充电桩乡镇全覆盖。

（二）新能源汽车产业

近年来，国内多个城市将引进新能源企业作为招商引资的重头戏，济南也不例外。随着汽车产业加快绿色转型升级，济南新能源汽车产业集群加速涌现，产业链不断完善，产业配套进一步优化，新能源汽车驶入快速发展新阶段。

济南新能源汽车已形成从芯片、动力电池等零部件生产到乘用车、商用车、专用车整车生产的全产业链条，是济南市重点打造的10个标志性产业链群之一，是山东省"两基地、五集群"的新能源汽车产业规划两个"千亿级基地"之一，新能源汽车产业成为济南工业经济增长"新引擎"。

1. 产业规模持续扩大。作为全国最早布局新能源汽车产业的地区之一，进入2023年，济南打造"国内领先新能源汽车产业基地"正逐渐起势，多个新能源汽车项目开始贡献产能，战略布局成效显现。比亚迪、吉利等国内外知名企业纷纷在济南布局生产基地，充分发挥汽车大厂"链式拉动"和"组团发展"的优势，助力济南新能源汽车加速形成"产业共同体"，为新能源汽车规模化生产奠定坚实基础。目前，济南新能源汽车领域汇集了中国重汽、比亚迪、吉利、豪驰、萨博特种汽车等龙头骨干企业，已形成商用车、乘用车、专用车、动力电池、芯片以及零部件生产的全产业链条，拥有明水经济技术开发区汽车方向的国家新型工业化产业示范基地、莱芜区重卡生产基地、起步区比亚迪整车基地、高新区吉利整车基地，以及临港、临空智能制造及汽车零部件产业园，形成了集群集聚集约规模化发展的良好态势。济南加快推进新能源汽车配套设施建设。在关键零部件研发制造方面，拥有规模以上汽车零部件企业100多家，主要分布在章丘区和济南高新区，德国博世方向机、福士零部件、斯凯孚轴承、德国大陆汽车电子等均已规模化生产。出台《济南市支持新能源汽车产业高质量发展和推广应用行动计划（2023—2025年）》，将新能源汽车产业发展的近期目标锁定为2025年成为"具有国内影响力的新能源汽车产业共同体"，产业规模力争突破2000亿元。

2. 自主创新能力大幅提升。近年来，济南创新动力强劲、人才竞相拥入，城市承载力和吸引力不断增强，为新能源汽车企业发展提供了良好的发展生态。济南新能源汽车领域建有国家级企业技术中心、国家重型汽车质量监督中心等服务平台，拥有中国合格评定国家认可委员会认可的质量检测实验室，具备支撑新能源汽车产业发展的坚实技术平台基础。此外，济南正加速突破新能源关键核心技术，加快推进氢能源电池电堆、燃料电池系统等关键技术研究，为新能源汽车产业发展提供重要技术支撑。以济南二机床为例，该厂的汽车铝合金压铸零件自动化加工装配生产线是专为新能源汽车一体化压铸车身零件加工及装配工艺研发的高速全自动生产线，主要用于前车身、后车身、电池包等大型一体化压铸铝合金零件的高速高效加工及装配，可完成压铆、拉铆与钢丝螺套的在线装配，生产线所配置的视觉检测、质量追溯等功能，技术达到世界先进水平，已在国家重点行业领域得到成功应用。比亚迪、蔚来、理想、小鹏等新能源汽车"主力"都采用了济南二机床的冲压生产线。此外，济南近年来布局的高端研发平台也成为汽车工业崛起的助力。2022年11月，山东中科先进技术研究院中标吉利汽车"新开发车型试制焊装生产线招标项目"。山东产研院首创动力电池箱体专用的连续玻璃纤维增强预浸料，比市场上同类产品成本降低20%，同时具有绝缘、轻量化等高性能，这一新型材料被宁德时代等电池巨头以及各大新能源汽车厂商广泛应用。该院还为山东省锂电池隔膜龙头企业——中材锂膜提供技术支持，开发出三维网络结构涂覆隔膜技术，极大地提高了锂电池的高温安全性，形成两项核心知识产权，目前已实现批量化生产，产品供应LG化学、比亚迪等主流电池企业。

3. 基础设施配套持续优化。济南全面提升新能源汽车充换电保障能力，出台了一系列关于推动新能源汽车推广和扶持充电基础设施建设的政策，加快充电站、充电桩的布点布局，形成了覆盖全市、便捷高效的充电网络。同时，积极探索换电模式，为新能源汽车用户提供更多样化的补能选择，促进了新能源汽车使用的便利性和普及率。截至2024年6月，济南市共建成新能源汽车充电站216座，充电终端2808个。其中，高速公路服务区充电站20座，充电终端86个，公交专用充电站77座，充电终端950个，商场、小区、景区、停车场等充电站81座，充电终端1467个，专用站38座，终端305个。电网企业根据全市电动汽车发展规划及推广应用情况，按适度超前原则，积极推进现有居民区（含老旧小区、高压自管小区）停车位的电气化改造，确保满足居民区充电基础设施用电需求。对专用固定停车位（含一年及以上租赁期车位），按"一表一车位"模式实施配套供电设施增容改造，每个停车位配置适当容量的电能表。利用公共停车位建设相对集中公共充电设施，结合小区实际情况及电动车用户的充电需求，实施配套供电设施改造，合理配置供电容量。实施配电能力提升改造后，电力容量仍不足的居民区，推广整体智能有序充电管理模式，引导电动汽车负荷低谷充电。2020年，济南新能源汽车公共充电站共计充电总量101.2万千瓦时，2022年充电总量增至3314.87万千瓦时，增长3175.6%，新能源基础设施得到了极大发展。根据《济南市支持新能源汽车产业高质量发展和推广应用行动计划（2023—2025年）》，预计到2025年，全市将建成并投入使用至少800座充换电站和22000个公共及专用充电桩。此外，还将建设10座加氢站（含合建站），以实现重点应用区域的全覆盖。

4. 绿色交通体系加速实现。加快推进交通运输绿色低碳转型，以构建健康可持续的绿色低碳交通体系为战略导向，积极推动济南市公共领域全面电动化工作。2023年，济南成功入选国家首批公共领域车辆全面电动化先行区试点城市，为新能源汽车全面市场化拓展和绿色低碳交通运输体系建设发挥示范带动作用，形成了一批可复制可推广的经验和模式。建设济南至潍坊高速公路，以零碳目标为导向，构建"智能管服、快速通行、安全保障、绿色节能、车路协同"五大体系，建成全国首个基础设施网、运输服务网、信息网、能源网"四网融合"的高速公路，打造零碳智慧高速山东样板。加快推进轨道交通、地面公交、慢行系统三网融合，积极倡导绿色出行。加大城市公交、出租车、私家车等领域的新能源汽车推广应用力度，推动城市公共服务燃油车辆电动化替代，推进氢燃料电池公交车试点，加快淘汰国二及以下排放标准汽油车和国一及以下非道路移动机械，鼓励港口新增作业车辆、机械优先使用新能源或清洁能源，实现济南交通绿色低碳发展。2023年，全年完成城市公共交通总客运量88308万人次，其中，公共汽电车客运量53379万人次，同比增长32%，新开及优化公交线路67条，填补公交空白92公里，新开定制公交148条，196条公交线路实现与地铁衔接，在全省率先开通"小巷公交"11条，线路长度达53.7公里。

二、济南新能源产业发展存在的问题

（一）新能源装备领域

1. 新能源产业快速发展，但规模不大。济南新能源产业发展正迎来前所未有的快速发展期，但与先进地区相比，济南新能源装备产业总体规模仍然偏小，面临产业链不完整、龙头企业少、创新能力弱等问题制约，尚未形成新能源项目开发建设的济南特色。目前，济南市风电、光电装机容量在不断建设和增加，但是风电、光电电力消纳能力增长相对缓慢，新能源消纳压力不断增加。本地缺少一批高载能行业企业，就地消纳能力还明显不足，直接影响新能源开发指标的争取和新能源的在建、装机进度。

2. 新能源电力利用率有待加强。新能源具有间歇性、随机性、波动性的特点，新能源机组接入电力系统后，给电力系统稳定性带来挑战。例如，电网配套建设不足，制约新能源电力输送；光伏发电受制于昼夜变化及天气变化，风力发电受制于风力大小，需要配以相应的调峰电源，以保持供电的稳定。近年来，济南全市可再生能源发电装机容量不断增加，但新能源发电占比仍有很大提升空间，新能源电力装机布局有待优化。同时，促进新能源基地电力供应稳定的储能设施、智能电网等建设处于规划或论证初期，制约了新能源电力的安全输送和存储，仍需要一定的发展周期和积累。

3. 对新能源企业的管理和服务保障不足。新能源虽然有良好的发展前景，但是仍然处于成本高、投资大、收益慢的阶段，产业核心技术和创新能力不足，受自然环境和发展环境的制约，未能有效带动济南新能源产业链的发展。对新能源企业的政策引导倾斜、鼓励科技创新、督促技术更新、政府财税支持、金融融资投资等方面仍存在一些问题和不足。由于新能源产业是技术和资本密集型产业，投入资金巨大、研发风险极高、时间周期漫长，以及新能源企业大部分都有较大规模的债务融资，贷款过度集中导致新能源企业融资风险高，融资倾向于龙头企业，服务内容也比较单一，因此不利于新能源企业的进一步融资和发展。

（二）新能源汽车领域

1. 自主品牌数量偏少，难以形成规模效应。在现代经济社会中，新能源汽车产业的竞争主要表现在质量、品牌、技术、价格方面。这些表现全都受产业规模的制约，没有一定规模、合理的产业布局，区域内部的产业很难形成一个有机整体，因而很难发挥规模经济效应，导致资源浪费。目前，济南新能源汽车骨干企业和关键零部件骨干企业仍然较少，品牌集聚效应较弱，产量高度依赖比亚迪、吉利等车企，缺乏协同创新和产业集聚效应，导致整体竞争力不足。缺乏电机、电控等关键零部件生产企业，在产业链衍生产品的拓展等方面仍有进一步完善和提升的空间。

2. 关键核心技术创新能力不足。核心技术是指在生产中起到关键或核心作用的技术，而关键核心技术是核心技术最紧要的部分。济南具备支撑新能源汽车产业发展的坚实技术平台基础，但由于缺乏高素质的科研人才和技术积累，济南新能源产业在技术研发方面存在较大的难度，创新能力不足，缺乏整车集成、三电系统、氢燃料电池、智能网联等核心关键技术和自主知识产权。随着消费者对汽车性能和品质的要求不断提高，汽车产业对技术研发的需求也越来越大，电动汽车冬季性能受限、整车安全、大功率燃料电池缺乏等核心技术瓶颈问题，将对济南新能源汽车产业发展造成很大的市场威胁。

3. 里程焦虑和充电难等核心痛点并未解除。与燃油车相比，纯电动汽车的动力系统受到很大的制约。虽然近年来新能源汽车续航里程持续创新，部分车型已达到燃油车续航水平，但是电池的性能不稳定，比如受温度影响极大，随着温度的下降，续航里程会大幅缩减，里程焦虑仍是制约新能源汽车消费的重要因素。目前，济南充换电设施仍未实现停车场、高速公路服务区、普通国省干线公路服务区（站）、居住社区以及公共建筑等重点应用区域全覆盖，制氢站、加氢站、输氢管道等氢能基础设施仍未系统布局，相关基础服务设施在数量和布局上亟须改进。对于消费者来说，若购买新能源汽车作为日常通勤车，与燃油汽车相比的确有很大的成本优势，但若作为家庭首台车用于中长途出行，新能源汽车的短板则会被迅速放大。因此，充电桩数量不足、区域分布不均、技术标准不统一等问题若不能有效解决，将会严重影响消费者对新能源汽车的购买意愿。

4. 新能源汽车后市场发展滞后。随着新能源汽车保有量的攀升和渗透率的快速提高，使汽车售后服务乃至后市场发生了巨大变化。与燃油车相比，新能源汽车的车身结构和技术都发生了根本性改变，这对汽车维修、保养市场产生了广泛影响。目前，济南新能源车后市场处于生长期，专业企业尚未成形起势，新能源汽车售后服务的市场很不成熟，面临着授权、人才、技术、资金等诸多痛点。一方面，济南新能源汽车售后服务市场供给明显不足；另一方面，售后服务企业的技术能力和人员素质参差不齐，适应不了新能源汽车维修、保养的新需求。因此，济南新能源汽车存在售后服务链不完善、维修成本高、保值率低、二手车市场交易不完善等问题，且缺乏新能源车辆拆解、动力电池回收规范性企业，严重制约新能源汽车产业的可持续发展。

三、外地新能源产业发展经验借鉴

胡润研究院分别对各城市的新能源优质企业集聚度、新能源中小企业集聚度、新能源投资热度集聚度进行信息采集和评分，其发布的《2023胡润中国新能源产业集聚度城市榜》显示，深圳、上海、苏州位居前三。

（一）深圳新能源产业发展经验

深圳抢抓国内"双碳"发展机遇，坚持"有为政府"与"有效市场"有机结合的发展理念，聚焦发展新能源科技及新能源产业，既为国家"双碳"行动树立了城市文明典范标杆，也为新产业赛道产生良好的经济社会效益奠定了坚实基础。

一是产业发展政策日益健全。深圳新能源领域迎来政策助力，政府先后出台了《深圳市培育发展新能源产业集群行动计划（2022—2025年）》《深圳市新能源汽车推广应用工作方案（2021—2025年）》《深圳市氢能产业发展规划（2021—2025）》等。2024年6月13日，深圳市工业和信息化局发布了《新能源汽车和智能网联汽车产业高质量发展专项扶持计划操作规程》，明确了对新能源汽车和智能网联汽车产业的扶持政策，包括新建平台项目和已建平台的资助标准，助力深圳市新能源产业集群形成规模领先、创新驱动、融合开放的发展格局，培育壮大一批带动中小企业协同发展的骨干领军企业和创新平台。

二是广泛开展新能源产业合作。作为创科之城、国家科学创新中心，深圳在企业研发、人才吸引、重大科学装置布局、创新生态链、创新市场方面具有积淀优势，积极推动新能源产业集聚区发展，加强与粤港澳大湾区城市交流互动，推动氢能、海上风电等领域互利合作，强化深圳新能源优势产业对粤港澳大湾区城市辐射带动作用。深化与"一带一路"共建国家能源基础设施合作，拓宽新能源"引进来"渠道，加快新能源技术装备和工程服务"走出去"步伐，建成引领全国新能源产业高质量发展的高地。

三是新能源汽车国际市场打开新局面。大量的人才聚集和技术的突破性井喷式发展，为深圳新能源汽车产业链带来新的增长点。新能源汽车已成为深圳的新支柱产业，自主品牌车企表现突出，并在国际市场打开新局面。深圳新能源汽车智造技术突破领先，产业链和供应链完备稳定。2024年1—4月，深圳市电动汽车出口50.7亿元。在新能源汽车领域一直处于"出海"龙头地位的比亚迪，2024年5月共出口汽车3.75万辆，同比增长267.5%，覆盖全球六大洲的 70 多个国家和地区，超 400 个城市。从出口模式来看，除了整车出口，全散件组装出口、海外建厂、与外资合作等多元化模式逐渐涌现，"一车出海带动全链"的模式加速显现。

(二) 上海新能源产业发展经验

上海以全球市场为目标，以提升产业国际竞争力为发展方向，以更好地融入全球产业链价值链为抓手，在关键产业环节和技术节点上实现本土突破，推动新能源产业大力发展。

一是推动传统能源装备提质增效。上海电气作为目前全球能源装备产业门类最全的集团之一，加快构建新型能源体系。在风电领域，上海电气连续八年海上风电新增装机容量排名全国第一，为客户提供配套的风电全生命周期解决方案，开拓"风电+"、海上漂浮式风机、风渔融合等全新应用场景。在光伏领域，上海电气将异质结光伏装备产线与电池片及组件终端产品技术相结合，达到行业领先水平。在光热技术领域，上海电气承接的迪拜光伏光热电站工程项目，是全球装机容量最大、技术标准最高的光热光伏复合发电项目，为中国企业出海提供了经验。在氢能领域，基于在高端装备制造及系统集成方面的技术积累，可提供氢能"制、储、加、用"四大环节全产业链解决方案，建成了国内首个应用于工业园区的"绿氢制—储—用"一体化示范项目。依托自身综合性装备优势，上海电气布局压缩空气储能、抽水蓄能、飞轮储能、锂电储能、液流储能等多元储能技术路线，构建多元储能产业协同发展生态，为电源侧、电网侧、工商业侧等提供一站式"优储"系统解决方案。

二是构建新能源汽车产业生态。作为中国最大的汽车生产基地之一，上海占据着中国汽车工业排头兵地位，凭借深厚的产业基础，良好的营商环境，以及上汽集团、特斯拉等龙头车企的加持，驶入新能源汽车发展的快车道。上海以科技创新开辟新能源新赛道，瞄准纯电、混动和氢燃料等多元路径，以及智能化、电池、电控等核心技术，在多个关键环节形成竞争优势。上海新能源汽车产业的优势不仅在于产量和技术，更在于完整的产业生态和应用创新。嘉定、金桥、临港形成"黄金三角"格局，在临港等新能源汽车集群的合力之下，上海已成为新能源汽车产业蓬勃发展的高地，并对区域经济和产业链展现出强大的"溢出效应"，对长三角地区的辐射效应非常大。

（三）苏州新能源产业发展经验

近年来，苏州紧抓能源转型机遇，超前布局新能源产业，明确了光伏、风电、智能电网、动力电池及储能、氢能和智慧能源的"5+1"新能源产业创新集群发展体系，推动新能源产业强势集聚。

一是打造品牌产业园区。苏州发挥园区对产业的核心承载作用，九大市级新能源产业园授牌成立，形成市域一体、整体联动、高效协同的强大合力。针对产业链关键环节强链补链延链，招引一批绿色低碳领域的龙头骨干企业和优质创新项目，推动各类科技创新和产业发展政策在品牌产业园区先行先试。例如，张家港新能源（锂电材料）产业园持续深耕锂电等细分领域，是全球最大的锂电池电解液生产基地，集聚了天齐锂业、国泰华荣、华盛锂电等一批上市企业、国内外行业龙头；常熟高新区新能源产业园重点发展新能源汽车及核心零部件、氢燃料电池、光伏、先进装备制造等产业，集聚了正力新能源、法雷奥新能源等一批优质企业；太仓高新区新能源产业园聚焦新能源汽车电池、自动驾驶系统、车载产品、汽车电子等重点产业链环节，积极布局新能源汽车零部件产业新业态。

二是搭建新能源产业交流平台。苏州定期开展"1030"产业沙龙活动，搭建龙头企业、科创企业、领军人才、科研机构、金融机构、检测认证机构等常态化交流对接平台。作为苏州市新能源领域的产业对接互助平台、信息学习交流平台，苏州市新能源产业联合会已成为联系政府、企业、高校院所的关键桥梁纽带，在推动产业发展、构筑产业生态中发挥了重要作用。成立光伏、储能、氢能、智能电网和充电桩专业委员会，产业发展规模不断扩大，聚集度进一步提升。继续壮大成员队伍、加强协同创新、推动资源共享，深入打造企业间的集智平台、政企间的沟通平台、产业发展的展示平台，赋能企业成长，助力行业发展。

四、推动济南新能源产业高质量发展的对策建议

(一) 完善新能源产业政策体系

一是以实现"双碳"目标任务为导向，将新能源开发利用作为一项战略目标进行优先安排。各级政府和有关部门要强化对新能源重要战略地位的认识，从全局出发，因地制宜地制定新能源发展规划。推动城市、农村、工业和交通等相关部门制定实施优先利用新能源行动计划，把新能源利用作为能源转型发展的优先选择，为新能源产业提供长期、明确和稳定的市场预期。二是强化能源战略和规划的引导约束作用。以国家和省级能源战略为导向，强化国家能源规划的统领作用，结合当地实际制定地区能源规划，明确能源绿色低碳转型的目标和任务，在规划编制及实施中加强各能源品种之间、产业链上下游之间、区域之间的协同互济，整体提高能源绿色低碳转型和供应安全保障水平。三是完善新能源产业支持政策。鼓励具备条件的企业率先形成新能源消费模式，实施多元化的补贴策略，除对新能源流通环节进行补贴外，适当提高新能源消费环节的补贴强度，维持新能源市场整体良性循环，为新能源产业发展创造良好的市场环境。

(二) 增强新能源供应链稳定性

一是提升非化石能源替代能力，形成风、光、水、生、核、氢等多元化清洁能源供应体系。推进煤电灵活性改造，加快抽水蓄能、调峰气电、新型储能建设，加强配电网改造升级，支撑高比例新能源接入。同时，增强化石能源兜底保障能力，发挥好煤炭"压舱石"作用，稳住存量，发挥好煤炭、煤电在推动能源绿色低碳发展中的支撑作用。二是规划布局好分布式能源项目，提高社会认知度，增强地区能源需求响应能力。尽可能形成多类型新能源集成的分布式新能源发展格局，以增强电力供应稳定性。加强柔性配电网建设，规范上网电价，依靠电价调节产出，最大程度提升分布式能源自消纳能力。三是加强重要能源设施安全防护和保护，完善联防联控机制，重点确保水电站、枢纽变电站、重要换流站、重要输电通道等设施安全。完善能源资源跨区域运输通道和集疏运体系，增强能源跨区域供应保障能力。统筹本

地电网结构优化和互联输电通道建设，合理提高核心区域和重要用户的相关线路、变电站建设标准，增强能源供应网络韧性。

（三）加强新能源产业链上下协同

一是加强新能源产业链上下游联动建设，尤其要打通信息渠道，完善上下游的合作机制，全力保障产业链的畅通稳定。同时，政府有关部门和行业协会也应对供应链上下游实施科学统筹管理，增强信息透明度，合理调控价格，增强新能源产业链韧性。二是鼓励国内外技术领先、实力雄厚的整车制造企业在济投资，加强区域协同，打造具有竞争力的新能源汽车先进制造业集群。加大新能源汽车关键零部件领域精准招商力度，做大做强关键零部件产业。在产业基础好、创新要素集聚的地区，发挥龙头企业带动作用，培育若干上下游协同创新、大中小企业融通发展、具有国际影响力和竞争力的新能源汽车产业集群，提升产业链现代化水平。三是持续关注产业链供需情况，进一步畅通原材料、芯片、电池产供信息渠道，完善上下游合作机制，加大政策支持力度，发挥地方政府和行业龙头企业的关键牵引作用，引导新能源整车、零部件和芯片等企业协同创新，支持开展推广应用、技术攻关、产能提升等工作。

（四）加大新能源技术研发力度

一是坚持创新驱动发展，积极培育重点产业链和关键环节，不断提高能源产业链供应链韧性和安全水平。推动能源创新链、产业链、资金链、人才链、数据链深度融合，推进能源数字化智能化发展，实现能源产业价值链向高端化、现代化迈进。二是加大科研投入和政策扶持力度，通过设立专项基金，加大对核心技术、储能技术基础研究的投入，并通过税收优惠鼓励新能源企业开展自主研发，加快相关科研成果的顺利转化。三是完善新能源领域科技创新体制，支持新能源重点研发机构成立和发展，集中优势资源对新能源领域核心技术进行攻关，并建立和完善新能源技术标准体系，为核心技术研发应用提供标准化管理与服务，补足短板，保障新能源产业供应链自主可控。四是融合国内外科研机构、高校、企业等创新资源，建立多层次新能源技术创新平台，开展新能源核心技术工程化研究，推动相关核心技术突破与产业化发展，加快新能源关键技术攻关与先进技术推广应用。

（五）拓展新能源应用场景

推动新能源高质量发展，需要在全社会各个领域深入拓展新能源的使用范围。一是在宏观层面，以场景为牵引、应用为导向推进新能源产业发展，推动新能源与乡村振兴、城市更新、区域协调、循环经济等重大国家发展战略融合发展，让新能源高质量发展成为推动济南高质量发展的重要动力。二是在中观层面，推动新能源与建筑、交通、制造、消费、出口等进行深度融合，以绿色建筑、绿色交通、绿色制造、绿色消费和绿色出口加快实现经济社会绿色转型发展。三是在微观层面，立足居民生活各个领域，系统推进绿色生活创建行动，深入开展生态文明宣传教育，不断增强全民的节约意识、环保意识、生态意识，加快形成绿色发展方式和生活方式。

（六）加强新能源产业人才队伍建设

一是完善人才政策保障。瞄准新型电力系统、氢能、储能、新能源产业等重点领域，制定出台加快新能源人才创新发展的政策和实施意见，提出更加积极、开放、有效的人才政策，实施专项人才引进计划，开创引才聚才新局面。强化资金要素保障，通过项目补助、平台资助、人才奖励等方式，在人才机制上创新突破，提供全面完善的人才服务，营造创新创业的良好氛围，着力打造重才、引才、用才、爱才的政策环境。二是培育高端能源创新平台。充分发挥济南市已有平台作用，创建新能源领域重点实验室、工程研究中心、技术创新中心、制造业创新中心、企业技术中心、工程研究中心（工程实验室）以及院士工作站、博士后创新实践基地等高水平研发平台和高层次人才创新平台，加快科技成果转化步伐。与高校、科研院所和新能源企业共建科技创新平台，实施重大项目合作，开展人才双向交流，积极引进高端人才和人才团队，实现智力共享、合作共赢。三是突出重要人才引进培养。聚焦新能源重点领域，依托省市重点人才工程，加快建设支撑引领新能源新材料新事业发展的专业化人才队伍，力争引进一个高层次人才、聚集一个高层次团队、推动一个高科技项目，带动一个新兴产业。加强专业人才队伍建设，以清洁替代为战略引领，以新能源项目为抓手，推动新能源业务专业人员内部转岗培训，鼓励员工向风电、光伏、地热等领域流动转移，转化培养一批电力、地热、氢能等新能源业务的管理及技能人才。

五、新能源汽车产业典型案例

（一）比亚迪新能源汽车

作为世界500强企业，比亚迪与济南签署合作协议，在新旧动能转换起步区成立比亚迪汽车工业园，这是目前起步区招引落地的投资规模最大、示范引领最强的重大产业项目。2023年，比亚迪加快投产、释放产能，形成新的增量贡献，新能源汽车生产突破24万辆。比亚迪在济南规划了全方位的智能汽车产业链，在比亚迪的产业布局中，济南基地的重要性可以比肩深圳基地、西安基地，不仅有整车厂，还有动力电池、半导体等配套产业。济南比亚迪整车厂有完整的冲压、焊装、涂装、总装四大工艺，应用行业领先的数字化、智能化技术，在总装线上，输料机器人与工人协作配合，可根据生产节拍实现自动化的柔性生产。2022年11月，比亚迪济南基地首台整车下线；2023年8月9日，比亚迪第500万辆新能源汽车下线，是全球首家达成这一里程碑的车企；2024年3月25日，比亚迪第700万辆新能源汽车下线，创造了新能源汽车产业发展的"济南速度"。比亚迪新能源客车基地，不仅生产电动公交车，还涉足电动物流车、环卫车等多种车型，有效推动了公共交通工具的绿色化进程。此外，比亚迪还在山东省开发了玲珑轮胎、美晨工业及海阳三贤电装等十多家零部件本地供应商，在济阳区开发了十多家配套公司，极大助力新能源汽车领域"鲁军"崛起。

（二）吉利新能源汽车

2020年，济南市与吉利科技集团有限公司签署全面战略合作框架协议，引入新能源车生产线，济南本地生产的吉利乘用车实现了从燃油车到新能源车的跨越。位于济南高新区的启征新能源汽车（济南）有限公司，是吉利汽车集团一级子公司，工厂于2021年6月份开工建设，仅用18个月完成厂房建设和设备安装，比原定工期缩短一半，创造了吉利新基地建设的新速度。工厂采用先进的技术、设备及工艺，代表了国内汽车行业的领先水平，是集数字化、自动化、智能化、柔性化为一体的现代、绿色工厂。吉利集团在济南的投资，侧重于新能源乘用车的高端化、智能化生产，为市场提供更符合消费者需求的新能源车型。除了生产换电车整车，吉利还在济南建立智慧充换电网络，发展充换电车型生态及城市出行项目。当前，济南吉利已经完成月产10000辆的目标，随着吉利产能释放后所形成10万辆的整车生产能力，更多的配套厂商、产业链企业将进入"吉利生态圈"，这将进一步推动济南新能源汽车产业链群的壮大。吉利汽车济南基地的建设和投产，也得到了政府的大力帮扶，济南市高新区开展产业链招商，为工厂招引配套商，对整车厂提质增效、扩大产能，提供了有力支持。在济南市新能源汽车产业发展赛道上，吉利汽车济南基地将继续保持创新速度，助推产业链高质量发展。

（三）中国重汽集团

2023年11月3日，山东省重点装备制造业项目推进会举行。山东重工除了与比亚迪携手在烟台建设潍柴新能源动力产业园，其在济南建设的中国重汽新能源产品试验检测中心，将提升新能源整车及关键零部件研发试验能力，致力于达到世界一流水平。同时，山东重工将与德国博世扩大战略合作，在新能源、高热效率发动机、智能交通等领域链合创新，为全球行业科技进步做出新贡献。中国重汽集团新能源汽车板块开发的产品主要覆盖城市公交、通勤、市政环卫专用车、城配物流载货车、短途或港口牵引车、渣土自卸车等类型商用车。另外，投资建设山东重工光伏发电项目，年发电量1.25亿千瓦时，年减碳11.5万吨，构建清洁低碳安全高效能源体系，为新能源汽车提供用能支撑。从用能构建、关键零部件研发试验能力到整车制造，山东重工构建的"新能源汽车生态圈"，将大大加快济南新能源汽车产业"崛起成峰"的进程。

第十章　济南文旅产业高质量发展研究报告

在国家文化和旅游发展政策驱动下，我国文旅产业以交相融合态势取得跨越式发展成效，经后疫情时代文旅消费暴增刺激以及地方文旅业高质量发展策略引导，这一具有"一业兴、百业旺"强大带动作用的产业，日益显现出新兴战略性支柱产业姿态，成功走出一条独具特色的中国旅游发展之路。实践证明，发展文旅产业，是践行绿色发展理念，促进经济结构优化转型，推动经济高质量发展的重要环节；是带动就业创业，实现共同富裕，提高百姓人文素养和生活品质，满足人民对美好生活向往的重要阵地；是促进文化交流与互鉴，增强城市美誉度和影响力，提升城市软实力的重要渠道，在实现中国式现代化进程中发挥着为民、富民、利民、乐民的重要作用。

2023年9月7日，习近平总书记在黑龙江考察首次提到"新质生产力"时指出："加快形成新质生产力，增强发展新动能。"[①] 之后，总书记在多个会议提到并论述新质生产力。2024年政府工作报告把"大力推进现代化产业体系建设，加快发展新质生产力"列为国民经济和社会发展计划十大任务之首，提出"充分发挥创新主导作用，以科技创新推动产业创新……提高全要素生产率，不断塑造发展新动能新优势，从而促进社会生产力实现新的跃升"战略要求。当前，正在加快构建现代化产业体系、积极参与未来产业整体布局的我国文旅产业，应该深入探讨搭乘新质生产力"快车"、推进文旅产业高质量发展重大命题，找准借力新质生产力破解文旅产业发展难题的路径，加快推进文化和旅游现代化产业取得新的更大发展。

---

① 《习近平主持召开新时代推动东北全面振兴座谈会强调：牢牢把握东北的重要使命　奋力谱写东北全面振兴新篇章》，新华网，2023年9月9日。

一、文旅产业高质量发展离不开新质生产力赋能

党的二十大报告指出："高质量发展是全面建设社会主义现代化国家的首要任务。"① 2024 年全国两会期间，习近平总书记在参加十四届全国人大二次会议江苏代表团审议时强调，"要牢牢把握高质量发展这个首要任务，因地制宜发展新质生产力"②。显而易见，现阶段发展新质生产力成为实现高质量发展这个"首要任务"的逻辑前提。会上，习近平总书记进一步就发展新质生产力要处理好传统产业与新兴产业、未来产业的关系提出明确要求，即"发展新质生产力不是忽视、放弃传统产业"，要"用新技术改造提升传统产业，积极促进产业高端化、智能化、绿色化"，"以科技创新为引领，统筹推进传统产业升级、新兴产业壮大、未来产业培育，加强科技创新和产业创新深度融合，巩固传统产业领先地位"。这为文化和旅游业全面把握新质生产力内涵深意、借助新质生产力实现转型升级指明了方向。积极应对和实施发展新质生产力这一经济社会发展新的战略举措，大力挖掘、培育发展新质生产力，应当成为文旅业贯彻落实新发展理念、实现高质量发展的内在要求和着力之处。

（一）文旅产业具有新质生产力的特质和发展空间

根据政策解读，新质生产力是劳动者、劳动资料、劳动对象三要素更加优化组合带来的具有强大发展动能、引领创造新的社会生产的先进生产力质态。与传统生产力相比，新质生产力是以科技创新为主导力量、绿色发展为关键因素，摆脱传统的经济增长方式和生产力发展途径的先进生产力。新质生产力具有高科技引领、高效能目标和高质量发展的"三高"特性与创新驱动、科技支撑、注重质量和效益的显著优势，发展新质生产力，成为新时代新征程变革生产力、推动生产力迭代升级的客观要求，成为我国经济发展抢抓机遇、占领产业制高点的必然选择，成为实现高质量发展，谱写中国式现代化新篇章的有效途径。由此可以认为，文旅领域新质生产力是坚持新发展

---

① 《党的二十大报告学习辅导百问》，学习出版社，2022，第 21 页。
② 《习近平在参加江苏代表团审议时强调因地制宜发展新质生产力》，《人民日报》2024 年 3 月 6 日。

理念，以场景、体验和业态模式技术创新为核心，以体制、机制和管理手段创新为依托，摆脱传统经济增长方式，以生产力三要素优化组合与擢升为基本内涵，实现高科技、高效能、高质量发展的先进生产力质态。

相较于其他产业，文旅产业具有成长性高、带动性强、绿色可持续等属性。随着科技日新月异，文旅产业不断与高科技、智能化融合，借助强大的创意转化，日渐形成内涵丰富、新颖别致、多元多彩的新业态。这种新业态无疑归属于"创新活跃、技术密集、价值高端、前景广阔"等特点的未来产业和现代化产业范畴。依据新质生产力注重"科技创新"和"绿色发展"的主旨，我国文旅产业堪称新质生产力的要素集聚地，富含新质生产力的特质，拥有广阔的发展空间。当下，文旅产业大力培育与激发新质生产力，天地广阔、大有可为。

（二）高品质文旅供给是促进文旅产业高质量发展的重要门径

2024年5月17日，党中央首次召开以旅游发展为主题的重要会议——全国旅游发展大会，会上传达了习近平总书记对旅游工作做出的重要指示："着力完善现代旅游业体系，加快建设旅游强国，让旅游业更好服务美好生活、促进经济发展、构筑精神家园、展示中国形象、增进文明互鉴。"这为推动我国文旅产业高质量发展行得稳、走得远提供了重要指引和目标要求。随着经济的发展、社会的进步和消费观念的更新，大众文旅消费已由传统的景点观光单一层面向休闲度假、观史品文、探幽揽胜等沉浸式、多样化需求转变，这种由感知与交互模式造就的沉浸式体验，与其说是对高品质文旅产品供给的迫切需求，毋宁说是对培育文旅新质生产力释放出的强烈信号。应当说，当前以新质生产力驱动文旅体验场景技术革新、模式更新以及业态创新迎来难得机遇。

科技作为现代社会的第一生产力，触角已经深入文旅产业并发挥着重要作用。"智能旅游产品""智慧服务项目"乃至"数字监管系统"这些出现在我们身边的文旅体验新模式，为文旅产业增值与迭代提供了新手段，为拉升文旅消费注入了新动能。可以说，文旅业借助互联网与科技创新生发高质量发展潜能，已成为不争的事实。深入挖掘并充分利用当地文化旅游资源，通过融入高科技、增设新模式、拓展新业态，以"新"引潮流、"智"造体验，开发更多文化旅游新产品、新场景、新业态，着力增强高品质文旅产品与服务供给，构建种类丰富、创新活跃的文旅供给体系，必将更好满足新时代大众求知求美求乐的文旅需求。

（三）文旅产业和新质生产力的相互渗透作用日趋走强

新质生产力与文旅发展之间确实存在着相互渗透的关系，且这种作用力呈日趋走强之势。一方面，新质生产力的引入和应用，既可刺激文旅资源的深度开发、项目技术的创新升级和不同行业的跨界融合，又能提高旅游资源的高效利用，以多元的文旅产品和多样的文旅服务创造新的经济增长点，进而充盈文旅场景的内涵与外延，为产生文旅内容新价值、打造消费体验新模式，促进文旅深入融合注入创新活力和发展动能。另一方面，文旅产业高质高效发展，对培育新质生产力起着重要作用，具有需求场景"孵化"、吸引人才"催化"和传播效应"极化"的功能，为刺激新质生产力蓬勃成势提供施展场域、人力资源、流转扩布等基础条件。中国游戏研究院与中国科学院自然科技史研究所联合发布的一项课题成果显示，"文化产业的网络游戏技术对于芯片产业、高速通信网络产业、AR/VR 产业分别有 14.9%、46.3%、71.6%的科技进步贡献率"[1]。如今，归于文创产业的网络游戏，以其巨大的市场需求，已然并持续成为云计算、5G、VR/AR、大数据、人工智能等数字前沿科技的试验场，足见这一文化领域新业态发挥着推动科技进步的强大作用。

中国式现代化发展研究院高级研究员石培华认为："文化和旅游高质量发展的过程，就是一个新质生产力不断形成和发展的过程。"[2] 我国文旅发展历经"资源驱动""资本驱动"到如今的"创新驱动"，始终紧随大众消费趋新求变需求，实现了文旅产品或服务从"有没有"的规模供给到"好不好"的品质跃升。这种发展方式的突破，表面来看是通过经济社会进步发展带给大众消费观念的升级，实则显现的却是互联网、大数据、人工智能等科技创新

---

[1] 祁述裕：《论文化在培育新质生产力中的价值和作用》，"祁文共赏"公众号。
[2]《加快培育新质生产力 赋能文化与旅游高质量发展》，《中国文化报》2024 年 3 月 7 日。

因素（或说新质生产力因素）在文旅市场发挥的巨大作用。不得不说，新质生产力早已充当起拓展与提升文旅消费新需求、新场景的重要角色，并越发彰显出重塑文旅产业与大众消费关系、优化文旅消费环境的驱动力。文旅发展由粗放低端向品质高端跨越，在寻求科技与创新赋能文旅产品供需平衡的同时，也凸显了文旅产业对经济社会发展的独特贡献，彰显了文旅产业创造现代美好生活的社会效益和应有价值。由此可见，我国文旅产业发展表征与脉络同新质生产力特征十分契合，满足人民群众高品质文旅消费需求与发展文旅新质生产力相互促进、相得益彰。

二、济南市文旅产业发展概况与成效

近年来，济南市文旅产业发展进程持续加快、产业要素日益集聚、品牌影响不断扩大，经济规模迈入全市千亿级产业行列。2023年以来，济南文旅立足新发展阶段，贯彻落实习近平总书记关于"发展新质生产力是推动高质量发展的内在要求和重要着力点"[1]的重要论述和精神要求，充分认识培育发展新质生产力的重大意义，开拓创新高质量发展实践，逐步形成全市文旅产业全域化发展、品牌化提升、融合化创新、优势资源集群化发展格局，为推动济南经济社会发展、扩大内需、丰富人民群众精神生活发挥了重要作用。

（一）自然与人文旅游资源丰厚

济南泉水众多，"山泉湖河城"浑然一体，独特的城市风貌和悠久灿烂的历史文化，为济南文旅产业绿色化、高质量发展提供了得天独厚的自然生态资源和历史文化资源。

一是自然生态资源丰富。泉水是济南城市的魂脉，四大泉域、十大泉群、千余处天然泉涌分布在全市街、巷、庭、院和山区郊野。城内群山连绵，坐落着千佛山、华山、香山等30余座名山。截至2023年，全市建成山体公园87处，济南成为全国山体公园最多的城市，获住房和城乡建设部设立的"中国人居环境范例奖"。黄河、大汶河、小清河等6条大型河流穿境而过，玉符

---

[1] 习近平：《发展新质生产力是推动高质量发展的内在要求和重要着力点》，《求是》2024年第11期。

河、兴济河等130余条主要河流纵横成网。省级以上湿地公园15处（国家级5处，省级10处）。温泉资源丰富，是国家自然资源部命名的"中国温泉之都"，全市10个县区均有温泉资源。

二是历史文化资源厚重。拥有2600多年城市发展史的济南，有史前文化重要代表龙山文化遗址、体现人类文明进步的铜山古冶铜遗址、先秦时期的牟国故城遗址和嬴城遗址、曹刿论战的长勺古战场、开创长城建筑史先河的齐长城、始建于东晋的灵岩寺、我国现存最早的地面房屋建筑孝堂山郭氏祠、我国现存唯一的隋代石塔四门塔，以及体现济南古代城建史的明府城、孕育济南近代城市文明的老商埠、我国北方地区典型的山村型古村落朱家峪等一大批文化遗存。济南自古多名士，先贤虞舜、至圣孔子、贤相管鲍、神医扁鹊、名将秦琼、枭雄曹操、诗仙李白、诗圣杜甫、词人李清照和辛弃疾等，一大批历史名人在济南留下生活足迹和文化典章。

三是革命遗址众多。济南有众多革命文物、革命遗址。党的一大代表王尽美、邓恩铭在这片热土上播下革命火种，济南战役、莱芜战役、大峰山革命根据地给这座城市留下宝贵精神财富。近年来，济南市高度重视红色资源保护利用，出台革命文物保护利用工程实施意见，整合济南战役纪念馆、英雄山革命烈士纪念塔、中共山东早期历史纪念馆、解放阁等，打造了济南红色研学旅游线路。蔡公时纪念馆、老舍纪念馆、胶济铁路陈列馆等特色"文化客厅"陆续面向社会免费开放，成为爱国主义、传统文化教育基地。截至2023年，全市有96处遗存被列入革命遗址名录，这些地方凝结着党和人民英勇奋斗的光荣历史，是开展党性教育和爱国主义教育的重要基地。

四是公共文旅设施齐备。据统计，全市共有市级以上文物保护单位437处、公共博物馆13个、档案馆13个、公共图书馆13个、文化馆（站）173个、历史文化街区3个。作为鲁菜主要发源地，济南美食佳肴不胜枚举，高档酒店（星级酒店52家，其中五星级7家、四星级24家）、精品饭店、特色饭店、美食城、美食街、娱乐餐饮、传统小吃店、庄户饭店等形成多层次、多样化经营格局。截至目前，全市餐饮企业及经营业户约2.7万家，一大批经典鲁菜、传统小吃、"老字号"餐饮名店深挖本地特色，吸引八方来客。

（二）产业规模持续提升

济南文旅产业规模不断壮大，形成了领军企业主导、骨干企业支撑的文旅产业集群，为文旅产业及其相关领域产业融合发展，加强科技创新和产业创新，统筹推进传统产业升级、壮大新兴产业、培育未来产业打下了坚实基础。

一是规上企业发展势头良好。据统计，2023年全市规模以上文化企业营收1225.15亿元，同比增长15.30%。2023年，全市旅游总收入1132.88亿元，接待国内外游客1.06亿人次，同比分别增长61.92%、65.46%。

二是产业载体日益壮大。第四次全国经济普查统计显示，济南市文化产业法人单位近2.5万家，较上周期统计增加1万多家。其中，规上文化企业549家，营收过100亿元的2家、10亿元以上的19家、过亿元的142家。互联网传媒集团、山东出版传媒集团等文化服务类企业，数字出版、创意设计、动漫影视等高附加值文化服务行业迅速崛起。截至2023年，全市省级以上文化产业示范基地20家，全市网络视听制作单位521家，占全省网络视听制作单位的比例为23%，旅行社510家，同比增长31.1%，其中出境组团社61家、国内社449家、出境组团社数量居全省首位。A级景区共89家，其中5A级1家、4A级19家，省级旅游度假区2处（雪野湖和五峰山），省级以上旅游休闲街区5处，其中国家级2处。省级以上工业旅游示范基地10个，其中国家级2个。省级文旅康养强县2个，省级康养旅游基地、省级中医药健康旅游示范基地，省级、市级中医药健康旅游示范点共计14家。省级研学旅行基地27处，省级体育旅游示范基地3处。省级精品文旅名镇7个，省级乡村旅游重点村25个，省级旅游民宿集聚区16个，泉城人家民宿133家、724个单体。旅游产业呈现错位布局、差异化、全域性发展特点。

三是产业集群凸显融合发展效应。全市精品旅游企业集群、济南出版产业集群、济南数字影音产业集群、济南创意设计产业集群荣获全省"雁阵型"企业集群称号，四大集群营业收入超过千亿元。山东世纪开元、中国广电网络山东分公司、山东海看网络科技（山东）股份有限公司、省文旅发展集团、市文旅发展集团入选山东省"十强"产业集群领军企业，山东出版集团列入全国文化企业30强，济南双泽翻译咨询有限公司蝉联4届"国家级重点文化服务出口企业"，同圆设计院等大型文化企业在国内处于领先地位，基本形成领军企业主导、骨干企业支撑的文旅产业集群。

（三）文旅消费不断增长

无论是开展文化惠民消费、刺激夜间文旅消费，还是创新打造"泉"在济南系列活动，目的都是增强文旅体验的新鲜感、互动性和吸引力，激发文旅消费活力，提振旅游消费水平，实现文旅产业高质高效发展，满足新时代人民群众对美好生活的向往，提高人民群众的获得感、幸福感。

一是文化惠民消费活动带动作用明显。截至2023年，共开展七届文旅惠民消费季活动，投入惠民资金近1.1亿元，直接带动消费超过5亿元，综合带动消费近30亿元，有力促进了文旅消费升级，拉动了城市经济增长。济南获评首批国家文化和旅游消费示范城市。

二是夜间文旅消费渐成热点。组织开展"泉城夜八点"活动，依托省会大剧院、开心麻花剧院、北洋大剧院等30余处重点场馆，举办戏曲、曲艺、杂技、歌剧、音乐、喜剧等文化夜场，重现济南"曲山艺海"风采。定时举办"泉城夜宴·明湖秀"，打造夜晚"船游泉城"系列产品。引导趵突泉、方特东方神画、九如山、野生动物世界等10余家景区推出夜休闲旅游节、消夏灯光节、音乐露营节、夜探动物城等30余项大型活动，推动济南文旅由日间观光旅游向全天候体验旅游转变，城市吸引力大幅提升。目前，济南市获评省级以上夜间文化和旅游消费集聚区9家，其中国家级3家、省级6家。

三是创新推出"泉"在济南品牌。全力推出"泉"在济南系列品牌IP活动，抢抓春节、清明节、五一节假期文旅红利期，策划推出一系列文旅活动。春节期间推出"泉"在济南过大年主题活动，一系列精彩纷呈的活动令人目不暇接，浓浓的年味，古老的年俗，吸引着八方游客。五一期间，整合特色文旅资源，设计了30多条春游线路，为游客奉上丰富多样的春游大餐。据统计，春节期间全市28家重点监测景区共接待游客470.5万人次，实现营业收入1.1亿元，入围"南方居民前往北方的十大热门目的地"，入选"2024年春节国内热门城市人口迁入热度同比增幅TOP10"榜单。五一假期纳入重点监测的天下第一泉、千佛山等全市30家景区共接待游客364.5万人次,实现营业收入1.14亿元。① 文旅数据实现了"长红"的良好开局。

(四) 文艺精品大量涌现

在经济转型升级需求下,借力文旅融合发展大势,紧抓创新创造艺术生产力这一突破口,开拓艺术人才引进培养新模式,打造高端艺术人才,调动市属国有文艺院团能动性,为大众提供高品质艺术产品和旅游产品。

一是培育高层次艺术人才。2023年,济南市印发《关于推动市属国有文艺院团高质量发展的实施意见》,制定《济南市属国有文艺院团绩效管理考核实施办法》,组建了济南市戏曲曲艺中心,在全省率先建立文化艺术专业高层次人才分类认定目录,探索设立"首席艺术家"制度,打造高层次优秀艺术人才队伍,激发了广大文艺工作者开拓创新、多出精品的工作干劲。

二是大力创排文艺精品。出台舞台艺术创作三年规划,围绕抗击疫情、城市更新、讲好名士故事等重大主题,创排京剧《大舜》《婚事》,红色京剧《邓恩铭》,杂技剧《泉城记忆》,吕剧《生命日记》,莱芜梆子《家住小清河》等一批优秀剧目,《泉城记忆》等4个项目荣获第十一届全国杂技展演优秀剧目和优秀节目奖,音乐剧《不一样的焰火》入选第二届全国优秀音乐剧展演,话剧《英雄山》作为纪念济南解放75周年献礼作品的专场汇报演出,受到广大观众的交口称赞。近两年,市属院团荣获省级及以上艺术奖项35项,其中国家级奖项18项,获奖数量位居全省前列。

三是影视力作频频呈现。电视剧《三泉溪暖》《警察荣誉》在中央电视台综合频道和电视剧频道黄金时段热播,纪录片《悠然见南山》荣获国家广电总局"五个一百"网络正能量优秀纪录片推优大奖,戏曲电影《吴来朝》在农村院线放映超过1万场,2023年电视剧《大道薪火》在央视一套黄金时段热播。市文旅局与开心麻花联合出品的原创大戏《七平米》《我的妈呀》《天才少年》在济南首演,好评如潮。

(五) 城市影响力快速提升

文旅产业在扩大城市影响力、提升城市软实力方面有着得天独厚的条件。

---

① 数据来源于《"泉"在济南点燃泉城的"假日经济"》,济南宣传网。

全市各级各部门同心聚力促进文旅产业发展，精准谋划活动方案，以文旅融合推动城市文化多元化，增强城市文化包容性，提高泉城知名度，加快提升城市影响力和吸引力，不断优化国内外文化发展环境，为城市发展注入活力与动能。

2023年以来，以宣传城市整体形象为目标，策划举办了"超燃五一乐游泉城"主题活动、"爱上济南"城市表白季、"美丽之都潮流一夏"2023济南城市美丽季、"多彩金秋打卡泉城"济南漫游季等活动，形成贯穿全年的城市节事活动体系。成功举办、承办"东亚文化之都·济南活动年"闭幕式、国际短视频大赛、全国杂技展演、全国图书交易博览会、大学生戏剧节、"涌动泉城"游泉打卡、"泉"在济南系列品牌IP活动、韩美林艺术展、中国非物质文化遗产博览会等重大文旅活动。策划开展了"泉水甲天下，幸福游济南"国际推广活动，组织9个出访团组赴11个国家和地区开展国际人文交流，参加了"中国（山东）·科威特文化和旅游年"、香港国际旅游展。新冠疫情防控转段后，济南市文旅系统首次到境外开展面对面文化交流活动，走进阿联酋迪拜成功举行济南文旅专题推介会，进一步扩大了天下泉城的吸引力和影响力。

三、济南文旅产业发展存在问题与挑战

尽管济南市文旅产业发展成效显著、势头向好，但随着我国经济快速发展、科技日新月异以及人民群众对美好生活有了新期待，济南文旅产业也暴露出一些短板不足，面临诸多困难和挑战，特别是在中央提出传统产业也要注重发展新质生产力的战略要求下，济南文旅产业自身存在的观念滞后于实践、体制机制改革不到位和管理方式守旧等问题更加凸显。

一是发展新兴产业和未来产业意识淡薄。作为现代经济发展的重要组成部分，战略性新兴产业和未来产业是新质生产力的重要指向，可为文化和旅游产业高质量发展注入强大动力。从目前情况看，济南文旅产业对新兴产业和未来产业发展动向、成长脉络关注度不高，变革传统产业、创造新动能的主观能动性不足，催生、应用新质生产力的积极性有待提高。受文旅科技创

新、机制创新、模式创新意识和能力等多重因素的制约，济南市尚未涉足与新兴前沿科技深度融合的元宇宙体验、高端智慧旅游以及混合现实等技术的实践应用，高效、高品质地开发利用文旅资源方面面临挑战，无法有效链接各业态，难以实现"文旅+"内涵与外延的拓展。

二是提高保质保量供给引领文旅消费新需求的能力有待提高。满足人民群众日益增长的高品质精神文化需求，靠的是优质、丰富、惠民、便捷的文旅产品供给，需要强化特色文旅品牌培育，发展新质生产力，从而推动文旅产业高质量发展。后疫情时代，济南市文旅产业仍未彻底摆脱委顿，存在产品供给不足、品质参差不齐等状况，文旅消费、文旅带动性综合效应尚未达到预期。比如，2023年旅游接待人次虽然比2019年增长了6.5%，但旅游收入仅恢复到2019年的89.4%，说明以高质量供给刺激旅游消费的关键节点还没有完全打通。

三是金融及项目要素保障能力不足。金融是健全现代文化产业体系和市场体系的重要支撑。文旅产业投资大、回报周期长、抗风险能力，一直被融资难困扰，存在文旅项目招商难、落地难问题。高端优质文旅项目落地较少，其原因在于影响项目落地的土地指标、规划调整、资金保障、电力设施等诸多问题悬而未决，单靠主管部门协调全局难度较大。应加大政策扶持力度，相关部门通力合作，树立集成发展大文旅理念，促进文旅与相关产业融合发展，以文旅产业大项目建设带动科技创新和产业升级为依托，以文旅资源与金融资本有效整合与对接为保障，共同为文旅产业高质量发展注入强劲力量。

四是产业核心竞争力不够强大。从新质生产力角度看，文旅产业高质量发展的核心竞争力是创新驱动、人力资本增值与科技支撑。总体看，济南文旅企业规模不大、结构不优、主业不强，与省会城市地位特别是强省会战略要求不相匹配，文化创新创意人才匮乏，数字化专业运营团队紧缺，数字旅游产品数量偏少，智能信息服务水平及精准度不高，科技创新引领的新业态贫乏，民营文旅企业小而散，抵御风险能力弱，少数文旅项目经营不善，航母型文旅企业欠缺，头部产业强化带动力有待提高，缺乏类似西安"大唐不夜城"的引爆型文旅项目，现有文旅项目大多停留在观光型低端层面，升级迭代速度缓慢。

四、推动济南文旅产业高质量发展的对策建议

当前，推动高质量发展成为全党全社会的共识和自觉行动，成为经济社会发展的主旋律，更是文化和旅游产业的战略任务和发展目标。2024年5月23日，习近平总书记在济南主持召开企业和专家座谈会并发表重要讲话，指出："传统产业改造升级，也能发展新质生产力。"① 在新质生产力主导的时代变革中，全市各级各有关部门应当以更高站位，彰显使命担当，坚持"以文塑旅、以旅彰文"的发展理念，推进文化和旅游深度融合，深入学习贯彻习近平总书记关于旅游发展的一系列重要论述，"完整准确全面贯彻新发展理念，坚持守正创新、提质增效、融合发展，统筹政府与市场、供给与需求、保护与安全、国内与国际、发展与安全"②，以构建现代文旅产业体系为抓手，促"新"强"质"，因地制宜打好"特色牌"，找准主攻方向和着力点，全力提供物质文明与精神文明协调发展的高质量文旅产品和服务。

（一）加快培育文旅新质生产力，寻求文旅内外大融合

所谓大融合，就是通过自然、人文、科技、人才等资源的重新组合、转化，实现创新价值和价值共创。可以说，具有一定深度和广度的文旅内外大融合，可为文旅产业转型升级提供土壤、为文旅产业蓬勃发展提供广阔空间。以新质生产力赋能文旅产业深度融合，应抓住两个方向。一是文旅产业与自然资源和生态文明建设的融合要更广泛、更深入、更有效，打造低碳生态屏障，扮靓绿色颜值景象，让绿色生态旅游成为文旅产业主基调；二是文旅产业与相关产业的融合要更快速、更全面、更有力，共同致力于产业的新兴化与未来化，通过创新驱动提高文旅产业科技含量和智能水平，提高文化旅游的思想性、知识性、趣味性、审美性，增强人们的新鲜感、互动性和吸引力，激发文旅消费新活力，实现文旅产业高质高效发展，在满足人民群众精神文化需求的基础上充分展现文旅产业的民生属性、幸福属性。

---

① 《风正好扬帆——习近平总书记考察山东并主持召开企业和专家座谈会纪实》，《人民日报》2024年5月26日。
② 《习近平对文化旅游工作作出重要指示 强调着力完善现代旅游业体系 加快建设旅游强国 推动旅游业高质量发展行稳致远》，《人民日报》2024年5月18日。

一要寻求文旅领域的深度融合。系统梳理济南特色历史文化资源和生态旅游资源，以泉水文化为根、名士文化为脉，融汇龙山文化、商埠文化、红色文化等多元文化，有机结合"山泉湖河城"的济南独特城市风貌，构筑济南绿色文旅矩阵。擦亮"天下泉城"名片，结合"一环一湖"景观带和济南古城（明府城片区）保护提升工程，重点做好创意化的光影秀、场景化的小演艺、互动式的亲水平台、游船上的鲁菜宴席、堤岸上的文创市集、古街里的泉水人家、老城里的非遗手作等泉水创意业态，形成泉水文化和泉畔市井的集中沉浸体验地。在南部山区泉源之地、百脉泉泉群、洪范池泉群等泉水资源丰富地区，打造泉水民宿度假、泉水古城旅游、泉乡休闲游等泉水文化体验新模式。在培育文旅新质生产力过程中，要注重推广绿色旅游理念，开发生态旅游、乡村旅游等产品，促进旅游业与经济、文化、社会、环境的协调发展，在促进行业可持续发展的同时为经济社会的高质量发展做出文旅贡献。

二要加强文旅与相关产业的紧密融合。提高文旅产业与文创业、商贸业、制造业等产业的黏合度，力求与相关产业共同迈向绿色化、新兴化与未来化产业发展之路，赋予城市更多智慧服务、智能体验和数字应用等现代化元素。立足济南自然资源和人文资源禀赋，优化打造"一核、两带"文旅产业发展宏观空间布局。

一核，历史文化名城核心区。聚焦泉水文化，高水平打造泉水国际旅游标志区。重点提升济南自然、历史、文化渊源深厚的五个特色片区。明府城片区。整合文化、旅游、商业等资源，构建"泉水人家、泉城记忆、曲山艺海、漫游济南"等主题产品，融入现代时尚元素，创建国家文化产业和旅游产业融合发展示范区，建设世界级城市休闲旅游目的地。老商埠片区。以传承商埠百年历史、弘扬优秀传统文化为基础，着眼"一园十二坊"整体规划布局，活化利用传统建筑，导入先锋商业、时尚文化、特色文创等业态，将老商埠片区打造成为济南历史文化元素与现代文化产业融合的老城复兴新名片。千佛山片区。利用优美的山岳自然生态与深厚的大舜文化底蕴，保护与更新相结合，以"显山、彰文、融城、宜游"理念，打造集观光游览、文化体验、健身休闲、研学教育等功能于一体的城市山岳型文化生态旅游区。洪楼片区。发挥"百年山大"文化优势，展示中外融合、古今融合、城校融合的洪楼片区独特文化氛围，打造丰富多样的城市空间。小清河—黄河南岸片区。延伸城市南北文化中轴，传递泉城文化、小清河文化、黄河文化，打造两岸协同、拥河发展的桥头堡。

两带，区域文旅资源整合带。挖掘历史文化资源与自然遗产资源，推进串点成片、连线成带的保护与利用，构建济南文旅发展新格局。黄河文化旅游带。发挥183公里济南段黄河整体带动和线性串联作用，聚集整合沿黄地区历史文化与自然资源，统筹推进黄河沿线文化遗产保护、生态环境景观提升和公共文化服务设施建设，打造沿黄高品质文化旅游廊道，协同发展传统古村、湿地绿洲、精品展示、农耕田园、风情体验五大特色文旅板块。齐长城文化旅游带。依托济南境内218公里齐长城遗址，注重保护传承、加强研究发掘、完善环境配套、推进文旅融合，建设齐长城国家文化公园。加快建设齐长城一线五村、广里源头和章莱齐鲁古道等文旅融合项目，分类推进管控保护、主题展示、文旅融合、传统利用等主体功能区建设。

（二）以新质生产力激活文旅创新原动力，延长文旅产业链和价值链

知识经济时代，经济发展追求的是高质量和厚价值，需要通过先进生产力延长业态产业链和价值链。习近平总书记指出，新质生产力"特点是创新，关键在质优，本质是先进生产力"[1]。培育壮大具有新质生产力特征的文旅产品与服务，要始终牢记新质生产力"以新促质"的核心要义，坚持"关键在于创新驱动、焦点在于高质量发展"的实践要求。在这里需要说明的是，"培育新质生产力不仅要关注科技的力量，而且还要重视文化的力量"[2]。要秉持以文化为灵魂、以科技为支撑、以绿色为基底的理念，聚集引导和激发文旅创新的原动力，点燃拓展发展空间和高效运营的强引擎，驱动文旅持续发展和赢取综合效益的助推器。当前，依托城市产业发展基础和文旅项目规划，济南可打造"四组团"实践，塑造文旅产业的竞争强力和发展优势。

---

[1] 习近平：《发展新质生产力是推动高质量发展的内在要求和重要着力点》，《求是》2024年第11期。
[2] 祁述裕：《论文化在培育新质生产力中的价值和作用》，"祁文共赏"公众号。

东部现代旅游组团。以历城区、章丘区为重点，整合区内文物遗址、工业遗存、文化产业、自然生态等资源，依托齐鲁科创大走廊，以融创文旅城、明水古城、野生动物世界、华侨城欢乐荟等一批重大项目为支撑，加快文化旅游与科技深度融合，发展以科技体验为主导的元宇宙、虚拟体验、亲子旅游等项目，做足"文旅+现代科技"的文章。

西部康养旅游组团。以槐荫区、长清区、平阴县为重点，整合区域内生态湿地、医疗康养、文博场所、特色农业等资源，重点建设国际医学城、扁鹊康养小镇、玉符河生态风貌带、芳蕾玫瑰田园综合体、阿胶古镇、网络视听产业基地等项目，做足"文旅+医疗康养"的文章。

南部生态休闲组团。以南山、莱芜区、钢城区为重点，立足优美的生态资源、丰富的旅游资源、深厚的文化资源，提质发展乡村旅游、精品民宿、森林康养、山水度假、红色研学等业态，重点打造西营、雪野民宿集聚区，推进马鞍山清宁小镇、莲花山茶旅融合项目建设，支持雪野湖创建国家级旅游度假区，引导钢城区打造辛庄乡村振兴农文旅示范区，做足"文旅+生态休闲"的文章。

北部温泉度假组团。以济阳区、商河县为重点，围绕地下温泉、农业和非物质文化遗产等优势资源，以温泉为龙头，以康养为核心，以鼓子秧歌国家级非遗为重点，提升建设商河温泉基地、北纬37°温泉悠养小镇、瑞阳温泉酒店、秧歌民俗村等项目，做足"文旅+温泉资源"的文章。

（三）充分运用数字创新创意，促进文旅产业提质增效

2024年5月，习近平总书记在山东考察时强调："大力推进文化数字化，让社会主义先进文化为经济发展增动能增效益、为旅游休闲增内涵增魅力、为城乡社会增正气增活力。"[①] 其中，"推进文化数字化，为旅游休闲增内涵增魅力"，进一步指明了"以文塑旅、以旅彰文"的实践理路。在科技塑造文旅发展新动能、新优势，促进文旅产业转型升级大背景下，济南市应当在强化公共数字文化资源建设基础上，充分发挥高新科技引领、支撑文旅产业发

---

① 《习近平在山东考察时强调以进一步全面深化改革为动力 奋力谱写中国式现代化山东篇章》，《人民日报》2024年5月25日。

展的动力作用，向信息技术要动能，向人工智能要优势，让传统旅游资源在高新技术的叠加效应下"热"起来、"火"起来。借鉴"深圳5G+体验乐园""数字云南""重庆智慧旅游平台""江西5G景区"等数字旅游典型地区创新做法和经验，打造数字济南文旅品牌。推进文旅数字化、网络化、智能化发展，采用大数据、云计算、物联网等数字化技术掌握市场动态，适应消费者需求，分析消费者兴趣点，引领文旅消费新风尚。强化旅游信息数据整合、共享、应用，提高文旅产品和服务的精准性和竞争优势，正是文旅新质生产力所强调的构建以人为本的文旅发展体系，向游客提供优质、个性化服务，提升游客满意度的根本所在。

一要活化利用济南地域文化遗产，通过制定国家级、省级文物保护项目计划，推进城子崖考古遗址公园、大辛庄考古遗址公园、三官庙汉墓博物馆等文物项目建设。利用VR、AR、5G等数字技术，打造虚拟现实场景，为观摩者提供数字化、智慧化观展服务，让人们各取所需、自主自如获取景点信息；在公共博物馆推广持证导游进馆讲解，支持利用社会力量兴办博物馆；尽快推广全市"线上博物馆"，让市民游客不必东奔西跑就能轻松实现"云上游"。

二要实施非遗名城建设"一十百千万"行动计划。推进历下区建设省级泉水文化生态保护实验区，打造一批"非遗+旅游"精品线路，通过渗透数字技术，构建虚拟现实景区，让优秀传统非遗文化"活起来""亮起来"，让市民游客通过互动式感知历史文化，增添文化自信心、自豪感；实施"非遗+"项目，推出一批具有泉城特色、创意新颖、携带方便的非遗类伴手礼，提高数字文旅资源利用率，完善设计创意、产品加工、宣传推介、渠道营销一体化文创产业链。

三要发挥济南市泉水资源优势，策划举办"涌动泉城"济南游泉打卡系列活动。通过游泉打卡（游泉护照）、国际定向寻泉赛、名泉楹联书画摄影展、"醉美泉水"短视频挑战赛、"宝藏泉水"旅游攻略大赛、"我和泉水的故事"主题征文等贯穿全年的六大泉水文化旅游活动，引入虚拟现实或增强现实娱乐活动，把"老调弹出新韵"，刺激传统旅游景区旧貌变新颜。

四要培育娱乐演艺新业态。围绕"景区+演艺""商场+演艺""街区+演艺"等，聚焦热门景区、中心街区、大型社区空间载体，形成"1+N"旅游演艺产业布局；丰富夜间文旅消费载体，精心培育"泉城夜八点"夜游品牌，推出夜景、夜购、夜娱、夜食等夜休闲旅游项目，满足游客数字化、时尚化、个性化文旅需求，延长文旅消费链条。

五要鼓励九如山、九顶塔、方特·东方神画、野生动物世界等景区，世茂宽厚里、印象济南·泉世界等街区，推出音乐节、艺术节等演艺活动。支持A级旅游景区、主题公园、特色街区、乡村旅游区等运用虚拟现实、增强现实等技术开发沉浸式体验项目，推出无人机表演等产品；提升基础设施智能化水平，针对4A级以上景区、旅游度假区、特色小镇等部署5G网络，推进"5G+智慧旅游"应用尽快落地，为游客提供一站式服务，让游客享受便捷、高效的优质旅游服务，让4A级以上景区率先生发科技赋能文旅高质量发展的勃勃生机。

（四）打造济南文旅品牌文化IP，提升泉城国际影响力

根据北京大学信息管理系周庆山教授的概念理解，IP指的是品牌标识。打造IP的目的在于建立起品牌注意力、影响力和感召力。"品牌原型能够引发消费者深层的情感，其目的和意义是让品牌能够在消费者心中'活起来'。"[1]文旅产业作为扩大内需、提振消费的重要领域，要着力打造知名文化品牌。济南市要通过树立文旅文化品牌，打造知名文化企业，壮大文旅产品载体，夯实产业发展支撑。一个城市一旦拥有文旅知名品牌就可以实现产业化，再通过媒体化、虚拟化、商品化和资本化运作，将品牌变成催生新质生产力的文旅产品，达到推动城市旅游、产业开发等品牌化目的。文化品牌需要营销，这种营销不是推销，不能单纯靠做广告，而是重在树立城市形象，制造有内涵、有议题的宣传推介，这就需要转变营销理念，实现从推销旅游景点线路到做好城市整体营销的转变。

一要打造城市网红文化地标。策划"最济南"网络营销活动，打造具有网红特质的文旅新场景、新点位、新地标，推出具有泉城特色的潮流歌曲、

---

[1] 周庆山：《城市软实力的文化构建》，源自2023年黄河流域省会城市"提升城市软实力"高端论坛发言。

影视作品、网红地标、精品项目,利用抖音、小红书等年轻人喜欢的社交平台流量加持,提升城市关注度和影响力。

二要创新主题营销活动。持续举办"泉"在济南、"超燃五一乐游泉城"、"爱上济南"城市表白季、城市美丽季、盛夏泉城狂欢季、金秋泉水旅游季、冬日济南冰雪季、新春民俗贺年季等系列活动,策划形成贯穿全年的城市节事旅游活动体系。

三要大力开展精准营销。继续面向大学生群体开展"读城"计划,邀请文化学者和文化名人走进驻济高校,宣讲城市文化,推介文旅资源。

四要顺应旅游市场散客化趋势。赴京津冀、长三角、珠三角等客源地市场举办"自由行产品分享会",推荐济南网红打卡地、泉水体验地、潮流夜游地。

五要加强对外文化交流。擦亮"东亚文化之都"城市名片,策划举办"泉甲天下美美与共"东亚文化之都系列活动,加强与韩国水原、日本和歌山、保加利亚卡赞勒格等友好城市的文化交流,组织开展外国人看济南、外国人游泉城等活动,启动入境旅游市场复苏计划,提升泉城国际影响力。

(五)提高体制机制、管理、人力资本等全要素生产率,勃兴文旅产业新质生产力

习近平总书记指出:"新质生产力的显著特点是创新,既包括技术和业态模式层面的创新,也包括管理和制度层面的创新。"[1] 从文旅领域看,提高全要素生产率的途径在于通过生产要素的重新组合,拉升资源配置的效率,主要表现为经过体制改革、管理改善以及提升人力资本、产业结构、对外开放度等非定量要素,达到勃兴产业发展的实际目的。其实质就是通过体制机制创新、组织管理改善、人力资本提升、产业结构优化等,提高资源的利用效率。[2] 以创新为驱动力、以人才为第一资源、以科技发展为重要支撑、以全要素生产率提高为核心标志的新质生产力,完全符合文旅产业高质量发展的核心特征。然而,济南文旅产业有的环节存在体制改革滞后、管理欠完善、人力资本水平偏低、技术创新能力不足等问题,限制了行业全要素生产率的增

---

[1] 习近平:《发展新质生产力是推动高质量发展的内在要求和重要着力点》,《求是》2024年第11期。
[2] 苏剑:《从全要素生产率看高质量发展》,《光明日报》2019年3月15日。

长。必须进一步深化改革，创新驱动，形成与文旅产业高质量发展相适应的新型生产关系。要清醒认识到，优质人力资本是推动可持续发展的不竭动力，是高质量发展的重要保障。必须"构建以人为核心的文旅发展动力体系，将高水平研发、服务、运营和管理的文旅'四位一体'人才梯队建设作为工作重点"[①]，夯实发展文旅新质生产力基础，筑牢文旅高质量发展基石。当前，济南市要坚持项目引领，建设产业新高地，构建市、区县联动一体化抓文旅项目机制，提升推动项目建设能力水平。

一要创新机制优服务。加强顶层设计，与相关部门协同，构建文旅深度融合的协同合作体制机制、投融资体制机制、市场监督机制，建立市、区县联动一体化抓文旅项目的机制，从文旅项目引进、落地建设、要素保障、督导考核等环节跟进服务。通过组织召开文旅产业高质量发展大会、重点企业重点项目品牌推介等多种形式，为文旅项目招商和建设加油助力。

二要招大引强提品质。围绕建设更有吸引力的知名旅游目的地，聚力打造高度体验感和现代生活方式相结合的度假型项目。积极推动市博物馆新馆、埠村国际综合休闲度假区、济南文化艺术中心等重点项目加快建设，促进九曲黄河万里情等招商项目尽早落地开工。

三要系统发力增后劲。强化管理与指导，依托千佛山、上新街、一园十二坊等片区更新改造，积极参与打造文旅新业态；指导明水古城等重点项目正式开业运营，加快推进齐长城国家文化公园、世纪开元文化产业园等在建项目建设。

四要集聚人才强效应。坚持引才育才并举，集聚推动文旅深度融合的科技人才，加强智慧文旅和数字技能人才队伍建设；吸纳一批有文化、懂管理、有技术、善创新的复合型文旅人才，建立有效激励机制，营造暖心、拴心、留人的人才发展环境，调动文旅科技人才干事创业的积极性，为文旅产业高质量发展注入鲜活人力资源动能。

[①] 石培华：《加快培育新质生产力赋能文化和旅游高质量发展》，《中国文化报》2024年3月7日。

第十一章 济南科技金融发展研究报告

2023年，习近平总书记在中央金融工作会议上对金融工作做出重大部署，提出要做好科技金融、绿色金融、普惠金融、养老金融、数字金融五篇大文章，这为我市优化金融服务、推动金融高质量发展指明了工作目标和前进方向。同时，习近平总书记多次对新质生产力做出重要论述和重要指示，从2023年在地方考察时提出"新质生产力"，到在中央经济工作会议上强调"发展新质生产力"，再到中央政治局集体学习和全国两会上做出深入阐释，总书记关于发展新质生产力的一系列重要论述、重大部署，为我们在新时代新征程上进一步解放和发展生产力、实现高质量发展、推进和拓展中国式现代化提供了根本遵循和行动指南。当前，如何做好落实金融工作重大部署要求和加速发展新质生产力的结合文章，是摆在我们面前的重要课题。本研究在积极借鉴国内外科技金融发展经验的基础上，通过对科技金融的内涵、沿革、济南市发展科技金融的必要性、基础优势、做法成效、存在问题进行研究分析并提出针对性意见建议，进一步明确省会金融业在助推新质生产力加速发展过程中的工作定位、发展目标和具体路径，为济南市金融高质量发展提供决策参考。

一、科技金融的内涵、沿革、发展必要性和最新目标定位

（一）科技金融内涵

我国"科技金融"的概念，最早出现在1992年，这一年，中国科技金融促进会成立。在其后相当长的时间内，学术界未对"科技金融"进行明确完整、科学的定义。2009年，四川大学副校长赵昌文教授在其《科技金融》一

文中首次对科技金融进行了完整定义，他认为科技金融是一种技术手段，通过利用一系列相关金融工具、金融制度、金融政策和金融服务来促进科技开发、成果转化和高新技术产业发展。此后，国内众多学者先后都对科技金融的内涵进行了深入探究。比如，有的学者将科技公司在其生命周期中的融资过程定义为科技金融，它涵盖了融资方式、融资政策、融资机制以及融资服务等多个方面，并涉及政府、市场、企业以及社会中介机构等众多参与者。另有学者认为，在金融体制的支持下，科技金融发挥着诱导作用，结合产业化和技术创新的周期性特征，实现了金融资产产业化和技术创新资本化，并将二者有机结合，从而避免产融分离，克服技术创新动力不足、边际效率递减的问题。还有学者认为，科技金融是可以促进科技企业快速成长并推进高新技术产业化进程的金融资本。目前，学术界比较一致的观点是，科技金融是指以金融服务为手段、以科技创新为目的，通过金融工具和金融市场的优化配置，促进科技和金融深度融合，支持科技创新发展的一系列活动。

（二）科技金融沿革

2006年，我国进入《国家中长期科学和技术发展规划纲要（2006—2020年）》的实施阶段，以此为起点，多元化科创金融产品、服务开始出现。2006年，科技部与保监会选取北京、天津、重庆等12个高新区进行科技保险试点；2007年，财政部会同科技部设立科技中小企业的创业投资引导基金；2009年形成"新三板"市场，同年推出的创业板意味着为科技创新提供资金的多层次资本市场基本形成。根据科技部、中国人民银行、中国银监会、中国证监会、中国保监会《关于印发促进科技和金融结合试点实施方案的通知》（国科发财〔2010〕720号）要求，2011年10月，中关村国家自主创新示范区、天津市、上海市、江苏省、浙江省"杭温湖甬"地区、安徽省合芜蚌自主创新综合实验区、武汉市、长沙高新区、广东省"广佛莞"地区、重庆市、成都高新区、绵阳市、关中—天水经济区（陕西）、大连市、青岛市、深圳市等16个地区成为首批促进科技和金融结合试点地区，随后在这16个地区密集开展探索。2016年6月，推出了第二批促进科技与金融结合的试点城市。这一时期，我国科技金融实践活动十分活跃，并在科技金融政策体系及工作机制、科技金融服务产品及工具、科技金融平台等方面取得了重要成效。例如，财政科技投入方式和结构不断优化，撬动社会资本的引导基金、母基金模式出现；信贷担保方面呈现风险补偿基金、贷款贴息、知识产权质押贷款、科技支行、科技小贷、科技保险等多样化结构；资本市场推出了新三板、创业板市场等；各种形式的科技金融服务集团、科技金融服务中心等平台不断建立。2018年中美贸易摩擦发生后，我国科技创新面临的内外部环境发生巨大变化，以习近平同志为核心的党中央把握世界发展大势，提出把科技自立自强作为国家发展的战略支撑。自2018年开始，科技金融领域的实践探索持续深化特别是资本市场对科技创新的支持力度空前。2018年11月，上交所设立科创板，并进行注册制试点。2021年，设立北京证券交易所，定位于服务创新型中小企业。2023年2月，中国证监会对外发布就全面实行股票发行注册制涉及的《首次公开发行股票注册管理办法》等主要制度规则草案向社会公开征求意见，标志着全面实行股票发行注册制改革正式启动。这一阶段，在全面注册制等关键性制度创新的撬动下，我国资本市场支持科技创新的版图愈加清晰，有着明确定位的主板、创业板、科创板、新三板、私募股权市场等，正逐步成为新经济集聚地、各类科技创新企业理想的直接融资场所。数据显示，近年来我国科创板、创业板IPO（首次公开募股）公司数超同期境内市场70%，私募基金累计投资未上市公司股权超过了10万亿元，其中有相当大比例投向了科技创新领域。

（三）济南市发展科技金融的必要性

1. 发展科技金融是落实黄河流域生态保护和高质量发展重大国家战略的具体举措。《黄河流域生态保护和高质量发展规划纲要》中明确提出，要"提升科技创新支撑能力""完善科技投融资体系"。济南市《黄河流域生态保护和高质量发展规划》也将"提升科技金融供给水平"作为一项重点任务。作为黄河流域中心城市，济南是黄河流域金融机构资源最丰富、金融产业实力最雄厚、金融和科技创新结合最紧密的城市之一，大力发展科技金融，发挥科创金融改革试验区建设先行先试优势，把试验区的创新效应、改革效应在更大范围内推广复制，对于提升整个黄河流域科技创新支撑能力，都具有重要推动作用。

2. 发展科技金融是加快推进新旧动能转换的现实需要。济南是山东新旧动能转换"三核引领"的重要"一核"，担负着"为全省新旧动能转换蹚出路子、为山东半岛城市群建设当好引领、为黄河流域生态保护和高质量发展做出示范"的重任。发展科技金融，可以推动传统金融向现代金融转型升级，加快培育金融产业新动能，实现金融产业的新旧动能转换；通过发挥试验区的先行先试优势，深化金融改革创新，促进科技创新与金融深度融合，实现金融赋能科技创新，科技创新带动产业升级，促进科技、产业、金融形成联动、良性循环，为新旧动能转换提供强有力的保障和支撑。

3. 发展科技金融是打造区域性金融中心的题中之义。区域性金融中心建设与实体经济发展密不可分，特别是当今时代，科学技术是第一生产力，区域性金融中心城市往往高新技术企业密集、科技创新活力迸发。可以说，大力发展科技金融是打造区域性金融中心建设的重要切入点和突破口，有利于加速汇聚各类银、证、保、基金等金融业态，形成广覆盖、多层次的金融组织体系，进一步发挥省会金融资源优势，充分发挥技术转让平台、知识产权服务平台、增信机构、担保机构等金融市场中介服务功能，形成机构与中介、市场与政府相互补充、相互促进的科技金融生态链，满足科技创新的研发、试验、投产等资金需求，实现金融与科技共生共荣。

（四）济南市发展科技金融的最新目标定位

2023年以来，习近平总书记多次强调要发展新质生产力。习近平总书记以高瞻远瞩的战略眼光和深谋远虑的战略考量，对发展新质生产力做出重大部署，指出"发展新质生产力是推动高质量发展的内在要求和重要着力点，必须继续做好创新这篇大文章，推动新质生产力加快发展"，强调"科技创新能够催生新产业、新模式、新动能，是发展新质生产力的核心要素""要牢牢把握高质量发展这个首要任务，因地制宜发展新质生产力""发展新质生产力，必须进一步全面深化改革，形成与之相适应的新型生产关系"。从根本上来说，新质生产力是在科技创新内生化条件下不断拓展和超越的生产张力与创新能力，是由技术革命性突破、生产要素创新性配置、产业深度转型升级而催生的先进生产力质态,其核心要素是科技创新。从济南面临的形势任务来看,全市正处于建设"强新优富美高"新时代社会主义强省会的攻坚期关键期,加速发展新质生产力对济南在新时期适应经济全球化、数字化、智能化发展趋势具有重要意义,在落实黄河战略、加快推进新旧动能转换、打造区域性金融中心等任务基础上对济南提出了更高发展要求,也为发展科技金融明确了最新目标定位,即大力实施创新驱动战略,围绕科技创新这个核心要素加快改革步伐,充分把握科创金融改革试验区建设的重要机遇和先行优势,全力为传统动能转型升级和新兴产业培育提供全链条和全周期的金融服务,坚持以金融创新助力科技创新、以科技创新推动产业创新,通过"科技—产业—金融"良性循环,助力新质生产力加速发展。

二、济南市科技金融发展基础优势、做法成效及制约因素

(一) 科技金融发展基础优势

2016年6月,为支持地方开展科技金融创新实践,促进科技和金融紧密结合,科技部、中国人民银行、中国银监会、中国证监会、中国保监会共同深入推进开展"第二批促进科技和金融结合试点"工作,济南市入选全国第二批促进科技和金融结合试点城市,这意味着济南市科技金融发展开始全面起步。2019年7月24日,国务院常务会议专门研究部署深化区域金融改革试点。据此,中国人民银行提出选择部分城市建设"科创金融试验区",以上海、杭州、嘉兴、合肥为代表的G60科创走廊沿线城市以及北京、深圳、成都、南京、西安、武汉等城市相继加入申报试验区城市行列,科创金融和科技金融实际上一脉相承,其本质都是金融支持科技创新。在此之前,济南市已于2018年获批山东新旧动能转换综合试验区"三核引领"之一,为申报科创金融试验区奠定了良好基础。2021年11月25日,中国人民银行等8部委联合印发《山东省济南市建设科创金融改革试验区总体方案》,济南正式获批全国首个科创金融改革试验区,这是继自由贸易试验区、新旧动能转换起步区之后,济南市获批建设的又一国家级改革试验区,这既是以习近平同志为核心的党中央赋予济南的重大政治任务,也让济南市迎来了科技金融的发展

加速期和战略机遇期。目前，从科技和金融两方面来看，济南市加快发展科技金融均具有较强的基础优势：从科技方面来看，近年来济南市科技创新实力稳步提高，高能级研发创新平台加快集聚，重点科技创新载体加速布局，优势产业集群快速发展壮大，高端新兴产业培育成绩斐然，企业创新能力不断提升，重大基础设施项目加速推进；从金融方面来看，金融业发展多项指标居全省首位，政策激励力度全国居先，普惠金融和重点项目融资渠道更加畅通，机构和人才吸引力不断增强，信用环境持续优化，风险防范机制日益完善，同时济南市近年来围绕金融服务支持科技创新积极探索具有地方特色的科技—金融协同发展模式，形成了"评保贷投易"等一批先进适用模式成果。

（二）科技金融主要做法成效

近年来，济南市认真落实《山东省济南市建设科创金融改革试验区总体方案》确定的21项重点任务，着力促进有效市场和有为政府紧密结合、"科技—产业—金融"良性循环，推动改革试点取得阶段性成果。截至2023年末，全市纳入统计的科创企业贷款余额1747.1亿元、同比增长40.6%，科创企业有贷户数3608家、同比增长26%，贷款加权平均利率3.51%、同比下降37个基点。2023年，全市科技型中小企业入库8323家、居全省第2位；新增国家级专精特新"小巨人"企业50家、居全省首位，累计培育有效期内专精特新中小企业1918家、创新型中小企业2883家，分别占全省的18.9%、16.9%；首家国家实验室济南基地正式获批，新增全国重点实验室6家。发布首期中国城市科创金融指数，济南综合景气度居全国第10位，"济南市创新科创金融服务体系"入选中国改革2023年度地方全面深化改革典型案例。

1. 持续优化信贷服务。 以提高科创企业获贷率为突破口，引导银行类金融机构精准对接科创企业。积极发展科创金融专营和特色机构，在全国率先探索制定科技金融机构建设指引和评价标准，印发《济南市科技型地方金融组织建设指引（试行）》，2023年认定科技支行10家、科技金融事业部（专营部门）3家、科技金融特色机构9家，设立科技小贷公司1家、科技保理公司1家。开展科创企业首贷拓展专项行动，推行"金融辅导员+科技辅导员"

服务模式，截至2023年末，累计帮助3110家企业解决贷款711.4亿元，取得了明显成效。例如对磐升生物工程、和同信息科技、百昌汽车零部件、奥克斯畜牧4家科创企业，金融辅导队联合知识产权专家现场预评估专利价值，根据企业规模和经营情况提出了综合性的授信方案，企业随即提供相关材料进行融资申请。金融辅导队共计为上述4家企业发放知识产权质押贷款4280万元、人才贷1060万元。此外，辅导队还为百昌汽车零部件公司配备了机械设计和机械制造两位专家，用以解决生产制造中的相关问题。这些案例都充分体现了"金融辅导员+科技辅导员"服务模式的高效性及可操作性。

2. 拓展科创企业直接融资渠道。股权融资方面，实施上市后备资源培育"荷尖行动"，依托各大证券交易所山东服务基地，加强科创企业上市培训辅导；支持齐鲁股权交易中心建设全国首批区域股权市场"专精特新"专板，入板企业267家，实现融资超10亿元，加快筹建"齐鲁科创板"专板；打造"海右"路演等投融资品牌，全年开展活动30余场，实现融资近2亿元。试验区获批以来，全市新增上市企业11家，均为科创企业，居全省首位。债权融资方面，2023年，全市4家企业发行科创票据13笔，实现融资136亿元；6家企业发行科技创新公司债券，实现融资158亿元，同比增长243%。资产证券化方面，省内首单基础设施公募REITs（不动产投资信托基金）上市，首募规模29.85亿元；发行省内首单绿色低碳转型挂钩ABS产品、首单融资租赁绿色ABS产品，规模分别达9.8亿元、8.43亿元。

3. 丰富全周期差异化服务供给。围绕科创信贷，推出"科创贷"等信贷产品74项，2023年实现融资支持116亿元；"人才贷"累计备案金额7.49亿元，"人才身价贷"授信超2.5万户，授信额度27亿元。围绕科技保险，开展创业保险和高层次人才保险试点，开发"研发责任保险"等7个险种，截至2023年末，承保企业17家，总保额16.4亿元；通过"三首"保险产品为企业提供风险保障资金9.2亿元。围绕科技融资担保，设立科创融资担保专营子公司，推出"济担—科创贷"担保产品，截至2023年末，支持科创贷款在保额达到38.8亿元。围绕知识产权交易，开发知识产权挂牌系统，全年完成专利质押登记1089笔、融资额79.6亿元，同比分别增长110.6%、

160.4%，均居全省首位，"知识产权质押融资闭环式管理服务模式"入选全国首批知识产权质押融资典型案例。

4. 推动发展效能叠增。出台《济南市建设科创金融改革试验区加快现代金融产业发展若干扶持政策》，在专营机构落户、科创企业贷款等方面加大财政支持；利用规模20亿元的企业贷款风险补偿资金池，对符合条件的不良贷款项目最高补偿50%本金损失。发挥结构性货币政策工具激励引导作用，截至2023年末，累计办理"央行资金科创贷"97.9亿元、"央行资金科创贴"83.2亿元。完善"基金+直投"双轮驱动模式，在科创领域设立政府性投资基金68只，规模超300亿元；加强与专业天使投资和创业投资机构合作，1.5亿元的鲁信天使基金、2亿元的合创天使基金和1.67亿元的源创天使基金等落地组建，首只S基金完成备案。

5. 着力发展金融科技产业。把数字赋能作为科创金融发展有力抓手，引导金融机构加快数字化转型，工商银行济南分行利用同业首创的科创企业专属评价模型，提升科创企业准入率28%。扎实推进数字人民币试点，落地全省首个数字人民币就医全渠道支付场景、首笔数字人民币科创金融贷款业务，截至2023年末，开立数字人民币钱包264.3万个，交易金额74.2亿元；获批资本市场金融科技创新试点。依托济南市大数据一体化平台，建设全市统一融资服务平台"泉融通"，上架产品服务320款，累计授信42.2亿元。

（三）科技金融发展面临的制约因素

随着济南科创金融改革试验区建设持续推进，科技金融发展取得了一定成效。但是也要看到，与加速发展新质生产力的高标准高要求相比，当前科技金融发展仍面临着一些问题短板和制约因素，主要表现在以下六个方面。

1. 科创企业经营存在不确定性和不规范性。科创企业经营发展具有很大的不确定性和不规范性，这是世界范围内的普遍现象。例如，科技型中小企业普遍存在技术突破难度大、研发周期长、前期资金投入大、商业推广难等问题。据了解，全市科技型中小企业约1/3处于亏损状态，5年淘汰率近90%，仅有1%的企业能够存活10年。同时，大部分科技型中小企业财务制度不健全、产权关系混乱、财务报表漏洞多，金融机构很难通过企业财务数据判断企业真实经营情况。此外,部分中小企业信用意识淡薄,出现经营困难时,经常采用改制、重组、破产等手段随意或恶意逃避银行债务,影响了科技型中小企业的整体信用水平。

2. 种子期、初创期科创企业融资难、融资贵问题依然存在。出于规避风险的考虑,银行机构往往扎堆支持那些经营走上正轨、治理趋于完善、产品具备市场竞争力的成长期、成熟期科创企业,而种子期、初创期的科创企业,资产积累少,盈利能力弱,财务表现和经营状况并不理想,很难达到传统银行的准入要求。截至2023年末,科技型中小企业获贷率为40.6%,低于科创企业平均获贷率0.8个百分点;科技型中小企业贷款利率为4.43%,高于科创企业平均贷款利率0.92个百分点,科技型中小企业融资难、融资贵的问题依然存在。

3. 科技类基金存在规模总量偏小、作用不突出的问题。截至目前,济南市共发起设立、参股和管理引导基金48只,基金总规模近500亿元;济南市在中国证券投资基金业协会登记的私募基金管理机构198家,管理基金762只,基金管理规模1185亿元,总体规模与上海、南京、合肥等科创金融发达城市存在着一定差距。同时,国有创投机构出于国有资产保值增值等要求,对风险较高的种子期、初创期科创企业存在投资顾虑;天使投、创投行业目前缺乏主管部门,相关支持、管理、统计等存在空白和盲区,数量偏少、规模偏小问题突出,且在实际运营中投资偏好与社会基金、纯市场基金趋同,"投早投小投科技"的引导作用未能充分发挥。

4. 投贷联动业务尚未真正破题。投贷联动是国际上支持科创企业的重要金融创新。国内商业银行投贷联动业务主要分为外部投贷联动和内部投贷联动两种方式,但目前两种方式都很难实现大规模突破。从外部投贷联动看,商业银行与投资机构因理念差异、关注点不同、价值标准不统一,导致利益协同难、贷款风险与收益匹配难等问题,再加上银行内缺乏专业化运营团队,没有建立长效运营机制和有效退出机制,投贷联动很难实现。从内部投贷联动看,济南市地方法人银行由于缺少投资功能的子公司,无法开展内部投贷联动,国有大行因投资子公司投资额度限制、科技型中小企业授信额度较小、内部利益和风险协同机制尚未建立等因素，难以从总行层面将内部投贷联动资源大规模配置到地方。

5. 人力资本赋能模型亟须推广应用。针对人才身价无法有效"变现"的问题，济南人力资本产业院创新推出全国首个"人才有价"评估平台，为人才团队"明码标价"，通过与银行机构实现联动，实现无抵押、无担保融资赋能，但由于济南人力资本产业园与银行机构在合作过程中面临数据共享不充分、评估系统不完善等问题，除恒丰银行济南分行外，其他银行机构参考应用的并不多。另外，"人才有价"评估模型属于重大创新，尚没有得到驻济商业银行分支机构内部授信审批部门认同，不能广泛嵌入授信审批系统应用，还需要在商业银行总行层面加强沟通、认同和推广。

6. 科创企业知识产权评估和交易机制不成熟。科技型中小企业、评估机构及金融机构对于知识产权的价值评定缺乏统一的评估规范和流程标准，目前仅有国家标准，缺乏地区性的操作标准，知识产权面临评估作价和处置方面的制约，造成知识产权质押融资难度较大。虽然目前市场监管部门已牵头制定了鼓励知识产权质押融资的政策措施，但在具体操作过程中，单一的、纯粹的知识产权质押贷，风险系数较高，银行更倾向于通过知识产权质押加第三方担保、质押加其他抵押物组合贷等方式进行知识产权质押贷款。

三、国内外经验借鉴

（一）深圳

深圳自经济特区建立以来，培育出华为、腾讯、比亚迪等一批世界知名创新型企业，成功走出了一条摆脱比较优势陷阱、实现经济内生增长的创新之路，其成功的重要原因在于顺应经济与科技发展规律，逐步构建起覆盖科技型企业全生命周期、全产业链条的科技金融体系，有效引导金融资源持续投入科技创新领域，实现经济内生增长。在重点支持领域方面，确立了"双高双软"（双高指高新技术企业认证、高新技术产品认证，双软指软件产品认证和软件企业认证）"专精特新""20+8"产业集群等主攻方向。针对优势产业链，在信贷融资上，建立了科创金融服务信贷政策导向效果评估体系，确定了年度重点领域信贷投放指标，提出了扩大利用科技创新再贷款、推动银企对接等措施。在股权投资上，深圳是全国率先构建政府引导基金体系的城市之一，先后组建深创投、深投控、深圳资本、鲲鹏资本四大股权投资平台，以"国有资本投资公司和运营公司+基金群"方式投资产业链上下游企业；特别是在发展种子、天使、创投基金方面，深圳出台了促进风投创投发展的意见，积极打造国际创投中心，鼓励"投早投小投科技"，比如对股权投资、创投企业投资种子期、初创期科创企业2年以上的，按实际投资额的10%给予奖励，每投资1家企业最高奖励人民币100万元。此外，深圳市还高度重视专营机构建设，成立了65家科技支行，银行机构按照专门服务对象、专业团队、专属产品、专门流程、专项补偿和专项考核原则进行运营，专注为科技型企业提供综合服务。资本市场方面，深圳市有深圳证券交易所，同时积极培育主板、中小板与创业板市场，提供科技型企业直接融资平台和风险投资资金退出渠道，夯实了科技金融发展的市场基础。

（二）合肥

近年来，合肥在推动科技、产业、金融融合发展方面一路驰骋，尤其是通过产业投融资"合肥模式"实现了城市产业快速升级和城市经济规模快速提升。2011年至2021年，合肥名义GDP累计涨幅214%，在全国GDP总量超过5000亿元的城市中位居第一。"合肥模式"的主导内核是坚定不移投科创，进退有序调结构，持续汇集高质量发展资本，以资本集聚助推创新链、产业链迈向高层次，实现耦合聚变，进而释放更强生产力，创造更多经济价值。在重点支持领域方面，围绕"芯屏汽合，集终生智"（分别代表芯片、新型显示、新能源汽车、人工智能与产业融合，集成电路、智能终端、生物医药、智能语音及人工智能产业）等优势主导产业和战略性新兴产业，重点打造16条重点产业链，通过创新多元化投融资体制，撬动社会资本跟投，投资吸引产业链上下游企业落户形成产业集群，创造了京东方系列项目、晶合芯片、维信诺、蔚来等成功案例，被誉为"风投城市"。此外，安徽省设立500亿元新兴产业引导基金，由省财政出资，下设3大基金群（主题基金群、功能基金群、天使基金群）16只母基金，各基金群分别以"母子基金"架构运营，通过逐层撬动社会资本，最终形成总规模不低于2000亿元的省新兴产业引导基金体系，其中"天使基金群"下设雏鹰计划专项基金、新型研发机构专项基金、省级种子投资基金、省科技成果转化引导基金等四个类别，总规模150亿元，分别对应学、研、用、产四个阶段，在产业链成长初期即嫁接金融要素，促进科技成果转化。此外，合肥还以投行思维引入商业贷款模式，由合肥市高新区、安徽银保监局、省银行业协会联合开展"贷投联动批量对接"试点，推动银行、投资、保险等多业态联动，共担风险，互促共赢。

（三）美国硅谷

自美国圣塔克拉拉谷的别称"硅谷"响彻全球以来，硅谷被公认为是全球高新技术创新和风投创投高地，创造出独有的技术资本双螺旋发展上升的"硅谷模式"。2021年，硅谷地区GDP占美国加利福尼亚州的12.8%，同比增长8.7%，硅谷的技术岗位增幅和本地就业比例继续领跑全美。"硅谷模式"即为"资本与技术并重"，斯坦福、伯克利和加州理工等世界科教前沿圣地和硅谷积聚的大量技术精英是技术基础，以促进创新创业私募股权市场为资本优势，不断推动硅谷科技、产业和金融强强联合发展。从政府层面看，硅谷发展早期，美国海军及美国航空航天局艾姆斯研究中心为硅谷带来了最初的电子产业，20世纪40年代硅谷缔造者、斯坦福大学工学院院长特曼教授引入了更广泛的政府资助计划和政府资源，引导大学工程和科学项目发展，同时支持初创企业获得政府采购订单。从智力资源来看，硅谷拥有斯坦福大学和加州大学伯克利分校等世界一流名校，其中斯坦福大学创办了世界上第一个高校工业区，培养了众多高科技精英和企业领导者（包括惠普、谷歌、雅虎、耐克、特斯拉、思科、eBay等公司的创办人），为硅谷的形成和崛起源源不断供给智力资源。从专营机构看，硅谷银行是一家专注于PE（私募股权投资）/VC（风险投资）和科技型企业融资的中小型银行，虽在2022—2023年美联储加息风波中受到冲击，但其探索以高收益股权投资和低风险债权投资为基础的投贷联动业务仍值得研究。硅谷银行建立特色投贷联动业务机制，以向处于初创阶段或扩张阶段的中小科创企业提供高于普通贷款利息的创业贷款，作为信贷风险的对冲机制，并与贷款企业达成协议获得认股权证，从而享受股权升值带来的溢价，在提高收益的同时有效降低了融资风险。硅谷银行为硅谷地区 70% 以上的风险投资支持的企业、全美 50% 以上的 VC 支持的企业提供服务。

四、推动济南科技金融业高质量发展的对策建议

为持续深入贯彻落实中央金融工作会议精神，认真落实省委金融工作会议精神和市委、市政府金融工作部署要求，坚持以科创金融改革试验区建设为总抓手和主阵地，进一步加快科技金融发展步伐，建议济南市聚焦制约科技金融发展的短板弱项和难点堵点，积极借鉴国内外经验，精准施策、多措并举，促进科技成果落地转化和科技型企业做大做强，积极助推新质生产力加速发展。

（一）持续深化科创金融体制机制建设

全面推进科技金融机构、科创金融统计监测指标体系及科技型地方金融组织等标准建设，发布具有示范效应的科创金融标准，为国内其他城市提供参考。开展科创金融改革重大项目示范引领行动，统筹运用好股权、债权、保险等手段，为科技型企业提供全链条、全生命周期的优质金融服务。全面推广"金融辅导员+科技辅导员"服务模式，选树一批"金融管家"示范园区、示范乡镇，进一步提升金融服务覆盖面、便捷性、精准度。常态化举办济南科创金融论坛，向全国推出科创金融改革试点城市品牌，驱动济南科创金融改革政策创新，为科创金融创新思想传播、金融机构和金融人才交流合作提供平台。建立健全评价机制，探索建立对区县和金融机构的科创金融改革评价制度，研究济南市科创金融改革试验区私募股权投资基金行业评价标准，探索开展私募股权投资基金行业服务区域科创经济发展能力评价，抓好《济南市银行机构服务实体经济评价办法》落实，推动各方金融资源力量持续强化对济南市实体经济服务保障。

（二）健全完善科创金融机构组织体系

积极借鉴外地先进经验，引导金融机构按照科创金融专营机构、科技支行、科技金融事业部（专营部门）、科技特色支行的梯次架构、金字塔式层

级，建立分层结构合理、特色特征明显、服务能力突出的科创金融组织体系。持续推动驻济金融机构设立更多科技支行、科技金融事业部（专营部门）及科技金融特色机构，引导驻济金融机构完善支持科技金融发展的专列科技信贷计划、专列资金价格、专列统计核算、专列风险管理指标、专列信贷审批通道、专列绩效考核等"六专机制"，按年度对其科创业务开展情况进行评估、奖励，形成经验互鉴、服务竞合、亮点纷呈的科创金融服务氛围。研究出台济南市科技型地方金融组织建设指引，明确地方金融组织的科创金融标准，从全市"7+4"地方金融组织中培养一批科技型地方金融组织，推动有条件的地方金融组织设立科技金融专营部门，支持符合条件的核心和"链主"企业发起设立科创类小额贷款公司、民间资本管理公司和融资租赁公司。鼓励推进本地法人金融机构成立金融科技子公司，建立内部孵化机制，加大金融科技企业招引力度，打造金融科技产业集聚高地。

（三）不断加大科创金融产品创新力度

针对科创企业在不同发展阶段的融资需求，推动银行机构创新创业贷、科技贷、知识产权质押贷等多维产品，对围绕科技属性开发的信贷产品、保险产品进行评选并给予一定的金融创新奖励，推动科创金融产品量质齐升。探索运用"远期共赢"利率定价机制，探索创新利息"前低后高"还款付息方式，为科创企业提供更加专业化、个性化、特色化金融服务。鼓励银行机构依托互联网和大数据，创新引入技术评价和人才评价两个维度，重构科创企业授信评价体系，努力实现"人才团队可作价、信用数据可定价、知识产权可估价、科创企业可评价"。借鉴先进城市经验做法，持续加大投贷联动特别是外部联动发展力度，推动"贷款+外部直投"业务实质落地。推动保险机构大力推广专利执行险、专利被侵权损失险等知识产权保险产品，为科研人员、科研项目、科技创新型企业提供更加丰富的保险支持。落实新产品推广应用保险补偿政策，支持企业投保首台（套）技术装备及关键核心零部件、首批次新材料、首版次高端软件质量保证保险以及产品责任保险和产品综合险，解决高端装备、关键核心零部件等新产品推广应用难题。探索开展创业创新保险试点，培养专业性的科创保险服务团队，为开发覆盖科技创新型企业研发项目、产品推广应用提供风险保障。拓展高层次人才创业保险试点范围，为创业企业提供从研发到产品上市的全方位、全生命周期保障。

（四）积极拓展科创企业融资渠道

深入实施科技创新型企业首贷培植行动。筛选确定有潜力、有市场、有前景、有融资需求但尚未获贷的科技创新型企业，充实科技创新型企业首贷培植名单，指导金融机构按照"一企一策"原则，有针对性制定财务管理、信贷支持等综合培植方案，提高科技创新型企业首贷获得率。加大上市后备资源挖掘储备力度，围绕四大主导产业、优势产业链、专精特新企业和高新技术企业，推动优质科创企业多渠道上市融资，重点支持大型骨干企业在主板上市、"硬科技"企业在科创板上市、"三创四新"企业在创业板上市、专精特新"小巨人"企业在北交所上市。支持符合条件的驻济各级国有企业整体或选择优质板块上市挂牌，引导驻济上市国有企业做好市值管理。推动符合条件的企业利用各类债务融资工具特别是科技创新债、科创票据等创新性债券品种融资，依托信用增进公司、融资担保公司增信等方式完善科创企业债券融资增信机制，降低科创企业债券融资成本及风险。探索发展知识产权证券化融资，助力科技创新型企业解决融资问题。鼓励跨境投融资创新，支持境外发起的私募基金试点通过合格境外有限合伙人投资境内科创企业股权。进一步探索QFLP试点基金投资我市科技园区、基础设施等领域的新路径，争取推动更多QFLP试点基金落地。

（五）丰富完善科创类重点基金体系

加大政策资金支持力度，鼓励国有投资平台、创投机构设立专门服务于种子期、初创期科创企业的天使基金、种子基金，在投早、投小上进行容错免责等制度安排。发挥科创类投资基金项目发掘、招引以及产业培育作用，加速优质科技成果就地高效转化。培育和引进更多私募股权二级交易基金，支持金融机构、区域交易平台或股权投资机构按照国家有关规定探索开展与私募股权二级交易有关的业务，重点攻关投融资信息不对称、评估难、定价难等行业痛点，提升私募股权投资基金流动性。争取每年新设一批天使、创投类政府投资基金、S基金，持续完善科创类重点基金体系。支持齐鲁股权交易中心争取私募股权和创业投资份额转让试点资格。完善重点产业发展基金支撑体系，联合国内外知名投资机构、研发机构、企业集团启动设立科创基金群，通过"子基金投资+项目直投"双轮驱动，助力科技创新。积极对接省属企业，探讨合作成立新能源、人才、环保等领域基金。研究制定济南市促进基础设施领域REITs发展的若干措施，遴选优势基础设施项目，推动我市基础设施公募REITs融资业务发展。

（六）打造提升科创要素平台载体

以"海右路演"活动为载体，分批次、分领域、常态化开展科技项目（企业）路演活动，为高价值技术项目、科技企业提供股权债权资金支持。加快建设区域性知识产权交易市场，建立完善市知识产权运营基金运行机制，围绕知识产权密集型产业，重点支持高价值专利组合培育、专利转移转化项目、知识产权运营机构和公共服务平台发展，丰富完善知识产权评估、定价、托管、挂牌、交易等专业服务，推动知识产权价值实现。发挥好全市"泉惠企"平台作用，进一步完善全市统一融资服务平台功能，对全市市场主体"建档立卡"、精准"画像"，将"泉惠企"打造成为解决金融服务不充分、银企信息不对称等难题的科技金融服务平台。积极推动山东省征信有限公司申请征信牌照，打造覆盖全省的征信大数据平台，借助数据能力提供增值类服务。提升中央商务区和中央科创区科创金融发展质效，推动中央商务区重点优化升级"评、保、贷、投、易"服务模式，中央科创区重点推行"园区+DVC（园区风险投资）""链主企业+CVC（企业风险投资）"模式，持续打造提升科创金融改革试验区建设主阵地。

第十二章　济南激光产业发展研究报告

激光技术起源于20世纪60年代，与核能、电脑、半导体并列为20世纪人类最重要的四大发明，是一种具备鲜明物理特征的能量存在形式，被称为"最快的刀""最准的尺""最亮的光"。激光制造是当前国际先进制造领域的前沿技术，发展自主创新的激光产业是实现制造强国建设的重要基础，也是济南实施"工业强市"建设的重要产业组成部分。

一、激光产业发展现状

（一）全球现状

2023年，全球激光设备市场规模超过235亿美元。麦肯锡的报告显示，2020年到2025年，全球激光器市场将保持年均10%的高增长率；工业激光器市场的势头更显强劲，2023年工业激光器市场超过60亿美元。2013—2023年，全球光纤激光器的市场份额从15%增加到了50%以上。平均功率为1kW及以上的高功率光纤激光器，占工业光纤激光器市场70%以上的份额。目前，6kW光纤激光器广泛用于钣金切割，并且很多切割机配备了万瓦级激光器。市场增长主要源自微电子、汽车和钣金加工行业的旺盛需求。从国外主要激光企业看，德国通快（TRUMPF）2023财年销售54亿欧元，增长27%；美国朗美通（Lumentum）2023财年营收17.67亿美元，增长3.2%；瑞士百超（Bystronic）2023财年营收12.21亿瑞士法郎，增长3.2%。

（二）国内现状

中国是全球最大的工业激光市场，随着疫情后经济企稳向好，在"双循环"新发展格局带动下，世界激光设备市场占比已超过60%。虽然我们目前处于全球产业的第一方阵，但在核心技术水平及应用方面较发达国家仍存在差距。作为传统制造业向智能制造迈进的核心技术之一，国家高度重视且大力支持激光加工技术的产业化发展，并为进一步扩大应用范围提供政策引导，持续推动制造业生产方式和制造工艺的转型升级。

1. 市场现状。2023年，中国激光产品市场规模超过1300亿元。根据Laser Manufacture News（激光制造新闻）数据分析，我国激光企业主要业务需求集中在六个方面。一是消费电子行业需求平稳。消费电子行业对激光专用设备业务需求持续回升，业务保持平稳发展。二是高功率激光设备需求大。高功率激光加工设备业务需求爆发，核心部件自主化率持续提升。三是PCB（印制电路板）领域专用激光设备需求稳定。PCB行业专用设备业务高速增长，不断拓展HDI（高密度互连）板、IC封装基板等细分市场。四是新能源电池需求带动大。新能源动力电池行业专用设备业务爆发，市场占有率持续提升。五是半导体持续扩大需求。半导体及泛半导体行业晶圆加工设备业务快速放量，显示面板行业专用设备保持稳步增长。六是光伏行业需求蓄势待发。激光企业加大光伏行业研发投入，布局HJT（晶体硅异质结太阳能电池）、TOPCON（隧穿氧化层钝化接触）高效电池设备产品。

2. 产业分布。根据中国光学光电子行业协会统计，从区域分布看，我国激光设备产业呈现出较为明显的聚集性特征，目前已经形成了珠三角、长三角、环渤海地区和华中地区四个较大的产业带。其中，珠三角地区以中小功率激光加工机为主，代表企业有大族激光、英诺激光、海目星、杰普特、光韵达、联赢激光等；长三角涵盖了大功率激光切割焊接设备及精细微加工设备，代表企业有德龙激光、亚威股份等；环渤海地区以大功率激光熔覆和全固态激光器为主，代表企业有凯普林、国科世纪、邦德激光等；华中地区较为全面地覆盖了大、中、小各类激光加工设备，代表企业有华工科技、锐科激光、帝尔激光、华日激光等。我国激光设备行业整体市场格局纷杂，2023年先导智能营收166.28亿元，大族激光营收140.91亿元，巨星科技营收109.30亿元，华工科技营收102.08亿元，四家企业市场份额占比超过45%，其他部分企业市场份额均不足5%，这主要是由于切割和打标通用性较强，门槛较低，本土中小企业众多，竞争较为激烈。

3. 发展趋势。一是核心零部件国产化替代加快。激光器是激光加工设备的核心部件，随着我国激光产业自主研发力度的增大，我国激光器行业进入爆发式增加区间，国产化程度逐年提升。二是技术方向遵循市场规律加速调整。基于我国工业发展现状，各类金属、非金属工件的加工需求反向影响技术发展路径，激光产业持续向高功率、短波长、窄脉宽方向发展，替代传统加工工艺的速度加快，国内激光加工设备市场迎来高速增长期。三是"激光+智能制造"发展模式加速推进。随着制造强国建设的深化，激光加工设备日趋数字化、智能化、网络化，与制造业的融合日趋紧密，推动制造业不断向云化、智能化方向发展，人工智能可使激光加工设备具备对加工流程的分析、判断、执行等能力，激光产业真正迎来智能时代。四是激光产业应用场景不断增加。激光加工技术加速与新技术融合趋势明显，孕育出新兴技术和产业。材料加工与光刻、高端工程机械、航空航天、通信与光储存、医疗美容等工业及消费领域，为激光持续腾飞插上了翅膀。

（三）省内现状

山东是国内机床、机械设备的重要生产基地，在国内具有重要地位，良好的产业基础孕育了众多激光企业，随着济南中国激光第三极的打造，未来山东将会成为以济南为龙头的北方激光产业中心。山东省是华北地区激光产业集聚区，发展速度快，产业状态良好，激光相关企业、高校及科研院所单位近500家，是各省域内具有最完整产业链基础的地区。山东激光装备以上游核心外延材料、芯片及器件封装一体化的山东华光光电为主要研发产业化主体，中游核心零部件以山东海富光子为代表，工业装备领域以邦德激光、森峰科技、金威刻、金强激光、大图激光、芯光光电、大族激光（济南基地）、奔腾激光（临沂基地）、宏山激光（济南基地）为主要代表单位，同时还覆盖了包括夜视照明领域的领军企业神戎电子、普威视等为代表的龙头骨干企业。得益于山东省新旧动能转换的大力推动，作为新动能的激光产业2023年实现产值逾260亿元，主要厂家产值增速均在30%以上，远远超过传统行业。山东各地市积极对接省外及国际先进优势企业，青岛基于自身家电产业优势大力发展激光显示产业，产业规模不断发展壮大；临沂也积极引进了奔腾激光等行业领军企业，积极打造临沂光谷等载体；淄博筹办了多轮激光产业发展论坛，以促进当地激光产业的发展，加快激光行业的双招双引。

（四）济南发展现状

激光光子的光学特性高度一致，具有单色性好、方向性好、亮度高的特点，作为一种高新技术，激光与众多产业融合，成为战略型新兴产业和现代制造业的支柱性产业，激光相关的产品、技术和服务已经遍布全球，形成了较为完备的产业链。济南市激光产业发轫于机床工业，20多年前从激光雕刻机床开始，逐步形成了以激光加工设备为主体的产业格局，激光加工设备出口量占全国总销量的30%左右。济南市激光产业链条较完整，覆盖激光外延材料、元器件、激光器、激光加工装备制造、激光通信、激光探测与监测及辅助类晶体材料、应用服务全部产业领域，拥有激光企业320多家，其中规上企业18家，产业规模达150亿元。一是特色优势突出。以激光切割为主的激光装备出口规模40亿元，居全国第一，中小功率泵源营收规模在国内占比超过80%；邦德激光、金威刻、森峰激光营收规模在国内排名前10位。二是创新能力强。齐鲁中科光物理与工程技术研究院科研团队在全固态激光研究领域整体处于国际领先水平；华光高功率半导体激光器芯片国际领先；山东大学晶体材料国家重点实验室所研发的部分高功率激光外延材料实现国产化替代，达到国际领先水平。省科学院激光所是省内唯一专业从事激光应用技术研究的科研单位；激光重点企业年研发投入占营业收入比重的5%，专利申请量在山东省位列第一，技术优势明显。三是产业集聚度高。济南高新区集聚全市70%的重点激光企业，依托"山东省激光装备创新创业共同体"着力打造"国际激光谷"城市产业品牌。

1. 发展成就。一是出口规模全国首屈一指。据阿里大数据统计，济南激光企业在其金品会员商家中占比24%，居全国第一。邦德激光以2019年2672台、2020年3727台、2021年5190台、2022年6156台、2023年7200台的年度销量，斩获全球销量五连冠。金威刻CO_2激光设备在美国市场占有率达1/3以上。二是国际化运营格局形成。邦德激光定位为国际知名激光加工装备生产制造商，全球分支机构70余处，形成覆盖150个国家地区的营销服务网络。森锋科技定位为全球性金属成形自动化企业和方案解决供应商，在美、德等建立企业分部。三是国际品牌效应初显。以邦德激光等为首的企业集群，不断亮相各类国际性经贸和技术交流活动，在全球激光应用行业初步形成"济南制造"品牌效应。邦德激光加工设备为2020年东京奥运会加工标志性五环LOGO（标志）。四是形成部分技术优势。邦德激光研发全球首台4万瓦超功率激光切割机，发布系列磁悬浮激光切割机，在中国激光行业具有里程碑式标志。森峰科技已拥有400多项专利，2022年已通过IPO申报。金威刻推动切割机市场进入智能化时代，云激光产品在欧美获得大量好评。五是形成产业集聚效应。由于"济南制造"的产业规模和海外市场国际品牌效应，对上游产业形成了集聚吸引效应。大族激光切割智能制造基地项目落户济南，广东宏山激光济南基地落户济南中欧制造国际企业港，武汉立德激光与山东省科学院激光合作成立合资公司，研制超快激光器。2021年，华工激光在济南注册成立华工星动科技有限责任公司，生产激光装备。

2. 产业载体。（1）"国际激光谷"。发挥激光产业链在济南高新区集聚优势，加快产业集群建设，积极引进中科院四大光机所（长春光机所、西安光机所、上海光机所、成都光电所）等核心关键技术创新资源，鼓励重点企业加强与国际接轨的标准体系和质量体系建设，推动齐鲁中科光物理与工程技术研究院、华光、森锋、邦德、省激光所头部企业和研发机构加大国际产业协作，加快建设国内一流的激光产业创新创业中心。强化济南高新区激光发展统筹规划，依托骨干企业打造激光专业园区，形成空间集聚、链条完整、特色鲜明的"国际激光谷"。山东省激光装备创新创业共同体，于2019年成立，集聚齐鲁中科光物理与工程技术研究院、省科学院激光所和其他激光龙头企业等42家成员单位，并设立法人运营机构，形成从研发到制造的全产业链体系，共同体12项技术成果和90多个发明专利创造了数十亿价值，为新一轮的研发提供保障，资金链、产业链、创新链形成良性循环。幸福连城激光谷项目，总投资19.3亿元，占地面积93480平方米。项目以"高新东区、北方光谷"为定位，以激光产业为引领，承接光学元件、激光研发、激光整机配套、半导体、电子电器等上下游产业，致力于打造国内一流的百亿级激光产业高端基地。（2）"齐鲁光谷"。齐鲁光谷位于工业北路以北、春晖路两侧，总面积约7300亩，其中一期占地约3300亩，主要打造集生产制造、研发设计、产品展示于一体的激光生产研发服务集聚区。二期占地约4000亩，拟建设激光产业研发孵化和生产功能区，计划形成涵盖激光雕刻、激光清洗、激光熔覆、激光检测、3D打印等多领域，集研发设计、核心功能部件生产、整机组装、配套设施于一体的具有全国影响力的激光产业高地。预计到2030年，引进激光数控装备企业50家，实现总产值过200亿元。

3. 创新体系。发挥山东大学晶体材料国家重点实验室、山东大学新一代半导体材料集成攻关大平台、齐鲁中科光物理与工程技术研究院新型研发机构优势，加快建设固体激光技术国家重点实验室济南研究中心、山东产业技术研究院硅基微纳制造公共技术服务平台、山东省固体激光重点实验室（筹）、山东省科学院激光研究所国际顶尖科学家工作室（诺奖实验室）、中白高新技术创新研究院等创新载体平台，提供激光产业高能级创新平台支撑。（1）山东大学晶体材料国家重点实验室是我国首批建设的十个国家重点实验室之一。实验室以"四个面向"为指引，聚焦于晶体材料创制及生长机理与技术、功率半导体晶体材料及器件、光电功能晶体材料及强激光技术、生物医用晶体材料及应用等研究方向，开展半导体晶体和器件、光电功能晶体、生物医用晶体材料和装备的研究。（2）山东大学新一代半导体材料集成攻关大平台，是教育部首批支持的战略科技创新平台，面向能源、信息、轨道交通等领域的重大需求，重点开展碳化硅、氮化镓、氧化镓、金刚石、氮化铝等新一代宽禁带、超宽禁带半导体单晶材料及器件研究工作。（3）固体激光技术国家重点实验室济南研究中心，由山东华光光电子股份有限公司与固体激光技术国家重点实验室共同建设，以华光光电为主体承接，针对激光产业领域亟待解决的核心技术问题进行研究探索，助力济南市乃至全省激光产业做强做大。（4）山东产业技术研究院建设硅基微纳制造公共技术服务平台，总投资约2亿元，一期建设了约2000平方米的净化间，配备了近百台高端设备，可生产压力传感器、射频、陀螺仪、加速计、量子传感等各类芯片产品。初期主要解决高端传感器等核心技术的产业化问题，为全省的创新创业团队提供服务。（5）山东省固体激光重点实验室（筹），由齐鲁中科光物理与工程技术研究院筹建，聚焦高功率固体激光前沿研究方向，在先进激光源及其在医疗、工业、科研等领域的应用等方面开展技术研究，具体开展高功率固体激光产生及其脉冲运转技术、高功率先进半导体激光技术研究、高功率固体变频激光及其应用技术研究。（6）山东省科学院激光研究所，是省内唯一专业从事光电技术研究的科研机构，建有山东省首个国际顶尖科学家工作室（诺奖实验室）、中白高新技术创新研究院、光电子微纳加工平台，是以激光器件与加工装备、光电材料与光电器件、光电检测与人工智能、光纤传感及装备、先进光电数控及伺服驱动、智能制造与系统集成为主的多学科、综合性科学研究机构和高层次人才培养机构。

二、济南市激光产业发展存在的问题

（一）产业规模有待提升

2023年，武汉激光装备产业产值约300亿元，深圳约600亿元，济南约150亿元，济南与武汉、深圳差距较大，而且没有主板上市公司，领军企业体量和产业规模有待提升。

（二）核心竞争力不足

企业国际化运营处于初级阶段，产品和业态层次较低。济南激光产业重市场、轻研发，产品以组装为主，核心元部件自给率低，发展处于低端同质化竞争、打价格战阶段。

（三）品牌国际影响力有限

阿里大数据显示，济南品牌主销俄罗斯、土耳其、印度等发展中国家，武汉品牌主要销往美国、韩国、德国、意大利等发达国家。"济南制造"品牌国际知名度有待提升。

（四）对外交流渠道少

中国激光产业国际性会展活动多集中于上海、深圳、武汉等地，在济南举办激光产业国际性会展活动的渠道平台少，以会促产、以展促产作用发挥

（五）行业凝聚力不强

领军企业带动效应不明显，行业欠缺整合与协同机制，产业生态单一，企业"单打独斗"参与国际市场竞争，没有形成抱团出海共生共赢发展模式，行业缺乏凝聚力。

（六）面临严峻挑战

全球经济政治发展态势错综复杂，企业国际化发展技术和市场壁垒不断提高。企业销售海外市场受限，出口转内销压力大，企业营销难度加大。

三、推动济南激光产业高质量发展的对策建议

（一）加强招商引资工作

面向德、日、韩等国，加强招商宣传推介，引进一批符合济南市激光装备产业链需求和发展方向的外资项目，提高产业生态国际化程度，打造具有国际影响力的激光装备产业发展高地。鼓励本地企业与国际重要企业建立战略合作关系，以济南为基地，开拓第三方市场。

（二）加大龙头企业扶持力度

突出企业主体地位，培育更多激光产业市场主体，稳固发展激光加工装备产业链。积极培育激光检测、激光显示、医疗激光等激光新产业，丰富济南激光产业业态，快速壮大激光产业集群。加大对规上企业的支持力度，大力支持有条件的企业加速上市，扩大企业规模，获得资本市场支持。

（三）加强国际科研人才合作

依托济南市重点科研机构和龙头企业，促进产业数字化转型升级，发挥山东省激光创新创业共同体作用，全方位加强与国际相关机构开展技术人才交流合作，集聚一批国际创新人才和平台落户济南。

（四）不断扩大出口规模

针对激光装备产品出口，加大对外开拓资金支持力度，加快实施"十百千万"工程和"济南造·全球行"行动，鼓励企业利用跨境电商平台、国际会展等方式开拓国际市场，充分发挥以贸促产作用，通过做大做强企业，解

决产品利润低、研发投入少、无序竞争等产业发展问题。

（五）丰富会展交流活动

加强"招展引会"，做好内培外引，积极培育带有"济南"标识的激光会展项目，提升"世界激光产业大会"影响力。引入相关会展活动，加强与国外重要协会、企业开展互通交流拜访活动。利用行业会展平台，与国外企业开展人才技术、贸易投资、品牌推广等交流活动。助力企业优化国际市场布局，扩大品牌国际影响力。

（六）发挥行业协会凝聚作用

引导企业成立激光行业协会，以行业协会为主导，发挥领头企业带动作用，建立产业国际化信息共享与企业合作平台，加强内部沟通协调，优化企业间竞争关系，建立联合出海、资源共享、技术合作、同步开发、相互依存的国际化发展模式，形成稳定、共赢的企业间合作关系。

（七）提升企业国际经营水平

开展企业国际化经营辅导，提升企业国际化管理水平，支持企业提升在全球范围内配置要素资源、布局市场网络能力，推动济南产品、服务、技术、品牌、标准走出去。引导龙头企业由国际生产制造商向国际生产服务商转型，引导小企业深耕细分国际市场，实现差异化、集群化竞争优势。加强激光装备产业海外风险预警机制建设，提升激光装备产业国际贸易风险防范和控制能力。

（八）形成产业国际化政策合力

充分发挥政府主导作用，树立产业国际化发展理念，工信、科技、投促、商务、贸促等产业主管部门和外贸部门形成工作合力，整合产业政策导向、公司上市辅导、技术人才提升、国际园区建设、外经外贸促进、会展活动举办、"济南制造"品牌国际化推广等方面政策，发挥各自优势，相互配合，形成济南市产业国际化促进政策合力。

四、重点展会及企业概况

(一) 世界激光产业大会

由中国国际商会、中国光学光电子行业协会、中国国际贸易促进委员会山东省委员会、山东省科学技术厅、济南市人民政府等创办，中国国际贸易促进委员会济南市分会承办，以全球视野立足山东，着眼济南激光产业基础和全球发展定位，积极探索以济南为主的"1+N"产业发展促进模式，引导国内外激光产业资金流、技术流、信息流、人才流向济南汇聚，培育济南激光产业国际品牌，提升济南在全球激光产业链、供应链中的影响力，打造具有国际竞争力的激光产业集群，加快搭建世界激光产业合作交流和技术应用桥梁，推动济南打造世界激光技术应用与产业发展高地。（1）2022年世界激光产业大会。大会于2022年6月23日至6月26日在济南举办，以"激遇济南　光耀未来"为主题，邀请韩国机械产业振兴会、欧洲光电产业协会、德国弗劳恩霍夫协会、韩国光技术院、激光加工国家工程研究中心、中国国际贸易促进委员会机械行业分会、山东省科学院激光研究所等国内外重要科研机构齐聚济南，线下参会重要嘉宾150人，线上20人，均为激光行业的权威专家和龙头企业代表。大会促成山东华光光电子股份有限公司与固体激光技术国家重点实验室就"共建固体激光技术国家重点实验室项目"签约。大会同期举办的展会展览面积达到6万平方米，参展企业500多家，比利时瑞铁、德国威士登、新加坡铭肯、大族激光、邦德激光等国内外知名企业悉数参展，参会观众约5万人，现场成交相关激光上下游设备188台套，成交金额24.8亿元，达成意向成交50亿元。（2）2023年世界激光产业大会。大会于2023年5月6日至5月8日在济南举办，以"激遇济南　光链全球"为主题，是国内激光领域规模最大、影响力较强的全球性产业盛会之一。德国通快、美国高意、瑞士百超、意大利萨瓦尼尼、大族激光、锐科激光、邦德激光等国内外激光龙头企业和重点用户代表等500多人参会。大会为"世界激光产业大会·齐鲁光谷""济南综合保税区激光产业全球保税维修中心"揭牌，发布了齐鲁光谷发展规划、扶持政策和激光产业引导基金等，为济南激光产业发展增加了新的载体，创新了服务模式。大会促成中国光学光电子行业协会与市贸促会签订战略合作协议；德国海洋集团与山东省工业技术研究院、山东人才大厦签订共建有关机构框架协议；济南临港经济开发区与山东省现代产业发展投资有限公司等7家单位签订产业合作协议；促成山东产业技术研究院投资发展有限公司等4家单位签订产业发展基金协议；促成江苏华夏星光科技有限公司等3家激光企业签订首批入园企业协议，投资金额2.35亿元。

(3) 2024年世界激光产业大会。于2024年3月20日至23日在济南举办。大会以"激遇济南光链未来"为主题，为济南市加速成为"中国激光第三极"提供持续助力。4名中外院士和30余位专家参会交流。长春理工大学、深圳技术大学、西安光机所、齐鲁中科光物理与工程技术研究院、莫斯科物理与技术学院、全国光辐射安全和激光设备标准化技术委员会、白俄罗斯中白工业园等40多家机构，美国高意、德国MOMO天空、北爱尔兰YELO、华工激光、大族激光等200多家企业参会。促成齐鲁光谷签约项目4个，新成立激光产业孵化中心、国际交流中心、产业创新中心、产业展示服务中心，可为激光企业落地发展提供全方位服务。促成章丘区、济南晶谷研究院等签约项目6个，预计总投资超过23.5亿元，项目涉及激光核心部件、激光医疗等领域，不断丰富产业生态。同期举办对话泉城——激光产业发展机遇对话、激光前沿技术应用漫话沙龙等9场配套活动，从技术交流、贸易促进、抱团出海等多维度服务济南市激光产业发展。

(二) 典型企业概况

1. 山东华光光电子股份有限公司。成立于1999年，总部位于济南，拥有济南和潍坊两大生产研发、生产基地，主要产品有半导体激光器外延片、芯片、器件和模组。公司始终坚持技术创新，大力推进半导体激光器核心元器件的国产化，是国内少数掌握半导体激光器外延结构设计与生产、芯片设计与制备的自主知识产权并成功应用于商业化生产的企业之一，亦是国内少数建立了半导体激光器外延片、芯片、器件、模组垂直一体化生产体系，自主生产半导体激光器外延片和芯片的企业之一。公司先后承担多项国家级和省级半导体激光材料、芯片等核心技术攻关任务。2020年，公司被国家发改委、科技部、财政部、海关总署、国家税务总局 5 部联合认定为国家企业技术中心。2022 年，公司凭借在半导体激光器领域的领先技术、行业专业定位及发展潜力等优势，获批国家专精特新"小巨人"企业。公司作为起草单位参与编写国际标准 Guide for Parameter Requiements and Test Method for Industrial Fiber Laser（《工业用光纤激光器参数要求和测试方法》）及《激光器和激光相关设备激光装置文件基本要求》《脉冲激光时域主要参数测量方法》《高功率激光制造设备安全和使用指南》3 项国家标准。公司现有 TO5.6、TO3.3 封装，C-Mount 单芯片封装，光纤耦合（FH、FM、FT）多芯片封装，微通道叠阵（WD）封装、宏通道叠阵（HD）封装、传导冷却叠阵（GD）封装等多个产品系列，功率从毫瓦级到千瓦级，波长覆盖紫光波段到近红外波段，产品广泛应用于测量传感、激光雷达、先进制造、医疗健康、光刻与印刷、激光打印机、安防监控、科研与国家战略高技术等领域。华光光电坚持"全员参与、求实创新、品质优良、顾客满意"的质量方针和"以人为本、用户至上、求实创新"的质量理念。历经 20 余年的积累，公司形成了完善的研发、生产保障体系，拥有 ISO9001、ISO14001、REACH 和 RoHS 等认证，并始终坚持以高性能和高可靠性产品服务客户。目前，华光光电销售网络遍布全国各地，除山东总部外，还在北京、上海、深圳、武汉等地建立销售平台，为客户提供 24 小时全天候服务。

2. 济南邦德激光股份有限公司。创办于 2008 年，是一家集激光产品研发、生产、销售、服务四位一体的全球激光智能解决方案提供商。作为中国激光领军企业和世界知名品牌，公司致力于成为全球激光加工的市场领导者，并通过突破性技术重新定义未来切割，帮助更多用户实现放心、安心、有保障的生产，打造全球用户信赖的激光切割品牌，让中国智造令世界称道。

公司聚焦光纤激光切割机单品类，面向全球市场推出高大幅面板材、中薄板板材、重型管材、板管一体等明星产品，为客户提供多元化的激光切割解决方案。产品广泛应用于汽车制造、精密器械、航空航天、交通装备、厨卫五金、农机机械等数百个行业。公司坚持国际化战略和全球化运营，现有来自 33 个国家的 3000 余名员工。作为中国激光产业领军企业，邦德业务范围覆盖全球180多个国家和地区，并在海外设有16家子公司。2019—2023年，公司激光切割机销量连续5年全球第一；2015—2023年，公司连续9年海外出口量和出口额居国内行业第一。十余年来，张贴着Bodor（邦德）品牌标识和Made in China（中国制造）产地标识的切割机，从济南走向了全球180多个国家和地区。公司所产激光切割机曾用于建党一百周年观礼台、东京奥运会70余套颁奖台、北京冬奥会消毒机器人的加工制作。

作为山东省激光产业链链主单位，公司坚持走自主品牌之路，从光学材料到激光芯片到核心泵浦源，到万瓦激光器、激光头，再到整机，邦德激光用"一束光的旅程"展示出整个产业链的分工和公司持续向产业链"上游"冲锋的成果。公司研发人员400余人，建设有省工程研究中心和上海研究院。近4年，公司先后承担了3项省重大科技创新工程，解决了一系列卡脖子技术难题，累计投入研发资金超过4亿元，持续推动核心部件的自研自产。目前，激光切割机核心的总线数控系统、高功率激光头、万瓦激光器等切割机核心部件已实现大批量商用。公司先后被认定为山东省激光产业链主单位、山东省瞪羚标杆企业、山东省科技领军企业、济南市百强民营企业、山东省制造业单项冠军、国家知识产权优势企业等。邦德激光是国内唯一一家实现总线数控系统、高功率激光头、万瓦激光器等核心部件全自研自产的龙头企业，连续两届获得"省长杯"设计奖项，多次荣获国际IF奖、红点奖等设计奖项。

目前，公司正在建设邦德激光全球总部基地项目（Dream Park），项目位于济南市历城区春晖路3999号（隶属于历城区郭店街道）。项目将建设集高功率激光切割机、自动化设备、核心光学器件、数控系统于一体的综合性激光产业园。作为2024年省级重大项目，项目占地308亩，整体建筑面积17万平方米，其中智能工厂单体面积8万平方米。厂区设计产能为23000台/套激光切割机。项目自2023年8月正式动工，目前项目进展顺利，自开工以来已形成固定投资4.96亿元，其中2023年投资3.2亿元，2024年1—4月投资1.7亿元。预计2024年10月，生产中心将首先投入使用，以最快速度实现达产提效；2025年3月，全员搬入新厂。

Ⅳ 产业发展趋势及展望

第十三章　济南空天信息产业发展研究报告

近年来，济南市积极发展空天信息产业，持续深化与重点科研机构和重点企业合作，加快打造现代空天信息产业体系。全市空天信息产学研一体化创新发展，空天信息大学筹建工作加速推进；齐鲁空天信息研究院、北京理工大学前沿技术研究院等8家空天信息领域研发机构加速推进产业科技创新和高端人才引育，全市初步形成由吴一戎、潘建伟、沈荣骏3位院士领衔，汇聚900余名各类高层次人才的产业人才队伍；实施未来导航微厘空间低轨卫星导航增强系统、中科卫星凌云星座、齐鲁卫星星座等多组星座建设，累计已成功发射12颗低轨卫星，成为全国首个完成商业航天"通信、导航、遥感"三个重要领域全面布局的城市；引进落地济钢卫星总装基地，液体火箭发动机、动力系统测试平台等一批重大项目开工建设，星箭一体智造产业链持续补强完善；布局推进低空监视服务网项目建设，积极引入AG50轻型运动飞机、纵列式双旋翼无人直升机等航空器整机制造产业，带动低空经济快速发展。截至目前，全市共有山东济钢空天产业发展有限公司等 66 家重点企业，2023 年营业收入达到 170 亿元。山东省印发《山东省航空航天产业发展规划》（鲁政办字〔2024〕12 号），明确提出重点建设济南空天信息等三个集聚区，为济南空天信息产业发展带来新机遇。

一、空天信息产业发展历史背景

2017 年 7 月，为全面贯彻落实中央决策部署，按照山东省委省政府关于济钢产能调整的工作要求，济钢集团安全关停 650 万吨钢铁产能，平稳分流安置近 2 万名职工，济南成为全国首家钢铁产线整体关停的千万吨级城市钢厂。市发展改革委紧紧围绕黄河流域生态保护和高质量发展重大国家战略要求，主动担当，将济钢产能调整作为推动产业转型升级、加快新旧动能转换的一项重要工作，积极引导协助济钢集团转型发展，塑强高质量发展新动能、新优势。2019 年 4 月，中国科学院整合电子学研究所、遥感与数字地球研究所、光电研究院组建中国科学院空天信息创新研究院（以下简称空天院），由于规模扩大，在京发展受限，按照党中央关于疏解北京非首都功能的决策部署，空天院需要另选他址作为产业落地载体。市发展改革委在获知相关信息后，积极促成济钢集团与空天院开展技术与产业合作，推动全市空天信息产业从无到有、快速发展。2019 年 8 月 30 日，在省自贸区揭牌仪式上，济南市与空天院及相关各方联合签署了共建科技创新平台齐鲁空天信息研究院和产业孵化平台济钢防务技术有限公司的合作协议。市发展改革委通过精准服务、精准指导，全力推动项目快速落地，济钢防务公司从开始接触到成立仅用 140 天，齐鲁空天信息研究院从签约到完成注册仅用 17 天。

随着合作逐步深化，2020 年 11 月，济南市与空天院又签署了"1+4"深化合作协议，即齐鲁空天信息研究院深化合作协议，低空监视服务网示范、中科卫星科技集团有限公司、先进微纳集成系统设计制造平台以及空天信息大学合作协议。同时，济南市将空天信息产业作为重点打造的未来产业之一，超前谋划布局，积极深化与领域内大院大所大学等重点单位的对接交流，实现了从最初的单一项目合作向产业链建设延伸，逐步构建起产学研一体化协同创新发展的产业体系。通过近年来的不懈努力，全市空天信息产业从"0"到"1"再到"N"，呈现快速发展的良好态势。

二、空天信息产业发展现状

（一）产业创新基础能力日趋坚实

1. 创新集群不断壮大。强化与中科院、北京理工大学等院校合作，引进落地齐鲁空天信息研究院、北京理工大学前沿技术研究院、济南先进动力研究所等8家科研院所，获批国家高性能电磁窗航空科技重点实验室、山东省低空监测网技术重点实验室等87个创新平台，积极推进产业科技创新和高端人才引育，引领带动产业科技领先及成果转化，加快打造国内一流空天信息领域创新策源地。市发展改革委积极牵头加强重点企业、研发机构与高校对接沟通，围绕产业发展，促进人才培养、科技成果转化和技术创新研发等方面合作，推动全市空天信息产学研合作工作不断深入。

2. 产教融合不断深化。2023年，在教育部的关心支持下，在省委省政府、中科院空天信息创新研究院的大力推动下，国内首所以"空天信息"命名的高等院校空天信息大学获批在济南筹建。截至目前，校区改造工程已完工，二期建设工程全面启动，首批联合培养博士研究生已入学，人员选聘、学科设置等内涵建设工作有序推进，将为我国在空天信息领域的科技创新和人才培养提供有力支持。同时，驻济院校积极加强同重点单位合作，联合开展人才培养工作，山东英才学院与山东未来导航公司设立专门的"航天班"，首批毕业生顺利进入公司工作。山东万通技工学校与北京世纪航大航空集团有限公司成立航空产业学院，为产业发展提供高素质技能人才支撑。

3. 一流创新人才不断集聚。持续放大"海右人才"品牌引才聚才效应，依托《济南市人才服务支持政策（30条）》《济南市人才发展环境政策（30条）》落实，靶向引进空天信息领域高层次人才和创新团队。市发展改革委积极组织召开空天信息领域人才宣讲专题活动，为全市空天信息产业重点企业详细讲解人才政策、产业政策，累计协调提供289套人才公寓，解决科研骨干人才安居问题。成功举办2022年空天信息产业发展高峰论坛，持续提升产业显示度和影响力,进一步增强空天信息领域一流人才吸引力。全市初步形成由吴一戎、潘建伟、沈荣骏3位院士领衔,900余名高层次人才组成的空天信息产业人才队伍。

(二)产业规模加速壮大

一是发展卫星制造领域。积极实施微厘空间低轨卫星导航增强系统、中科卫星凌云遥感卫星等多组星座计划,累计已成功发射12颗低轨卫星,实现商业航天"通信、导航、遥感"三大领域布局。其中,世界首颗低轨量子密钥分发微纳卫星"济南一号"助力我国提高在空间量子通信领域的国际领先地位,未来导航S1—S6低轨卫星可对中国北斗等传统卫星导航系统进行性能增强,齐鲁卫星1—4号成功组网,是我国第一个基于激光通信互联的遥感小卫星星座;"济高科创号"卫星是国内首颗星载一体化设计研发的X波段合成孔径雷达卫星。以星座组网为牵引,推进卫星总装、平台载荷及部组件研制、测控运营等项目,济钢卫星总装基地项目建设有序推进,建成后将具备年产100颗1000千克以下卫星的总装制造能力。前瞻布局引进山东微波电真空、中科思尔等优质企业,初步形成包括空间行波管、压力及位移传感器等核心产品生产制造链,特别是世界首条空间行波管自动化生产线已实现多种管型的小批量生产,卫星关键部件制造能力快速提升。圣泉集团酚醛树脂新材料应用于长征系列火箭、神舟飞船等航天重器;国内规模最大北斗车联网平台之一的"航天九通智慧车联网综合服务云平台"直接入网终端已超过32万台,带动产业规模化发展。

二是布局火箭制造领域。围绕打造星箭一体智造产业链,积极引进落地深蓝航天液体火箭发动机、动力系统测试平台项目,计划建设国内规格最全的液体火箭单体及动力系统测试基地,助力深蓝航天液体可回收式火箭技术突破,并实现火箭发动机及动力系统生产制造。依托发动机试车台稀缺资源,不断加强与头部企业对接,推动火箭动力系统、贮箱等关键部组件在济生产,带动上下游精密制造、新材料等相关产业集聚发展。

三是完善航空制造领域。努力推动航空器整机、航空高端装备制造、航空运营维修服务等全产业链布局。山东太古飞机工程有限公司成为全球首家获国产大飞机 C919 维修能力的独立维修单位，新厂区顺利启用，可实现年维修定检出场飞机 600 余架次，将打造亚太地区最大的综合飞机维修、改装基地。航空工业济南特种结构研究所、山东中航和辉航空标准件有限公司等骨干企业在航空关键器件与航空航天紧固件研发制造领域，逐步形成产品和技术优势。积极引入 AG50 轻型运动飞机、纵列式双旋翼无人直升机、无人飞行器等航空器整机制造产业。围绕雪野、商河、平阴等通航机场布局，积极开展航空运动、飞行培训、旅游观光、应急救援、灾情监测、环境检测等应用服务活动。抢抓低空空域改革发展先机，成功促成中科院空天院、齐鲁空天信息研究院低空监视领域技术成果在济南进行转化，先行打造覆盖 3000 米以下重点区域的低空监视服务网，以济南市为示范，构建以典型场景为导向的航空器供给能力、运营支持能力和产业化发展能力，打造新经济增长极。

四是持续推进优质企业发展壮大。支持济钢集团作为链主企业快速发展，打造产业孵化、投资、建设等功能为一体的综合性产业集团。截至目前，济钢集团已通过参股孵化济钢防务技术有限公司、山东微波电真空技术有限公司等 12 家空天领域企业，建设空天信息产业基地、火箭发动机热试车基地和卫星总装基地等优质载体等举措，持续发挥头雁引领和产业共同体引擎作用，带动产业协同发展。同时，通过协助资金募集、市场开拓和创新资源导入等手段，支持未来导航、中科卫星等企业紧盯细分领域做强做精，打造孵化新型拳头企业，带动全市空天信息产业快速发展。

（三）优质发展生态持续完善

一是创新工作推进机制。全市将空天信息产业作为 12 个重点产业领域和 6 大产业共同体之一，积极实施产业链"链长制"，由市政府主要负责人亲自挂帅，成立了由 27 个部门和单位组成的工作专班，高效推动空天信息产业发展工作。同时，市发展改革委成立了空天信息产业推进组，配强骨干集中办公，为企业和项目提供优质高效的政务服务，确保工作快速推进。

二是完善产业顶层设计。先后印发实施《济南市空天信息产业发展三年行动计划（2021—2023 年）》《空天信息产业共同体实施方案》等，以筹建空天信息大学为基础，以推动空天信息科研成果产业化为方向，积极推动全市空天信息产学研一体化发展，扎实推进济南市空天信息产业聚点成线、连线成链，引领全市空天信息产业快速发展。2024年5月，印发《济南市空天信息产业高质量发展行动计划（2024—2027年）》，充分把握机遇，积极融入和服务航天强国、网络强国、数字中国建设，努力打造产业配套完整、协同机制健全、特色优势突出的现代化空天信息产业体系。

三是强化资金保障体系。先后设立总规模62亿元的中科院（济南）科创城产业基金，成立注册资本10亿元的空天产业发展投资有限公司，设立连续5年、每年1.5亿元的产业引导资金，打造产业发展"资金池"。不断壮大产业基金规模，引导省市基金公司组建累计规模18.6亿元的多种空天信息产业基金，形成统筹调配的产业资金池。目前，空天信息产业基金已投资9个重点项目，撬动社会投资总规模27亿元。同时，积极对接省市各类投资公司，探索组建多只基金，用以引进重点项目。

四是优化营商环境。坚持"项目为王"，强化项目日常调度，实施重点项目服务机制，及时协调解决项目推进存在的问题，推动项目顺利实施。强化空天信息赋能数字经济发展，组织空天领域重点单位参加数字场景推介发布会，优选典型应用场景进行现场推介和路演，助力空天信息应用产业市场拓展。发起成立空天信息产业联盟，汇集领域内知名研究院所、企业等159家成员单位，共同搭建信息共享、合作交流平台。

五是创新推进招商引资手段。编制《空天信息产业招商图谱》，按图索骥推进实施"工作专班+龙头企业+金融机构"联合招商机制，先后赴北京、西安、武汉等地开展联合招商活动16次，对接重点企业50余家，签约落地联通航美网络有限公司等8个项目。同时，积极发挥社会组织力量，先后对接中国航空器拥有者及驾驶员协会（中国AOPA）、空天信息产业联盟等，加大产业招商力度。

三、空天信息产业发展存在的问题

（一）产业发展所需资金普遍紧缺

空天信息产业是典型的资金、技术、人才密集型产业，发展离不开持续稳定的资金投入。空天信息领域的飞行器研制、卫星研发以及信息应用等各个方面的具有独特的生命周期。空天信息产业的投融资体系处于较为初期、脆弱和浅层次阶段，缺乏符合产业发展规律的投融资资金。传统的财政资金或社会资金倾向于短期、投机性强、以变现为主要目标的风险资本投资，中长期的战略性投资较少，与空天信息产业的发展规律和投资要求不匹配，给项目招引、企业融资带来不利影响。

（二）应用场景拓展不足

济南市空天信息产业主要应用于农林植保、应急救援、国土测绘、道路交通、电力巡检等领域，体量小，不成规模，应用场景开放少、推广慢，与传统产业未建立有效联结，不能充分发挥空天信息产业赋能的优势与价值，需进一步拓展"空天+"应用场景，催生新产业、新业态。

四、空天信息产业国内外比较分析

（一）国外形势

1. 整体情况

近年来，全球空天信息领域基本形成美、中、俄、欧"一超多强"的发展格局，其中美国是目前全球航天综合实力最强的国家，拥有世界上最大的航空航天产业，产业规模约占全球空天信息产业的一半。根据公开资料统计，2023年全球共进行航天发射222次，大大超过2022年的186次。全球参与航天竞争的国家中，美国和中国的运载火箭发射数量都取得新突破，美国108次（2022年87次），中国67次（2022年64次），两国运载火箭发射数量合计占比超过全球的7成。欧盟（3次，2022年6次）和俄罗斯（19次，2022年21次）运载火箭发射数量双双下跌，印度微涨（7次，2022年5次），伊朗、日本、韩国、新西兰等国仍在5次左右徘徊。

据统计，全球空天信息行业市场规模从2017年的近3万亿美元，增长至2022年的5万亿美元，增速明显。同时，随着应用方向和领域的不断拓展，空天信息产业未来市场规模将超过数百万亿元。从市场分布看，美国占比43.6%，欧洲占比29.0%，中国占比仅为12.7%，美国、欧洲等发达国家在空天信息产业链分布中仍占主导地位。美国空天信息产业也正在从以往简单地向用户提供影像数据和基础的地理空间信息，转变为向用户提供经过分析和加工的高级产品。比如谷歌和SpaceX公司正在积极推动的"一分钟看地球"和"星链"计划，是空天信息产业发展中的标志性里程碑事件。

2. 重点企业情况

美国太空探索技术公司（SpaceX公司），是PayPal（贝宝）早期投资人埃隆·马斯克（Elon Musk）2002年6月建立的美国太空运输公司。它开发了可部分重复使用的猎鹰1号和猎鹰9号运载火箭。SpaceX同时开发Dragon系列航天器以通过猎鹰9号发射到轨道。SpaceX主要设计、测试和制造内部部件，如Merlin、Kestrel和Draco火箭发动机。

2023年8月，《华尔街日报》中文网的一篇报道曝光了SpaceX的财务数据。报道显示，2023年一季度，SpaceX收入约15亿美元（当时约合人民币109.65亿元），实现总利润5500万美元（当时约合人民币4.02亿元）。SpaceX公司开始盈利，标志着其商业逻辑上的成功，对于世界商业航天来说意义非凡。支撑SpaceX公司营收指数级增长的关键，与其在全球火箭发射市场的强势扩张密不可分。整个2023年，SpaceX公司完成火箭发射98次，占全球火箭发射数的44%。其中，SpaceX服务自家星链Starlink发射63次，将1984颗星链卫星送入轨道。同时，SpaceX还执行了4次"拼车发射"任务，将来自世界各地的共计350颗微型卫星送入太空。

SpaceX公司通过密集发射的方式实现"星链（Starlink）"快速组网，截止到目前，星链卫星的总发射数量达到了6416颗，其中，2024年通过34次发射，SpaceX已经发射了766颗星链卫星，为超过100万个用户提供通信服务。在深空探测方面，SpaceX在2023年7月用猎鹰9号帮助欧洲航天局发射了欧几里得空间望远镜，又在10月用重型猎鹰帮美国航空航天局完成了灵神星探测器的发射。除此之外，SpaceX还完成了3次载人航天发射，3次货运发射，分别将12名宇航员和近8吨的物资送到了国际空间站，还帮助美国、德国和韩国军方发布了多颗军用卫星。

与其他公司相比，SpaceX公司依靠其强大的技术优势，在发射可靠性和成本方面展现出了显著的优势。目前，猎鹰9和猎鹰重型火箭的发射起价分别是6700万美元和9700万美元，小型卫星"拼车发射"，200公斤以下有效载荷的发射起价为110万美元，每增加一公斤收费5500美元。作为对比，美国发射联盟火神号火箭发射一次的价格是1.1亿美金，宇宙神5号政府报价在1.5亿—2亿美元之间。在巨大的价格优势下，许多SpaceX的竞争对手也选择SpaceX的火箭来进行卫星发射。

（二）国内形势

1. 整体情况

2023年政府工作报告提出，大力推进现代化产业体系建设，加快发展新质生产力，积极培育新兴产业和未来产业，积极打造生物制造、商业航天、低空经济等新增长引擎。《中国航天科技活动蓝皮书（2023年）》显示，2023年我国共实施了67次航天发射，全球占比30%，创历史新高，发射载荷质量达155吨，研制发射221个航天器，发射次数和发射载荷质量均位居世界第二。其中，有26次商业发射，发射成功率达96%。

依托我国雄厚的航天工业技术基础和人才储备，在新型举国体制优势背景下，政府、央国企、民企等各参与主体整合、抱团、探索，空天信息产业化正在提速。各地纷纷布局推进产业发展，北京明确"南箭北星"产业布局，将卫星互联网定位为经济新增长极；上海发布促进商业航天发展计划，打造空间信息产业高地；海南依托文昌国际航天城、三亚遥感信息产业园等载体，已形成卫星遥感、北斗导航、卫星通信、运载火箭、测控为一体的商业航天产业链。2023年，中国商业航天市场规模约为19436.2亿元，同比增长23.2%，预计2024年将达到23382亿元。空天信息新增企业数量113272家，产业年营收同比增长28.95%。据不完全统计，2023年我国空天信息行业共发生投融资事件14起，已披露的交易金额中，星河动力获得金额最高，达11

亿元。2024年，"商业航天"首次被写入政府工作报告。近期，航天驭星获近5亿元B轮及C轮融资，中科宇航完成6000万元新一轮融资。垣信卫星完成67亿元人民币的A轮投资，刷新我国卫星企业单轮融资的最大金额纪录。

2. 重点企业情况

北京星河动力航天科技股份有限公司成立于2018年2月，总部位于北京经济技术开发区，注册资本36799万元，是国家级专精特新小巨人企业、国家高新技术企业和中关村金种子企业，主要为国内外航天领域客户提供高效、可靠的航天发射服务，先进的航天装备制造，高性能产品配套以及工程、技术、安全、系统集成等领域系统化解决方案。星河动力航天研制出全球最具性价比的海陆两栖轻小型商业运载火箭"谷神星一号"和250吨级中大型可重复使用液体火箭"智神星一号"，申请专利210余项，获得发明专利授权85项，累计将16家客户的35颗卫星精准送入轨道，创造了世界火箭型号最快研发、国内民营火箭企业首家实现连续成功发射和高密度批量发射、首家海上发射等多个行业内里程碑式的纪录，被国际同行誉为成长力最快的"聪明公司"。仅2023年，星河动力航天就实施了7次发射任务，发射卫星21颗，占全国火箭发射总量的10.3%，发射总量居于世界商业航天公司的第5位、国内发射机构第2位、国内民营火箭公司第1位。目前，智神星一号液体运载火箭已完成多项大型地面试验，并计划于2024年实现入轨首飞。2024年5月，星河动力成功完成总计11亿元的C及C+轮融资，对其业务发展具有里程碑意义。本次募集的资金将专项用于智神星一号可重复使用液体运载火箭技术的研发工作，并推动相关生产、试验及发射设施的进一步完善。

五、推动济南空天信息产业高质量发展的对策建议

（一）强化产业认识，明确发力方向

进一步加强空天信息产业发展方向研究，明确重点发展和前瞻布局的细分领域，推动产业布局起势，抢占发展先机。建议空天信息产业发展要着眼于商业化，要面向大众应用市场与消费级层面的商业化发力，并由此反哺基础建设和技术研发。参考互联网的价值，并不在于网络本身是否盈利，而在

于它孕育和催生了庞大的互联网经济，迸发出巨大的社会效益和经济效益。降低空天信息基础设施建设成本，如火箭发射、卫星制造成本等，是产业发展的手段，而非目的。空天信息产业发展的核心是以从消费端倒推的模式来摸索推动产业生态的发展，以全新的市场定位来推动航空航天科普教育、融合应用、大众消费及推广等市场发展。

（二）夯实创新基础，提升产业核心竞争能力

空天信息产业是科技含量极高的战略性新兴产业，创新能力是产业发展的根基和动力保障。要发展空天信息产业，一是加快关键核心技术突破，支持齐鲁空天信息研究院、北京理工大学前沿技术研究院、济南先进动力所等重点科研机构发展，集中攻克一批关键基础技术和"卡脖子"环节，超前布局前沿未来技术和颠覆性技术研究，形成领先科技创新优势，为产业发展提供源头技术供给。二是打造高能级创新平台，围绕产业发展需求，推动建立一批国家技术创新中心、省实验室、产业创新中心、制造业创新中心，高标准建设科技创新平台、共性技术研发平台等，谋划一批大科学装置，提升创新发展动力支撑。三是强化产业人才支撑。依托泰山学者、泰山产业领军人才工程、"海右计划"产业领军人才支持工程，靶向引进一批引领空天信息领域顶尖人才、一流领军人才和团队；加快空天信息大学建设，力争尽早实现空天信息产业高端人才本地化培养；探索成立产业专家咨询委员会，对济南市产业规划和项目招引提供科学精准指导服务；统筹推进产业人才队伍建设，不断提升引才精度和产业适配度，引导相关驻济高校深化与企业合作，引进培养一批空天信息产业领域专业人才。四是健全科技成果转化机制。推进科技成果转化"倍增计划"，努力提升科技成果转化服务能力，完善"创新+知识产权+资本+社会参与"的知识产权运营服务体系，加速推动空天信息产业领域先进成熟技术加速转化。

（三）壮大产业规模，加大企业梯次培育力度

一是强化龙头企业引领带动作用。优选比较优势明显的企业，打造以链主企业为主体、链条企业协同发展的空天信息产业共同体。支持链主企业通过技术创新、规模扩张和并购重组，成为具有国际竞争力并引领行业发展的标杆企业。鼓励链主企业加强与国内空天信息产业头部企业对接，吸引头部企业在济设立区域总部或下属子公司，利用头部企业品牌、技术、资源等优势，带动相关产业发展。二是做强做精骨干企业。依托一批创新实力强、产业基础好、市场成长快的骨干企业，聚焦细分领域和关键环节，开展技术、产品攻关和应用示范，以专业化分工、服务外包、订单生产等方式，提升产业上下游、产供销、大中小企业协作配套水平，不断增强供应链稳定性和竞争力。三是培育孵化高成长型企业。加快打造一批主营业务突出、竞争力强、成长性好的高新技术企业、"专精特新"企业、"小巨人"企业、制造业"单项冠军"企业和制造业领航企业等，努力构建大中小企业融通发展、产业链上下游协同创新的生态体系。四是强化招商引资，以《空天产业招商图谱》为抓手，按图索骥，推动与央企、大院大所、头部企业对接，通过资本招商、厂房代建、政策扶持等方式，争取引进更多优质企业和项目，不断积蓄高质量发展后劲。

（四）探索应用创新，丰富拓展空天应用新场景

一是拓展数据增值利用服务。支持卫星星座组网建设，鼓励开展星地遥感数据协同获取、海量信息实时处理、多源遥感数据智能分析等关键技术研发，夯实空天信息数据获取能力，打造空天信息大数据增值应用服务产业。二是产业应用场景探索创新。结合数字济南建设，定期遴选发布典型应用场景清单，深化空天信息技术与传统产业融合发展，推动空天信息赋能智慧交通、自然资源、智能网联汽车、防灾应急、智慧农业、生态环境等领域场景应用，赋能城市全域感知、数字运营、智能决策，打造多样化产品解决方案和典型应用场景，开发特色化的标杆示范场景，加速新技术新产品推广。三是布局消费应用终端市场。面向场景应用需求，支持企业研制具有通导一体化功能的便携化、轻量化终端产品；面向大众消费市场，支持企业加大以智能手机、智能穿戴等为代表的终端集成产品研发、制造和规模化应用。

（五）拓展资金来源，打造产业特色资金保障体系

空天信息产业属于研发周期相对较长、经费投入较大的行业，需要大量持续的资金投入。目前，空天信息产业投资者大多数是"国字头"基金和地方政府的产业基金。要结合空天信息产业特点和需求，逐步完善"政策扶持+产业基金+投资平台"要素支持保障体系。一是要强化政府资金引导作用，用好中央预算内资金、地方政府专项债券等政策性资金支持。二是要壮大空天信息产业基金规模，构建"1+N"空天信息产业基金群，推动科技成果转化基金、省市引导基金、科学城科创基金等通过组建子基金、股权直投等方式支持空天信息领域项目，撬动引入更多金融资本和社会资本参与项目建设，积极打造形成覆盖项目全生命周期的基金体系。三是探索建立金融协同工作机制，同国家、省、市金融机构建立沟通联系机制和项目推送共享机制，引导金融机构针对不同发展阶段的空天信息企业需求，提供定制化金融服务和金融产品，打造涵盖银行信贷、债券、股票、保险和融资担保等多手段的金融服务体系。

（六）完善机制体制，打造优质产业发展生态

一是强化部门协同，充分发挥市级空天信息产业专班作用，加强全市空天信息产业形势研判、顶层设计和总体布局，强化资源统筹和内外协调，形成部门合力，建立市、区县纵向对接机制，共同推进重大项目落地实施。二是强化对外合作，加强与空天信息产业联盟、航空航天领域行业协会、商会等社会组织对接合作，争取在济举办各类空天信息产业科技交流活动、高峰论坛、重要赛事、大型展会、高端双创赛事等，开展产业协作、供需对接、培训交流、人才招引、项目路演等系列服务活动，服务空天信息产业高质量发展。三是加强空天信息产业宣传推广，大力宣传济南市推进构筑空天信息产业链的重大举措，积极展示发展空天信息产业的重大部署和成果成效，进一步提升空天信息产业显示度和影响力，营造促进产业发展的良好氛围。

第十四章　加快推进济南低空经济发展的对策建议

2023年，中央经济工作会议明确将低空经济列为重点打造的战略性新兴产业。2024年政府工作报告也提出，要积极打造低空经济等新增长引擎。在国家政策支持下，"低空经济"成为各省竞相发力的新赛道。深圳、合肥等城市率先布局低空经济产业，相继出台低空经济相关领域政策法规。深入分析先进城市发展低空产业的创新举措，对于济南市加快布局低空经济产业，培育发展新质生产力具有重要启示和借鉴意义。

一、低空经济是引领经济增长的新赛道

（一）低空经济内涵和特点

低空经济是指一般在垂直高度1000米以下、根据实际需要延伸至不超过3000米的低空空域范围内，以民用有人驾驶和无人驾驶航空器为载体，以载人、载货及其他作业等多场景低空飞行活动为牵引，带动相关领域融合发展的综合性经济业态。

低空经济有三大特点。一是产业链条长，市场潜力大。从全产业链看，低空经济上游产业为航空装备制造业，中游产业为通航产业运营，下游产业为低空经济服务与应用。二是经济带动能力强，低空基础设施建设将带动有效投资，增加就业岗位。三是场景应用广，涉及部门和领域多，可以为各行各业赋能增效，呈现出明显的新质生产力特征。

低空经济融合了信息化、数字化、航空、无人机等多领域技术，并能激发新材料、新基建、电池存储、装备制造、服务运营等上中下游全产业链的

升级潜力，广泛体现于第一、第二、第三产业之中，正在成为现代化产业体系和新质生产力的重要组成部分。随着越来越多应用场景的出现，低空经济会延展出全新的产业链条。数字技术、智能技术、数字孪生技术等高新技术都可以在低空产业中大显身手。未来，低空经济将在便利企业经营、公共服务和居民生活以及推动经济增长方面发挥更加重要的作用，在拉动有效投资、创造消费需求、提升创新能级等方面前景广阔，市场庞大。中国民航局发布的数据显示，2023年低空经济规模超过5000亿元，2025年低空经济市场规模将达1.5万亿元，2035年有望达3.5万亿元。

（二）低空经济已成为各地聚力发展的产业新赛道

近年来，在市场需求和政策支持共同推动下，以传统通用航空、无人机产业为代表的低空经济实现较快发展。2024年以来，在国家层面大力推动下，低空经济已迅速成为各级地方政府高度关注的重要议题。多地正积极抢抓低空经济产业密集创新和高速发展的战略机遇期、黄金窗口期，加快形成低空经济产业集聚效应和创新生态，向天空寻发展。全国有27个省（自治区、直辖市）将低空经济等相关内容写入地方政府工作报告。工业和信息化部等四部门近日联合印发《通用航空装备创新应用实施方案（2024—2030年）》，提出到2027年，我国通用航空装备供给能力、产业创新能力显著提升，高效融合产业生态初步形成，以无人化、电动化、智能化为技术特征的新型通用航空装备在城市空运、物流配送、应急救援等领域实现商业应用。低空经济成为越来越多地方瞄准的"新赛道"，广州、深圳、合肥等城市已相继取得低空经济建设重要进展，围绕低空经济的竞逐浪潮悄然到来。抢抓机遇，刻不容缓，济南应加快布局低空产业，加快推动低空经济产业链成形成势，培育新质生产力，不断塑造高质量发展新动能新优势。

二、深圳、合肥发展低空经济的经验做法

（一）"天空之城"的深圳实践

深圳布局低空经济由来已久，借助政策支持和科技投入，在无人机制造和场景应用等领域已形成领先优势。2023年，深圳低空经济产值超过960亿元，集聚产业链企业1700余家，形成了集研发、设计、制造、运行、保障于一体的完整产业链。

一是抢抓战略先机加快顶层设计。2017年，深圳经国家发改委批准成为首批通用航空产业综合示范区。2019年，《深圳市民用微轻型无人机管理暂行办法》正式发布，划设微轻型无人机试飞空域。2023年，"低空经济"首次写入政府工作报告，提出建设低空经济中心，打造民用无人驾驶航空试验区，培育发展低空制造、低空飞行等经济增长点。出台《深圳市低空经济产业创新发展实施方案（2022—2025年）》《深圳市支持低空经济高质量发展的若干措施》，制定了全国首部低空经济地方性法规《深圳经济特区低空经济产业促进条例》。不断完善的低空领域政策体系，为深圳推动低空经济发展提供了有力支撑。

二是强化低空产业技术创新。深圳推出了一揽子鼓励科技创新的政策，围绕航空器本体软硬件能力、低空飞行保障等核心技术领域，出台资助措施，帮助企业开展技术攻关；政府"牵线搭桥"，让企业、研究机构强强联手，产学研各界联动，推动低空领域科研成果向现实生产力转化；发挥政府专项资金和投资引导基金作用，带动金融机构和社会资本依法参与低空飞行基础设施投资与安全运营，鼓励关键技术和科技成果转化。

三是完善低空产业配套环境。政府组织建设低空飞行服务平台，依托低空飞行数字化管理服务系统，为开展低空飞行活动的单位或者个人提供飞行申报、飞行情报、飞行告警、信息发布等低空飞行服务和协同运行服务。以深圳极速先锋城市建设为契机，同步推进5G-A（基于5G网络在功能上和覆盖上的演进和增强）应用示范、卫星通信创新应用等信息基础设施建设。加速低空产业人才培养，为引进低空领域高层次人才提供事业平台、科研经费、团队支持、生活保障等一揽子"政策包"，支持深圳市高校和职业院校开设低空经济支撑学科专业。

(二)"弯道超车"的合肥经验

合肥依托科创新优势，加速布局低空经济，集聚低空经济企业近100家，实现载人eVTOL（电动垂直起降飞行器）、货运物流、公共治理等场景全覆盖，初步形成完备的低空经济产业链，巩固全国低空经济第一梯队地位，2025年基本建成具有国际影响力的"低空之城"，在科技研发、产业集聚、应用场景、标准规则、飞行保障等方面走在全球前列。

一是科学规划引领。《合肥市低空经济发展行动计划（2023—2025）》提出，构建"4120"低空经济工作体系，出台1项支持政策，实施20项重点任务，支持合肥建设具有国际影响力的"低空之城"。《合肥低空经济产业实施细则》拟通过12项具体措施让政策与产业同频共振，加快形成低空经济产业集聚效应和创新生态。

二是产业空间保障。打造骆岗公园低空融合飞行试验片区，实施"无人机+"行动，载人飞行观光、无人机外卖等已经商业化应用。依托包河区、高新区形成两个低空经济总部集聚区和低空产业先导区，吸引一批eVTOL、无人机龙头企业落户。发展城市无人机B2B（企业对企业之间的营销关系）物流配送、B2C（企业针对个人开展的电子商务活动的总称）即时物流航线无人机运输，骆岗公园开通全球首条eVTOL商业化空中游览航线。

三是全产业链集聚。依托现有产业集群吸链强链补链，利用集成电路、新型显示、人工智能三大国家级战略性新兴产业集群，吸引无人机整机、动力系统等相关产业集聚合肥。发挥亿航智能、时的科技、零重力等低空产业头部企业链主效应，借助产学研用优势，开展关键技术原始创新、技术转化及应用。围绕eVTOL、无人机产业，布局航材、检验检测、维修保养、事故调查、飞行服务、教育培训、飞行器租赁等后市场产业链开发。

三、加快推进济南低空经济发展的对策建议

（一）济南低空经济发展现状

近年来，济南积极探索低空新动能，在低空产业开发和场景应用上加快创新，具有一定的基础和优势。一是政策优势。《山东省航空航天产业发展规划》《山东省无人机产业高质量发展实施方案》明确支持济南建设空天信息产业核心集聚区和低空产业示范基地。二是基础设施建设加快推进。目前，已有济南商河、莱芜雪野、平阴榆山、平阴孝直4个通用机场。三是产业布局

已见雏形。商河县已建立全国最大退役飞机交易中心，飞行培训、航空研学、飞行保障等"通航+"新业态全面铺开，正全力打造黄河流域低空经济（产业）发展先行区和示范区、省会经济圈低空经济发展核心区。四是人才培养迈出新步伐。成立航空产业学院，培训低空专业人才，拥有齐鲁空天信息研究院、空天信息大学（筹）等一批科研机构、专业院校，为低空科技创新和人才培养提供人才支撑。但与先进城市相比，济南低空经济尚处于起步阶段，低空空域是一块尚待开发的"处女地"。市级层面尚未统一部署，基础设施支撑偏弱，低空产业发展尚处低端，许多领域尚处空白。低空经济犹如一块亟待雕琢的璞玉，蕴藏着重构传统生产空间与产业转型优化升级的巨大潜能。济南大力培育发展低空经济是加快形成新质生产力的重要任务，也是推动强省会高质量发展的重要推手。

（二）加快发展低空经济的对策建议

1. 加快低空经济顶层设计。一是建议由市委、市政府主要领导牵头成立低空经济工作专班，由市发改委牵头编制低空经济产业发展规划，明确济南低空经济发展思路、战略定位与空间布局；研究出台与低空经济发展阶段特征相适应的财政、金融、产业、市场监管等相关配套政策，强化支撑保障能力。二是由市政府与空中交通管理机构、民用航空管理部门建立低空飞行协同管理机制，协调解决空域划设、飞行活动监督等重大问题，确保空域有效利用和航空秩序。

2. 加速培育低空经济产业。一是制定低空经济产业链图谱，引育一批通航零部件、导航航电、无人机等低空链主、专精特新企业，打造低空产业核心集聚区。二是强化低空全产业链招商，招大引强，从项目引进、政府投资、资本运作、成果转化等各方面，打好低空经济产业链招商的"组合拳"。三是设立面向低空产业的政府专项资金和投资引导基金，创新低空经济金融服务，吸引更多具有核心竞争力的低空经济企业落户济南。

3. 创新低空经济应用场景。一是"低空+物流"。引入顺丰、美团等头部物流企业，开发无人机物流配送等场景应用。二是"低空+旅游"。依托济南山泉湖河城独特生态资源优势，发展航拍航摄、飞行体验、低空运动、空中游览、飞行表演与宣传等"低空+"业务。三是"低空+交通"。拓展"环鲁飞"通勤航班，构建支线运输+定制航空+产业联动"三位一体"的省内1小时空中交通圈。四是"低空+服务"。结合数字济南建设，推动应急、医疗、消防、农业、勘测、政务等多领域探索无人机规模化场景应用。

4. 加强低空新基建建设。一是加快低空信息设施建设。加快济南低空监视服务网试验验证项目建设，加强低空飞行通信、导航、监视、气象检测等信息基础设施、低空飞行数字化管理服务系统建设。二是鼓励政府牵头、企业支持、社会资本参与，建设无人机和通用飞行器起降点、航空飞行营地。三是构建FBO（地面固定基地运营商）服务系统，提供无人机、有人机停场、检修、加油、换电、清洁、中转等综合服务。

5. 加强低空产业人才引育和科技成果转化。一是面向全球引进低空领域高层次产业领军人才，在人才政策上给予重点支持。二是充分利用驻济高校教育资源，突出低空产业职业化教育，在职业院校开设低空经济类相关专业，培养低空专业人才。三是依托中科院济南科创城、山东大学、空天信息大学（筹）、齐鲁空天信息研究院等名校大院和龙头企业，建设低空经济领域创新型研究机构，加快关键技术攻关，实现高校研发—平台孵化—通航产业园成长—高新技术产业开发区市场化链条完整的低空产业成长路线图。

第十五章 济南未来产业发展展望及建议

未来产业，作为引领新一轮科技革命与产业变革的核心驱动力，正深刻改写着全球的创新版图与经济格局，成为决定未来发展方向与竞争格局的关键力量。面对这一历史性机遇，济南亟须审时度势，通过前瞻性布局，找准未来产业发展细分领域与切入点，抢占未来产业制高点，不断构筑起济南高质量发展新动能新优势，为加快建设新时代社会主义现代化强省会提供有力支撑。

一、国内外未来产业发展形势

从全球看，世界经济大国和强国高度重视并加快部署未来产业发展。美国发布《2030愿景》，以保持技术优势。德国发布《国家工业战略2030》，旨在实现工业全方位升级。法国聚焦能源、健康、机器人等10个优先领域，推出"法国2030"投资计划。日本研究制定《氢能源基本战略》，推进氢气发电商业化。纵观全球未来产业发展态势，世界主要发达国家均十分重视未来产业的顶层设计与谋划布局（表15-1），重点围绕量子技术、先进通信网络、人工智能、先进计算等领域加大生产要素投入，"未来产业"持续推进，成为世界各国抢占发展先机的重要抓手。

表 15-1 主要发达国家关于"未来产业"重点部署

地区	文件名称	重点领域
美国	美国将主导"未来产业"	量子信息科学、5G 通信技术、人工智能、先进制造业
	2021 财年政府研发预算重点备忘录	量子信息科学、先进通信网络和自动化技术、智能和数学制造、工业机器人
	2022 财年政府研发预算重点备忘录	人工智能、量子信息科学、先进通信网络、先进制造业
	美国就业计划	半导体、先进计算、先进通信技术、先进能源技术、清洁能源技术、生物技术
	无尽前沿法案	人工智能与机器学习、半导体、量子计算科学与技术、机器人、先进材料科学、数据管理、基因组学与合成生物学、生物技术、电池与工业能效
	NSF 未来法案	量子信息科学、人工智能、超级计算、网络安全和先进制造
英国	产业战略：建立适应未来的英国	人工智能与数据经济、未来观众、量子技术商业化、创意产业集群、数字安全、下一代服务、机器人技术、无人驾驶汽车、先进医疗保健、低成本核能
法国	"未来工业"计划	新资源、智慧城市、绿色交通、未来运输、未来医学、数字经济、智能设备、数字安全、健康食物
	第四期"未来投资计划"	5G 通信和未来电信网络技术、网络安全、量子技术、数字健康、生物制造
日本	新产业结构蓝图	自动驾驶汽车、保险与评级管理智能化、功能食品、生物能源
	科学技术创新综合战略 2020	公共卫生、人工智能、超算、大数据分析、卫星、智能实验室、远程商业、低能耗技术、清洁能源、生物技术等

资料来源：根据相关资料整理。

从国内看，国家高度重视未来产业布局。2020 年 4 月 1 日，习近平总书记在浙江考察时首次提出未来产业，强调要"抓紧布局数字经济、生命健康、新材料等战略性新兴产业、未来产业"。2020 年 10 月 14 日，习近平总书记在深圳经济特区建立 40 周年庆祝大会上的讲话中指出，"要围绕产业链部署创新链、围绕创新链布局产业链，前瞻布局战略性新兴产业，培育发展未来产业，发展数字经济"。《中华人民共和国国民经济和社会发展第十四个五年规划和2035年远景目标纲要》提出在类脑智能、量子信息、基因技术、未来网络、深海空天开发、氢能与储能等前沿科技和产业变革领域，组织实施未来产业孵化与加速计划，谋划布局一批未来产业。2023年7月，习近平总书记在四川考察时再次要求，"前瞻部署未来产业，促进数字经济与实体经济深度融合"。

各部委结合自身职能积极推进未来产业发展。2021年4月，国家发展和改革委员会举行新闻发布会，表示将会同有关方面，加强顶层设计和统筹协调，提前布局并积极培育发展未来产业。2022年11月，科学技术部、教育部批复《未来产业科技园试点及培育名单》，北京市、上海市、江苏省等8个省市的10家未来产业科技园成为首批未来产业科技园建设试点，重点培育空天科技、信息安全、未来网络、生物医药、未来交通等领域。2023年9月，工业和信息化部办公厅印发《关于组织开展2023年未来产业创新任务揭榜挂帅工作的通知》，面向元宇宙、人形机器人、脑机接口、通用人工智能等四个重点方向，加速新技术、新产品落地应用。2024年1月，工信部等七部门联合印发《关于推动未来产业创新发展的实施意见》，明确六大重点发展方向，为我国未来产业创新发展提供路线图和政策保障。2024年3月，工信部新设"未来产业处"，这是国家部委首次为未来产业专门设置的业务主管机构，此举意味着未来产业已进入国家产业布局规划。

地方结合科技与产业基础竞相落子未来产业，纷纷出台实施未来产业发展专项规划、行动计划与配套政策。截至目前，全国31个省级行政区相继在各自2024年政府工作报告中对未来产业做出规划，其中至少有12个省级行政区发布了专门政策文件（表15-2），约20个省份围绕类脑智能、量子信息、基因技术、未来网络、深海空天开发、氢能与储能等领域布局未来产业发展。北京、上海、广州、深圳、杭州、南京、合肥和西安重点发展量子信息产业，上海和深圳依靠临海优势大力发展新型海洋经济，广州、南京、合肥和西安聚焦发展区块链，北京、上海、深圳、广州、杭州和西安着力发展氢能产业（表15-3）。从各地绘制蓝图看，未来产业蕴藏着巨大的经济效益。

《上海打造未来产业创新高地发展壮大未来产业集群行动方案》中提出,到 2030 年未来产业产值将达 5000 亿元;江西计划到 2030 年未来产业规模突破 2 万亿元,部分领域打造出若干个 5000 亿级产业;广东省工信厅预测,广东未来产业有望形成千亿级、万亿级规模体量。至此,未来产业培育形成了"上下协力、同频共振"的良好局面。

表 15-2 已出台未来产业有关政策文件省份情况

省份	相关政策文件及发布时间	未来产业方向
山西	2021.05《山西省"十四五"未来产业发展规划》	信息技术应用创新产业、大数据融合创新产业、碳基新材料产业、特种金属材料产业、半导体产业、先进功能材料产业、新能源产业、先进轨道交通产业、智能网联新能源汽车产业、云计算与工业互联网产业、煤炭清洁高效利用产业、核能产业、氢能产业、电子信息装备产业、航空航天产业、海洋装备产业、量子产业、区块链产业、碳基芯片产业、高速飞车产业、人工智能产业、数字孪生与虚拟现实产业、下一代互联网产业、生物产业、智能传感及物联网产业
上海	2022.09《上海打造未来产业创新高地发展壮大未来产业集群行动方案》	未来健康、未来智能、未来能源、未来空间和未来材料 5 大产业 16 个细分领域
江西	2023.01《江西省未来产业发展中长期规划(2023—2035 年)》	未来信息通信、未来新材料和未来新能源产业三大赋能型未来产业,未来生产制造、未来交通和未来健康产业三大先导型未来产业
浙江	2023.02 浙江省政府办公厅印发《关于培育发展未来产业的指导意见》	未来网络、元宇宙、空天信息、仿生机器人、合成生物、未来医疗、氢能与储能、前沿新材料、柔性电子 9 个快速成长产业;量子信息、脑科学与类脑智能、深地深海、可控核聚变及核技术应用、低成本碳捕集利用与封存、智能仿生与超材料等 6 个巨大潜力未来产业
广东	2023.04《广东省培育发展未来产业集群行动计划编制工作方案》 2024.02《广东省发布五大未来产业集群培育具体行动计划》	未来电子信息、未来智能装备、未来生命健康、未来材料、未来绿色低碳

(续表)

省份	相关政策文件及发布时间	未来产业方向
河北	2023.04《河北省战略性新兴产业融合集群发展行动方案（2023—2027年）》	发展空天信息产业、先进算力产业、鸿蒙欧拉产业生态、前沿新材料产业、基因与细胞产业、绿色氢能产业等6大未来产业
重庆	2023.06《深入推进新时代新征程新重庆制造业高质量发展行动方案（2023—2027年）（征求意见稿）》	布局发展卫星互联网、生物制造、生命科学、元宇宙、前沿新材料、未来能源等6大未来产业
北京	2023.09《北京市促进未来产业创新发展实施方案》	未来信息（通用人工智能、6G、元宇宙、量子信息、光电子）、未来健康（基因技术、细胞治疗与再生医学、脑科学与脑机接口、合成生物）、未来制造（类人机器人、智慧出行）、未来能源（氢能、新型储能、碳捕集封存利用）、未来材料（石墨烯材料、超导材料、超宽禁带半导体材料、新一代生物医用材料）、未来空间（商业航天、卫星网络）
湖南	2023.12《湖南省现代化产业体系建设实施方案》	前瞻布局人工智能、生命工程、量子科技、前沿材料等未来产业
江苏	2023.12《江苏省人民政府关于加快培育发展未来产业的指导意见》	第三代半导体、未来网络、氢能、新型储能、细胞和基因技术、合成生物、零碳负碳（碳捕集利用及封存）等10个成长型未来产业，以及量子科技、深海深地空天、类人机器人、先进核能等一批前沿性未来产业
山东	2023.04《山东省制造业创新能力提升三年行动计划（2023—2025年）》	人形机器人、元宇宙、量子科技、未来网络、碳基半导体、类脑计算、深海极地、基因技术、深海空天
安徽	2024.02《安徽省未来产业先导区建设方案（试行）》	通用智能、量子科技、未来网络、生命与健康、先进材料、低碳能源、空天信息、第三代半导体、区块链、元宇宙等未来产业

资料来源：根据相关资料整理。

表15-3　主要城市未来产业发展重点领域情况

地区	重点领域
北京	量子信息、新材料、人工智能、卫星互联网、机器人
上海	光子芯片与器件、基因与细胞技术、类脑智能、新型海洋经济、氢能与储能、第六代移动通信
广州	量子科技、区块链、太赫兹、天然气水合物、纳米科技等领域
深圳	6G通信网络、量子科技、深海探测和开发、氢能产业

(续表)

地区	重点领域
杭州	5G生态、下一代人工智能、量子通信以及深海深空、氢能源、微纳米材料、柔性电子、下一代通信技术
南京	未来网络、航空航天、区块链、量子信息、安全应急、脑科学
合肥	量子科技、第三代半导体、精准医疗、超导技术、生物制造、先进核能
西安	量子信息、类脑智能、生命健康、氢能产业、区块链、4D打印、增强现实（AR）

资料来源：根据相关资料整理。

从省内看，济南聚焦于元宇宙、生命科学、未来网络等前沿领域。同时，要加快电磁能、基因编辑、合成生物等新兴增长点的培育，不断开辟新的发展赛道，打造未来产业先导区，引领区域产业升级。2023年底，山东省发展和改革委员会公布的15个省级未来产业集群名单中，济南市量子信息产业集群、空天信息产业集群、未来网络产业集群成功上榜（表15-4）。青岛布局基因与细胞、量子信息、空天技术等未来产业。烟台依托海洋与制造业优势，超前布局生命科学、深海空天、新型电子材料等六大未来产业。淄博聚焦于大数据、人工智能、物联网等前沿技术，推动数字经济园区升级转型，致力于打造新一代信息技术融合应用高地。同时，强化机器人产业，建立先进制造基地，并在氢能及储能领域创新突破，搭建绿色能源的省域标杆。临沂、日照、威海、德州等地分别着眼于人工智能、合成生物、人形机器人、元宇宙、虚拟现实、卫星遥感、新型储能、生命科学等产业。各市正利用自身资源禀赋，精准定位，积极探索并布局未来产业。

表15-4 山东省未来产业集群名单

地区	认定未来产业集群
济南	空天信息产业集群、量子信息产业集群、未来网络产业集群
青岛	基因和细胞诊疗产业集群、深海极地开发产业集群、空天信息产业集群、虚拟现实产业集群
潍坊	元宇宙产业集群
烟台	新一代核能产业集群
淄博	氢能及储能产业集群
东营	碳捕集利用与封存产业集群

(续表)

地区	认定未来产业集群
临沂	光储氢一体化产业集群
泰安	盐穴储能储气产业集群
威海	核能产业集群
枣庄	储能产业集群

资料来源：http://www.shandong.gov.cn/art/2023/12/11/art_94237_10345930.html。

二、济南未来产业发展现状

（一）发展现状

1. 培育发展未来产业已具有基础。（1）制度基础。在推进未来产业布局过程中，济南展现出高度的战略前瞻性和政策执行力。《济南市国民经济和社会发展第十四个五年规划和2035年远景目标纲要》提出"加强前沿科技、未来产业培育发展和战略储备，率先打造未来产业先导区"。《济南市"十四五"战略性新兴产业发展规划》中强调"前瞻布局空天信息、基因与细胞技术等未来产业，率先打造未来产业先导区。"2024年市政府工作报告提出，已将"打造未来产业先导区"列入2024年重点工作并明确相关部署。加快未来产业先导区建设，逐一分析未来产业新赛道和标志性产品，推动量子信息、卫星导航、空天信息、储能、氢能等产业突破发展，加快布局智能仿生、扩展现实、基因编辑、类脑智能、极弱磁检测等产业，力争在1—2个产业细分领域赢得先发优势。近日，市政府办公厅印发《济南市空天信息产业高质量发展行动计划（2024—2027年）》，助力空天信息产业高质量发展。政府持续加大支持，济南未来产业发展进入"快车道""黄金期"。（2）产业基础。济南是全国拥有工业门类最多的城市之一，产业根基扎实，尤其在信息技术、智能制造、新材料、生物医药等领域已形成明显的集群效应，已培育形成总规模突破1.6万亿元的大数据与新一代信息技术、智能制造与高端装备、精品钢与先进材料、生物医药与大健康等四大主导支柱产业。以大数据与新一代信息技术为例，济南拥有国家级大数据综合试验区，多家知名企业在数据处理、云计算、人工智能等方面取得显著成就，为智慧城市建设、数字经济转型提供了坚实支撑。在智能制造领域，济南市依托高端装备制造业的深厚积累，正加速推进智能制造装备的研发与应用，推动产业向智能化、服务化转型，为未来产业的发展奠定了坚实的技术和市场基础。（3）创新基础。济南拥有山东大学、齐鲁工业大学、济南大学等多所高等院校，以及中国科学院济南分院、山东省科学院等众多科研机构，为科技创新和人才供给提供了强有力的支持，为未来产业的创新发展提供了源头活水。政府与高校、企业产学研合作机制日益成熟，加速了科技成果转化应用，推动了原创技术商业化进程。此外，济南市积极构建创新服务平台，如中科院济南科创城、济南高新区、齐鲁软件园、中科新经济科创园等，为初创企业和科研团队提供孵化、成长的温床。通过实施"海右人才工程"等系列举措，吸引大量国内外高层次人才和创新团队。强化与国内外知名高校和研究机构的合作，开展联合培养、交流访学项目，不断提升本土人才的国际视野和专业技能。2023年，济南在全球科研城市榜单中位列第32位，较上年提升4个位次；在国家创新型城市、全国城市创新能力百强榜中居第15位；综合科技创新水平指数连续5年全省第一。综上所述，济南凭借其前瞻性政策、深厚底蕴产业、强劲科研创新等为未来产业的培育发展构筑了坚实的基础。

2. 取得成效。近年来，济南将前沿科技与现代产业紧密结合，坚持科技创新，积极招引布局未来产业，不断推进实践探索，取得较为显著的成效。量子信息产业集群、空天信息产业集群、未来网络产业集群成功上榜省发展和改革委员会公布的15个省级未来产业集群名单。济南高新区高端装备制造等4个集群入选省"十强"产业"雁阵形"集群。高新区成立未来产业联盟，专注发展元宇宙、量子信息等产业，形成创新型领军企业引领的未来产业创新联合体。

电磁橇轨道全面建成并保持电磁推进吨级物体运行速度世界纪录，国际先进水平的放射性药物转化平台在国内率先建成，获批全国首张植物基因编辑证书，发布全国首个城市双碳模拟器，成功研制国内首台光谱式高通量全自动血培养仪，自主创新三维计算机辅助设计软件。建成开通济南国家级互联网骨干直联点和全球首张确定性网络，宽带下载速率居全省第一位、全国第四位。首次完整实现基于单光子干涉的远距离双节点纠缠，构建国际首个城域三节点量子纠缠网络，济南量子产业经过布局，构建起"量子+"产业生态圈，形成量子通信、量子计算、量子精密测量全领域布局。在全球率先研制出了12英寸（直径300 mm）超大尺寸光学级铌酸锂晶体。在ISC 2023高性能计算大会上，国家超级计算济南中心构建的验证性计算集群（Cheeloo-1）在10节点研究型榜单中登顶夺冠。

起步区在崔寨片区规划5200亩的未来产业园，聚集未来制造、未来能源、未来空间等方向。国家电投集团建设黄河流域氢能产业基地，推进起步区氢能产业发展。空天信息领域，打造历城区、济南高新区两大产业核心集聚区，以及章丘产教融合先导区和济南新旧动能转换起步区产研融合示范区，形成空天信息产业链，汇集济钢防务、中科卫星、未来导航、时代低空等龙头企业。"齐鲁卫星""济南一号""泉城一号""济高科创号"相继发射，率先在国内完成商业航天"通信、导航、遥感"3个重要领域全面布局。与中科院空天信息创新研究院等科研机构合作创办空天信息大学，推动产学研深度融合。

（二）与国内重点城市比较

1. 与一线城市对比。与北京（表15-5）、上海（表15-6）、深圳（表15-7）、广州（表15-8）等一线城市相比，济南在经济总量、国际化水平和高端资源集聚上虽有一定差距，但正逐渐形成自己的特色和比较优势。一线城市由于发展较早，未来产业布局较为成熟，尤其是高新技术产业和现代服务业领域已形成明显集聚效应，但同时也面临土地成本高、生活成本上升等压力。济南在保持成本优势的同时，依托丰富的高等教育资源和良好的宜居环境，吸引一批高成长性企业及人才。

表 15-5　北京市未来产业发展方向与布局重点

序号	未来产业	布局重点
1	生物技术与生命科学	研发全新的生物大分子鉴定和序列读取技术，在核酸与蛋白质检测和测序的核心领域发展国际领先的合成生物学和蛋白设计技术，研发以单细胞为代表的痕量检测、测序和组学技术及高效、安全、可控的基因编辑技术。
2	碳减排与碳中和	研发推广碳追踪、碳捕捉等相关技术产品，支持开发碳排放监测和信息管理系统，培育碳追踪、碳减排数据分析和综合服务机构，发展先进能源技术，推进能源供给多元化、清洁化、低碳化。
3	前沿新材料	重点突破石墨烯等纳米材料、生物医用材料、3D 打印材料（增材制造材料）、超导材料、液态金属、智能仿生材料等方向，创新环保低碳材料制备工艺，培育一批专精特新企业。
4	量子信息	完善量子信息科学生态体系，加强量子材料工艺、核心器件和测控系统等核心技术攻关，推进国际主流的超导、拓扑和量子点量子计算机研制，开展量子保密通信核心器件集成化研究，抢占量子国际竞争制高点。
5	光电子	积极布局高数据容量光通信技术，攻克光传感、大功率激光器等方向材料制备、器件研制、模块开发等关键技术，推动硅基光电子材料及器件、大功率激光器国产化开发。
6	新型存储器	开展先进 DRAM（动态随机存取存储器）技术研发，推进 17nm/15nm DRAM 研发与量产，突破 10nm DRAM 部分关键技术。
7	脑科学与脑机接口	聚焦认知科学、神经工程、生机交互、类脑智能理论与医学应用等，加快无创脑机接口方向创新成果在临床医学、航空航天、智慧生活领域的成果转化和产业应用。

资料来源：根据相关资料整理。

表15-6 上海市未来产业发展方向

序号	未来产业集群	细分方向
1	未来健康	脑机接口
2		生物安全
3		合成生物
4		基因和细胞治疗
5	未来智能	智能计算
6		通用AI
7		扩展现实（XR）
8		量子科技
9		6G技术
10	未来能源	先进核能
11		新型储能
12	未来空间	深海探采
13		空天利用
14	未来材料	高端膜材料
15		高性能复合材料
16		非硅基材料

资料来源：根据相关资料整理。

表 15-7 深圳市未来产业发展方向

序号	未来产业		产业细分
1	5—10年内重点发展产业	合成生物	生物底层技术
2			定量合成生物技术
3			生物创制
4		区块链	底层平台技术
5			区块链+金融
6			区块链+智能制造
7			区块链+供应链
8		细胞与基因	细胞技术
9			基因技术
10			细胞与基因治疗技术
11			生物育种技术
12		空天技术	空天信息技术
13			先进遥感技术
14			导航定位技术
15			空天装备制造
16	10—15年内重点发展产业	脑科学与类脑智能	脑图谱技术
17			脑诊治技术
18			类脑智能
19		深地深海	深地矿产和地热资源开发利用
20			城市地下空间开发利用
21			深海高端装备
22			深海智能感知
23			深海信息技术
24		可见光通信与光计算	可见光通信技术
25			光计算技术
26		量子信息	量子计算
27			量子通信
28			量子测量

资料来源：根据相关资料整理。

表 15-8 广州市未来产业发展规划情况

未来产业	主要内容
量子科技	建设若干量子信息技术孵化平台、共享共用中试平台、产业研究院，开展量子科技领域关键核心工程装备和量子精密测量等关键核心技术研发，谋划建设量子互联网和量子通信产业园，推动量子科技向商用、民用领域普及应用，努力打造贯穿量子信息上中下游的全产业链条
区块链	推动区块链技术和产业创新发展，强化区块链底层平台研发，加强区块链技术在智能制造、电子商务、物联网、能源电力等领域推广应用，高水平建设国家级区块链发展先行示范区
太赫兹	依托华南理工大学、中国科学院空天信息研究院粤港澳大湾区研究院等高校院所，强化太赫兹通信领域基础研究和关键技术攻关，加快太赫兹技术在工业控制、安防设备、无线通信等领域的产品开发和商业应用
天然气水合物	稳步推进天然气水合物（即可燃冰）开发和产业化，支持建设天然气水合物勘查开发国家工程研究中心、广州深海科技创新中心，打造全国天然气水合物研发和商业开发总部基地
纳米科技	依托广东粤港澳大湾区纳米科技创新研究院等科研机构和纳米智能技术园、纳米生命与健康技术科技园等产业平台，加快建设纳米产业的创新中心、中试基地、试验场景，努力建成中国纳米谷

资料来源：根据《广州市战略性新兴产业发展"十四五"规划》相关资料整理。

2. 与区域龙头城市对比。与杭州（表 15-9）、武汉（表 15-10）、成都（表 15-11）等区域龙头城市相比较，济南在数字经济、生物医药、文化创意等特定领域各有千秋。杭州作为电商经济的代表，数字经济尤其是互联网金融、电子商务发展迅猛；武汉则在光电子、生物医疗产业有深厚基础；成都在西部地区是文创和电子信息产业的佼佼者。济南在智能制造、信息技术服务、新材料等方面具有较强竞争力，尤其是在量子信息、超级计算机等前沿科技领域已走在全国乃至世界前列，形成了差异化优势。

表 15-9 杭州市未来产业发展方向

序号	未来产业	产业布局
1	人工智能	在重点产业领域和产业链关键环节招引一批世界 500 强企业、行业龙头企业、知名研发机构和创新服务机构。
2	虚拟现实	
3	区块链	
4	量子技术	实施一批重大产业和关键技术突破创新专项，打造以龙头企业为引领、大中小企业协作发展的具有国际竞争力的未来产业体系，加快未来产业与各行业的互动融合发展等。
5	增材制造	
6	商用航空航天	
7	生物技术和生命科学	
8	元宇宙	

资料来源：根据相关资料整理。

表 15-10 武汉市未来产业发展规划情况

未来产业	主要内容
电磁能	聚焦电磁装备制造、高端舰船制造、高速轨道交通等，打造世界一流的电磁能产业。
量子科技	聚焦量子导航、量子通信基础应用网络、量子通信装备研制、量子计算等，打造国内量子技术及产业发展新高地。
超级计算	聚焦高性能计算、云计算等，积极布局超算产业链，提升海量数据存储、数据挖掘、数据交易、信息管理分析能力，建设以云计算平台和云服务为关键支撑的数字生态，打造"科技算盘"，建设"算力城市"。
脑科学和类脑科学	聚焦脑重大疾病诊治、类脑计算与脑机智能等，积极开展脑科学与类脑研究，推动脑科学与人工智能有效结合，成为"中国脑计划"的领军者。
深地深海深空	聚焦地球深部勘探开发、深海装备和传感网络开发、深空对地探测等，形成"三深"运载探测装备系列化和配套能力，增强作业支持能力和资源开发能力，带动"三深"技术与装备的自主产业发展。

资料来源：根据《武汉市国民经济和社会发展第十四个五年规划和 2035 年远景目标纲要》相关资料整理。

表 15-11 成都培育未来产业发展重点及细分领域

序号	发展方向	细分领域	发展时序	对应建圈强链重点产业链
1	前沿生物	基因及细胞治疗	近期	高端诊疗
2		数字诊疗	近期	
3		核医药	近期	创新药
4		生物育种	中远期	现代种业
5		合成生物	中远期	
6	先进能源	绿色氢能	近期	新能源
7		新型储能	近期	
8		先进核能	中远期	
9	未来交通	飞行汽车	近期	工业无人机
10		新一代无人机	近期	
11		空天动力	近期	航空发动机
12		商业航天	近期	卫星互联网
13		超级高铁	中远期	轨道交通
14	数字智能	类脑智能	近期	大数据与人工智能
15		元宇宙	近期	
16		先进计算及数据服务	近期	
17		柔性电子	近期	新型显示
18		人形机器人	近期	
19	泛在网络	卫星互联网	近期	卫星互联网与卫星应用
20		光芯片	近期	集成电路
21		6G	中远期	
22		量子科技	中远期	
23	新型材料	高性能纤维及复合材料	近期	新材料
24		先进碳材料	近期	新材料

资料来源：根据相关资料整理。

3. 与同类型城市对比。与其他中部及北部省会城市如郑州（表 15-12）、合肥（表 15-13）、西安等相比，济南在产业布局上有相似之处，但也具有自己的特色。这些城市同样重视科技创新，积极布局未来产业。如合肥在集成电路、量子科技、人工智能方面取得显著成绩，西安则在航空航天、半导体领域有深厚积累，前瞻布局生物技术、前沿新材料、量子信息、类脑智能等未来产业①。济南在大数据、人工智能、新能源、新材料等领域显示出快速成长势头，同时，依托独特的地理位置和文化优势，济南文化旅游与现代服务业也展现出巨大潜力。

表15-12 郑州市未来产业发展方向

未来产业	布局方向
未来网络信息	系统谋划未来信息技术发展，积极突破量子科技、空天信息、空天多网融合等前沿技术。推进量子芯片、量子编程、量子软件以及相关材料和装置制备关键技术研发，探索建立以量子计算和量子传输为基础的量子互联网体系。加强类脑芯片、超导芯片、石墨烯存储等新原理组件研发，加快构建未来人工智能架构。
类脑智能	围绕脑认知原理解析、认知障碍相关重大脑疾病发病机理与干预技术研究类脑计算与脑机智能技术及应用、儿童青少年脑智发育研究等重点，加快建设重大科技基础设施，开展全链条脑科学研究。
量子信息	开展量子通信关键技术和成套设备研究，探索构建空地一体广域量子通信网络体系。聚焦量子系统、量子芯片材料、结构与工艺、量子计算机整体构架以及操作和应用系统等方向，推进量子计算机核心技术攻关。积极参与国家量子通信与量子计算机研究。
生命健康科学	密切跟踪生物技术前沿领域，努力突破生命信息解读、生物合成、基因编辑、靶向递送、脑科学等关键技术，加快重组蛋白药物、新型疫苗、细胞和免疫治疗等新产品研发和产业化，推动智慧诊疗、养老科技、生物安全治理等重点领域应用示范，促进生命健康产业精准化、高效化、智能化、预防化发展。
前沿新材料	开展智能仿生材料、新型半导体材料、超导材料、新型复合材料等前瞻性研究，加快突破先进金属材料、高性能纤维、人工晶体、生物基材料、石墨烯、新能源材料等关键技术，推动以新一代材料形成新一代技术装备，提升先进制造水平，建设一批前沿新材料中试验证基地和应用示范平台。

资料来源：根据相关资料整理。

---

① 资料来源：《西安市2024年政府工作报告》，https://www.xa.gov.cn/gk/ghjh/zfgzbg/1759409582330392578.html。

表 15-13 合肥市未来产业发展方向

序号	未来产业	产业布局
1	量子科技	依托"一院三平台"的重点科研机构创新平台,聚焦量子通信、量子计算、量子精密测量等重点产业方向,支持量子科技产业化发展。
2	区块链	超前布局区块链基础设施,围绕商品溯源、供应链金融、数据资产交易、数据安全和保护等典型应用场景,提升区块链共识机制、防篡改机制、跨链互联等,推进区块链技术与通信芯片融合、算法和算力共享。
3	空天信息	以天地一体化信息网络(合肥中心)为支撑,聚焦天基骨干网、天基接入网、地基节点网以及大阵列、大数据和物联网等关键技术研究。
4	第三代半导体	研发氮化镓、碳化硅、氧化镓、氧化锌、金刚石宽禁带半导体材料、工艺、器件及芯片。
5	精准医疗	依托中科院合肥物质研究院超导技术和低温技术发展优势,开展质子肿瘤治疗系统产品的研发,推动合肥市精准医疗及高端医疗装备技术加速发展,推进高端放疗技术在国内推广运用。
6	超导技术	依托重大科技基础设施,推动超导、等离子体推进、高场强核磁、先进激光、电磁防护等衍生技术转化和工程化,引领带动产业创新发展。
7	生物制造	提高生物基新型仿生材料、基因工程、再生医学等技术研发水平,推动聚乳酸、呋喃聚酯、生物基尼龙等生物制造领域关键核心技术突破。
8	先进核能	推进磁约束热核聚变能核心技术研发,推动以小型移动式铅基堆为代表的移动核能技术应用研究及产业化。

资料来源:根据相关资料整理。

(三) 存在问题

济南培育发展未来产业已具备一定的基础,但与先进地区相比还有明显差距。一是缺乏顶层设计。目前尚未制定未来产业专项发展规划,对如何发展未来产业定位不明确,缺乏整体布局安排。国内其他地区早已出台规划政策,如深圳2013年就出台了《深圳市未来产业发展政策》。二是缺乏培育机制。由于未来产业还处于前期或孕育阶段,济南目前还没有明确主管部门,还未出台未来产业孵化与加速计划。三是缺乏未来产业战略研究。济南缺乏对未来产业领域的前瞻趋势研究,缺乏对科学技术的基础研究和应用研究,武汉2018年就开展了《2035创新驱动发展战略研究》。四是原始创新不足。引领未来发展的关键核心技术储备不足,高层次领军人才较少。同时,济南培育未来产业也受到国内其他省市的挤压,未来产业布局成为各省市的聚焦点，势必对济南产生虹吸效应，济南在争取引入头部企业、重大项目和创新人才等方面面临较大竞争压力。根据先进入者具有显著的"先行者优势"定律，如果济南在未来产业中起步晚、行动慢，先发地区处于价值链高端、后发地区被低端锁定的产业分工格局则会固化，济南实现"换道超车"或缩小差距就会变得艰难。

三、国内外培育未来产业经验

（一）国外经验

1. 美国：以新兴技术群突破推动未来产业发展。美国2019年发布《美国将主导未来产业》，将未来产业作为国家战略，并在此后发布了《美国就业计划》《无尽前沿法案》《NSF未来法案》《NSF未来制造业项目》《芯片和科学法案》等文件。美国的未来产业发展思路主要强调推动新兴技术群发展，看重人工智能、量子信息、生物技术、先进制造等新兴技术群发展所能带来的经济和产业影响力。从具体的措施来看，一是不断加大对新兴技术群的技术投入，强化新兴技术成果产出；二是统筹协调政府各个部门力量，并以新的方式与工业界和学术界建立伙伴关系；三是设立未来产业研究所等新型研发机构，创建新的技术管理机构，引导未来产业布局方向和资金投入；四是通过高水平大学培养或吸引技术移民等方式，集聚拥有较强理论和实践能力的新兴技术发展所需的复合型人才。

2. 英国：以应对未来挑战为导向发展未来产业。为应对脱欧后的负面影响，英国对其所面临的形势进行了重新评估，将人工智能对生活和工作方式的影响、碳排放和绿色增长、人口老龄化和未来交通确定为所面临的四大挑战，并于2017年发布了《产业战略：建立适应未来的英国》。从具体的措施来看，一是设立产业战略挑战基金，以投资四大未来产业；二是成立靶向医疗、化合物半导体等制造业研究中心，支持早期研究的商业化落地；三是加强面向未来的人才培养，投资5亿英镑建立了15条新的技术教育路线；四是加强与产业界合作，在研究机构建设、人才培养等方面引进私营部门共同投资。

3. 法国：以未来投资牵引未来产业发展。法国于 2010 年、2014 年、2017 年、2021 年分别启动了四期"未来投资计划"，其中，前三期强调对未来工业、未来工厂、未来交通等领域的投资，第四期强调面向未来的主要经济和技术挑战，将健康、生态和能源转型、数字技术等三大领域作为未来产业投资重点。具体措施来看，一是国家统筹协调，由总理府直接领导投资总署以协调各部门行动；二是加强科技基础设施建设，支持先进设备、先进实验室、未来工业技术平台等建设；三是推动成果转化，成立技术转移公司、成果转化基金、创新示范项目等；四是优化发展环境，制定未来工业标准战略，打造灵活多元的投入模式和公私合作模式。

4. 日本：以"社会5.0"愿景牵引未来产业发展。日本政府 2016 年提出"社会5.0"概念，明确探索构建"超智慧社会"。在"社会5.0"愿景的牵引下，日本发布了《科学技术创新综合战略 2016》和《科学技术创新综合战略 2017》《未来投资战略 2017：为实现"社会5.0"的改革》《科学技术创新综合战略 2020》等文件，聚焦生命健康、交通出行、世界领先的智能供应链、基础设施和城市建设、金融技术创新及应用、能源与环境、机器人革命与生物材料革命、新型居住服务市场等八个领域。具体措施来看，一是推进知识产权战略和国际标准战略，鼓励企业积极布局海外专利和国际标准；二是围绕"社会5.0"打造 16 个系统和数据库，推动新兴技术的应用链接和跨界互联；三是建立开放包容的未来产业发展环境，在国家战略特区开展先行先试和事后监管；四是培育面向"社会5.0"发展需求的基础技术和跨领域科技人才；五是加强与产业界合作，共同推进"社会5.0"实现。

（二）国内经验

1. 发挥"产业链长制"作用。一是实施双链式"链长制"。广州通过采取"链长+链主"全新模式来提高产业链韧性。产业"链长"由政府主要领导担任，构建"五长"（总链长、副总链长、市级链长、市级副链长、区级链长）统筹工作机制；"链主"层面则由"未来产业"龙头企业担任，"链长+链主"组建的全新机制为产业链健康、稳定发展提供了新支撑、新动力和新气象。二是推行"四长联动"工作机制。长沙在培育发展未来产业的过程中，推行"四长联动"工作机制，形成"链长负责、盟长合作、校长支持、行长支撑"全新格局，在一定程度上助力产业链发展。

2. 围绕产业"双招双引"。一是采取"对赌招商"新模式。上海、合肥是"对赌招商"典范城市。上海推行优惠政策，吸引特斯拉在南汇投产，最终实现"政企双赢"。合肥用 70 亿元对赌招商蔚来汽车扎根当地，解除蔚来汽车资金链短缺危机，最终销量屡创新高。二是基于产业链进行精准招商。深圳和杭州是依托产业链进行精准招商的典型代表，二者均通过系统梳理未来产业链条的关键领域与空白环节，科学把握产业发展现状，做到有的放矢引进重点龙头企业，弥补产业链的不足。三是采用"基金+招商"组合模式。杭州在以产业链进行招商的同时，采用直接投资或者合作子基金等市场化运作方式，借助行业资源加强与行业巨头合作，进一步推进"招大引强"。四是多措并举招才引智。深圳通过举办一系列创业国际赛事来吸纳全球英才，并通过构建人才服务平台，为人才发展提供良好支撑。上海实施"基础研究特区计划""探索者计划"，以"公开海选""揭榜挂帅"等形式举办颠覆性技术创新大赛，启动面向全球的"未来产业之星大赛"，发掘硬核项目和顶尖人才，构建"科学家+企业家+投资家"整合的项目挖掘与甄别机制。

3. 创新产业供地用地模式。一是提高未来产业土地比例。深圳在审批土地利用过程中着重对未来产业进行政策上的倾斜，为未来产业建厂扩容提供坚实基础。北京支持未来产业发展，通过改变以往"项目等土地"情况，转变思路，采取"土地等项目"策略，增加未来产业土地供应比例。二是加强土地标准化利用。北京和成都通过政府规范化引导土地利用，提高资源利用效率，保障未来产业土地要素利用。三是强化"亩产论英雄"考核制度。浙江作为"亩产论英雄"典型地区，通过优胜劣汰机制，将工厂占地面积与经济效益挂钩，采取效率倒逼机制迫使产业效率提高。

4. 发挥产业发展专项基金孵化作用。一是设立未来产业专项发展基金。北京、上海、广州和深圳等发达城市均通过成立未来产业发展专项基金来支持企业发展（表 15-14），为处于萌芽期的中小企业提供强大动力。二是充分发挥投资基金引领作用。北京、上海、广州、深圳作为资本最为发达的地区，产业基金类型众多，基金引导带动作用较强，并根据自身产业发展空白领域进行精准投资，引导资金流向最为需要的环节，发挥基金"杠杆效应"。三是加大金融贷款支持力度。北京、上海等地金融机构为支持未来产业发展，加大对未来产业贷款力度，降低企业融资成本。

表 15-14 我国重点城市未来产业培育差异性分析

差异性 城市	产业培育方式	人才引育方式	资金支持方式
北京	本地资源优势 区域协同发展	高校人才、区域人才项目	政府主导与市场主导的投融资
上海	打造产业集群 利用全球资源	全球创新人才项目	市场主导的未来产业基金
深圳	梯次布局产业 创新链条布置	本地青年人才	政府主导的多元主体联动产业
合肥	科产优势结合 创新资金支持	本地青年人才、高校人才	政府主导的多元化科技投融资
杭州	探索关键技术 创新发展模式	全球创新人才项目	政府主导的产业基金集群

资料来源：根据相关资料整理。

5. 打造产业技术创新平台。一是政企校联合组建未来产业技术研究院。未来产业是以新技术为核心的产业形态，技术瓶颈的突破是推动未来产业高质量发展、形成强大动力源的关键步骤。上海、深圳、杭州由政府牵头、企业加盟、高校合作共同组建未来产业技术研究院，重点聚焦产业技术研发。二是成立未来产业发展联盟。北京等城市均通过成立未来产业联盟，围绕产业技术、人才培养、融资渠道、论坛会展等领域加强企业间的沟通与交流，实现抱团发展。三是重视构建科研成果转换平台。科研成果转换机制是否畅通直接关系到产业核心竞争力是否强劲。未来产业作为引领经济高质量发展的重要抓手，科研成果的转换成为重中之重。北京和上海依托自身丰富的科教资源，打造各类科技成果转换平台，促进未来产业快速发展。

四、济南市未来产业发展展望

(一) 新一代信息技术产业

1. 云计算、大数据、人工智能、区块链等新兴技术产业。一是未来济南市将在云计算领域加大投入，建设数据中心和云服务平台，推动企业上云用数，通过云计算技术赋能各行各业，实现产业数字化转型。济南将在云计算技术研发、服务提供以及云计算生态系统的构建上形成特色。济南依托大数据产业园和数据中心，加大对大数据产业的培育力度，构建公共数据开放共享平台，推动大数据在政务、医疗、教育、交通等领域的广泛应用，形成大数据驱动的新型产业发展模式。二是在 AI 领域持续发力。围绕机器学习、深度学习、智能感知、智能控制等关键技术进行研发与产业化。推动人工智能在智能制造、智能医疗、智能交通、智能服务等领域的深度应用，打造人工智能产业集群，推动经济社会智能化升级。三是积极布局区块链技术研发与应用，尤其是在供应链金融、产品溯源、版权保护、电子政务等领域，推动区块链技术与实体经济深度融合，助力构建可信、安全、高效的数字经济环境。

2. 软件和信息服务、集成电路、智能终端等细分领域。一是优化软件产业生态。培育一批具有国际竞争力的软件企业和信息服务提供商，特别是在工业软件、嵌入式软件、信息安全软件等方面加大研发力度，推动软件产业高端化、规模化发展，助力济南市乃至山东省制造业转型升级。二是依托集成电路设计、制造、封装测试等全产业链条，重点发展微电子、半导体材料、芯片设计与制造等细分领域，争取在国产替代、技术创新等方面取得突破，打造具有国际影响力的集成电路产业基地。三是瞄准物联网、智能家居、移动通信设备等细分市场，引导和支持企业研发生产具有自主知识产权、技术先进的智能终端产品，形成集研发、设计、制造、销售于一体的完整产业链，提升济南在智能终端领域的核心竞争力。

(二) 高端装备制造产业

1. 智能制造、高端装备、新材料等产业。一是着重发展智能制造。推动制造业从自动化向智能化、网络化、服务化转型。通过集成应用新一代信息技术，如人工智能、物联网、大数据等，实现制造过程的智能化管理和控制，提升生产效率和产品质量，降低生产成本。加大对机器人、3D打印、智能传感器等智能制造关键装备的研发力度，构建智能制造系统解决方案供应商体系。二是在电力装备、工程机械、精密仪器仪表、高档数控机床等领域持续发力。提升装备制造的附加值和技术含量，鼓励企业加大技术创新力度，研制和生产高性能、高精度、高可靠性的高端装备产品。三是聚焦新材料的研发与产业化。在纳米材料、超导材料、高性能复合材料、新能源材料等前沿领域，通过引进国内外优质项目、建设新材料研发平台、培养专业人才队伍等方式，形成具有竞争优势的新材料产业集群。

2. 轨道交通、新能源汽车、航空航天等产业。一是依托既有产业基础和科研力量，推进高速列车、城市轨道交通车辆及其关键部件的研发和制造。积极参与国家高铁、地铁等重大工程建设，力争在轨道车辆轻量化、智能化、舒适化等方面取得重大技术突破，提升济南轨道交通装备产业的国际竞争力。二是推动电动汽车、燃料电池汽车等新能源汽车整车及关键零部件的研发和产业化，加强电池、电机、电控等核心技术攻关，构建完善的新能源汽车产业链。支持充电设施建设，推广新能源汽车应用，打造新能源汽车产业高地。三是依托现有航空制造业基础，积极参与国家航天航空重大专项，重点发展通用航空、无人机、航空发动机及关键零部件等产业，推动航空航天高端装备设计、制造和服务能力的提升。积极开展空天信息获取、处理与应用等服务，拓展航空航天产业新的增长点。

(三) 生物医药与健康产业

1. 生物医药、医疗器械、精准医疗、健康管理等领域。一是未来将在生物医药领域紧抓行业发展机遇，加强原创药物、生物疫苗、基因工程药物等的研发与生产，推动生物医药产业向更高层次、更宽领域发展。在靶向治疗、免疫疗法、基因疗法等前沿领域积极探索，提升生物医药产业的创新能力和技术水平。二是积极布局高端医疗器械的研发和制造，包括诊断试剂、影像设备、植入器械、康复设备等，以满足医疗服务和健康管理日益增长的需求。

三是加强精准医疗数据库和数据分析平台的建设，提升精准医疗的服务能力和水平。在健康体检、慢病管理、运动健身、营养膳食、心理健康等领域深耕细作，构建覆盖全生命周期的健康管理服务体系。

2. 生物医药产业。一是积极构建生物医药产业集群，打造全产业链体系。建设生物医药研发创新中心，吸引国内外知名生物医药企业和研发机构入驻，形成强大的创新源头；高标准建设生物医药产业园区，提供优良的生产环境和配套设施，支持生物医药产品的规模化生产；建立高效市场营销和服务网络，推动生物医药产品走向国内外市场；加强与医疗机构、高校、科研机构的合作，形成产学研用紧密结合的协同创新机制。二是着眼布局整个生物医药产业链条，从上游的基础研究、技术研发，到中游的药品制造、医疗器械生产，再到下游的医疗健康服务。注重原料药、中间体、制剂等产业链上下游衔接，以及生物制药、化学制药、中药现代化等不同领域的协同发展，形成产业链闭环，提升产业链的整体竞争力。三是新兴产业的深度融合。充分利用现代信息技术，推进生物医药产业与大数据、人工智能、云计算等新兴产业深度融合，构建数字化、网络化、智能化生物医药产业新生态，实现生物医药与健康产业的持续发展。

（四）现代服务业

1. 金融、物流、研发设计、文化创意等领域。一是通过深化金融体制改革，优化金融生态环境。吸引各类金融机构和金融科技企业入驻，推动金融产品和服务创新，强化金融服务实体经济的能力。利用金融科技手段，发展普惠金融、绿色金融、科技金融等新型业态，构建多层次、广覆盖、有差异的金融服务体系。二是提升物流设施现代化水平。打造便捷高效的物流网络，发展智慧物流和绿色物流。依托济南国际机场、高铁站、港口等交通枢纽，构建海陆空立体化、多式联运的大物流格局，服务于区域经济和国际贸易。鼓励物流企业采用物联网、大数据、人工智能等先进技术，提升物流服务质量和效率。三是依托科研院校和企业研发中心，加强基础研究和应用技术研发，提升研发设计能力。通过构建开放式创新平台，推动产学研深度合作，促进科技成果转化，为制造业和现代服务业提供强大的技术支持和创新驱动力。四是深度挖掘和整合丰富的文化资源，发展文化创意、影视制作、艺术设计、动漫游戏等产业，打造具有济南特色的文化产业集群。

2. 数字经济、共享经济、平台经济等新型服务业。一是大力发展云计算、大数据、人工智能、区块链等新一代信息技术，推动数字产业化和产业数字化，打造数字经济创新发展试验区。鼓励企业运用数字技术改造升级传统产业，培育数字产品和服务，催生数字新业态，形成数字经济和实体经济深度融合的新格局。二是优化政策环境，鼓励共享出行、共享住宿、共享办公、共享教育资源等各类共享经济模式的发展，提高资源利用效率，满足多元化消费需求，推动社会经济绿色、可持续发展。三是加快培育和发展电子商务、社交网络、在线教育、远程医疗等各类互联网平台，推动平台企业与实体产业深度融合，形成线上线下互融互通的现代服务业新业态。

（五）绿色与可持续发展产业

一是积极推动风能、太阳能、生物质能等可再生能源开发利用，优化能源结构，减少化石能源消耗。支持储能技术、智能电网等清洁能源相关技术的研发和应用，构建清洁、低碳、安全、高效的能源体系，为绿色产业发展提供源源不断的动力。二是加大环保技术研发和产业化力度。推动大气污染防治、水环境保护、土壤修复、固废处理等领域技术革新和设备升级，发展环保装备制造业，培育环保服务市场，打造环保技术产业集聚区。鼓励企业采用先进环保技术，实现节能减排和资源循环利用，提升整体环保水平。三是推行循环经济理念，构建资源节约型和环境友好型社会。通过发展再生资源回收利用产业，推广工业、农业、服务业等领域的循环经济模式，促进废弃物资源化利用，减少废弃物排放，形成"资源—产品—再生资源"闭环产业链条。四是推动绿色建筑、节能建筑、装配式建筑等新型建筑形式的发展，鼓励采用绿色建材和节能环保技术，提高建筑能效和环境性能。推广建筑信息模型（BIM）、物联网、人工智能等先进技术在绿色建筑中的应用，推动建筑行业的数字化、智能化发展。

五、推动济南未来产业高质量发展的对策建议

(一) 强化顶层设计,统筹全市布局

一是建议由市委、市政府主要领导牵头成立未来产业工作专班,组建市未来产业专家咨询委员会,为全市未来产业发展提供外脑支持。由市发改委、市工信局牵头集中研究、编制济南未来产业发展的规划、政策。二是设立未来产业发展专项。设计鼓励创新、容忍失败的专项制度,只要符合济南未来产业发展重点方向的科学研究、技术创新、人才引育、企业孵化等,都要纳入专项之中,将未来产业打造成济南发展新引擎、新动能。三是结合各区县现有产业基础,规划建设一批以未来产业为核心的、纳入省级战略层面的产业集聚区,并将其打造成为引领全市未来产业发展的战略平台。

(二) 健全产业链链长制

一是推行"双链长"模式。重点梳理未来产业链,完善产业链"链长制",构建"链长+链主"双链模式。"链长"由政府主要领导人担任,"链主"由龙头企业负责人或产业联盟盟长担任。二是构建"四长联动"工作机制。依托优势未来产业,构建"链长负责、盟长合作、校长支持、行长支撑"的工作格局,调动社会各主体参与积极性,搭建完善产业链工作体系,保障产业链健康发展。三是提升产业链现代化水平。在产业链"链长制"基础上,系统梳理未来产业链条中的空白环节,积极引进龙头企业,培育壮大本土企业,做到补链、强链、延链,促使产业实现抱团发展。

(三) 构筑技术创新平台

一是打造高能级技术研发平台。积极引进中国科学院、中国工程院等"国字号"分支机构"落地生根",为济南市未来产业发展提供科技支撑。依托山东大学等科研机构,组建未来产业技术研究院和未来产业技术研发中心,重点突破核心技术瓶颈。二是重视科技成果转化平台建设。重视科技成果转化平台建设,联合龙头企业、高等院校等机构组建科技成果转化平台,强化大学科技园孵化作用,促使其成为高校科技成果转化"第一站"。优化布局国际技术转移渠道，为全球创新资源、创新人才、创新成果跨区域高效流动提供便利化空间。三是打造产业交流会展平台。支持政府依托产业联盟，定期举办高端峰会、产业年会等论坛，广泛邀请行业龙头企业、国内外优秀企业，在技术创新、人才培养、发展方向等方面进行全方位交流。

（四）创新招商引资模式

一是采取"对赌招商"模式。政府通过释放一些优惠政策吸引企业在当地"落户"，引进企业在享受优惠政策时也需要完成相应任务，双方之间存在一种"利益联结"机制。二是开展产业链精准招商。分析现有产业链，以培育和壮大产业链为目标，寻找强链、补链和延链环节，确定目标企业，有目的有选择性地进行招商引资。三是设立未来产业发展专项资金。政府联合金融机构设立未来产业专项资金，对处于"萌芽期"的企业进行资金支持，发挥产业专项资金的引导作用。

（五）强化创新人才支撑

一是培育和引进高层次人才。建立全球顶尖人才"猎头机制"，采取"全球邀约""举荐制"等方式，构建多层次人才梯队。二是壮大高技能人才队伍。推进"双高计划"，整合现有职业教育资源，培育高水平高职学校和专业。支持与境外知名职业院校、企业等合作，引进高水平职业教育资源，培育大型职业教育集团。三是创新人才激励和评级机制。完善项目"揭榜挂帅"机制，赋予创新领军人才更大财物支配权、技术路线决定权，加大对未来产业发展有突出贡献人员的奖励，建立健全符合新技术与新产业发展规律要求的科技人才评价体系。

（六）打好"土地保障"牌

一是增加未来产业用地。政府在土地审批过程中，对于一些前景较好的未来产业要给予优先考虑权，提高土地供应比例。二是强化"亩产论英雄"改革。采取"谁效益高、谁资源多"的原则倒逼企业提高土地利用率和实现效率最大化。通过对资源要素的配置，让效益高的企业优先享受优质待遇，让效益低的企业加速转型升级，培育新发展动能。健全资源要素优化配置，

"区别对待"企业，建立以"单位产出效益"评价为基础、以差异化要素配置为导向的引导机制，实现产业和资源、环境、生态的协调发展。三是深化"标准化用地"改革。政府需要定期对企业土地利用情况进行监督整改，及时发现土地利用过程中存在的不规范行为，积极引导企业合理化、规范化、高效化利用土地资源。政府还应当出台一系列土地利用规范政策法规，从法律的角度对土地要素进行保障与维护。

后 记

《济南现代化产业蓝皮书（2024）》是济南社会科学院今年重点推出的"1+5"系列蓝皮书之一，是为建设新型智库所打造的重要学术品牌。同时，本书也是济南社会科学院与市委金融办、市贸促会、市发展改革委、市工业和信息化局、市农业农村局、市文化和旅游局等市直有关部门勠力同心、精诚合作的结果。

从最初框架构想到最终成稿，编撰团队历经数月的辛勤工作。课题组到相关部门和企业进行深入调研，多次召开专家座谈会，邀请产业界、学术界及政府相关部门的代表，共同探讨济南产业发展的机遇与挑战。本书揭示了济南产业发展现状及趋势，以及智能制造、生物医药、新能源汽车、文化旅游等领域的突破性进展，特别强调了科技创新对产业升级的重要作用，以及如何通过优化营商环境吸引更多优质企业和人才。当前，济南正处在高质量发展关键时期。我们相信，济南凭借其深厚文化底蕴、坚实产业基础以及日益优化的创新生态，完全有能力成为国内乃至国际产业高地。在此，我们向所有为本书做出贡献的个人和市直有关部门表示最深切的感谢，没有你们的专业意见和无私支持，这部蓝皮书不可能如此详尽且具有真知灼见。

本书总体框架共分十五章。第一章《构建现代化产业体系助力强省会建设》由王琦撰写；第二章《济南新一代信息技术产业研究报告》由高丽娟撰写；第三章《济南智能制造与高端装备产业研究报告》由朱仕祥撰写；第四章《济南精品钢与先进材料产业研究报告》由张琦撰写；第五章《济南生物医药与大健康产业研究报告》由陈希撰写；第六章《济南推进数字经济高质量发展研究报告》由张霖、杨志媛、张国梁撰写；第七章《济南现代种业高质量发展研究报告》由刘成敏、郑博、谢燕撰写；第八章《济南现代服务业发展研究报告》由陈磊撰写；第九章《济南新能源产业发展研究报告》由孔丽撰写；第十章《济南文旅产业高质量发展研究报告》由闫平、门桂苍、黄宝兰撰写；第十一章《济南科技金融发展研究报告》由王军龙撰写；第十二章《济南激光产业发展研究报告》由贾思军撰写；第十三章《济南空天信息产业发展研究报告》由刁文博撰写；第十四章《加快推进济南低空经济发展的对策建议》由王琦、杨志媛撰写；第十五章《济南未来产业发展展望及建议》由王新军撰写。最后，齐峰对全书做了最后的通稿、修改和审定。

本书力求基于数据事实进行分析，基于问题进行系统深入思考，注重研究的前瞻性、针对性、实用性和可操作性，但由于调查工作量大，数据涉及面广、可能不尽一致，相关章节的部分内容不一定能够准确反映全市产业发展全貌，还需要进一步深入挖掘和研究。此外，由于我们研究能力和水平有限，书中难免存在疏漏和不足，敬请读者批评指正。

编　者

2024 年 6 月